国家学位论文
资源管理与共享系统研究

RESEARCH ON NATIONAL MANAGEMENT AND
SHARING SYSTEM FOR DISSERTATION RESOURCES

贺德方　赵嘉朱　姜爱蓉　著
陈传夫　张建勇　曾建勋

科学技术文献出版社
SCIENTIFIC AND TECHNICAL DOCUMENTATION PRESS

·北京·

图书在版编目（CIP）数据

国家学位论文资源管理与共享系统研究 / 贺德方等著. —北京：科学技术文献出版社，2014.3
 ISBN 978-7-5023-8700-6

Ⅰ. ①国… Ⅱ. ①贺… Ⅲ. ①学位论文—资源管理—研究—中国　②学位论文—资源共享—研究—中国　Ⅳ. ① G643.8

中国版本图书馆 CIP 数据核字（2014）第 039625 号

国家学位论文资源管理与共享系统研究

策划编辑：周国臻　崔灵菲　　责任编辑：崔灵菲　　责任校对：张吲哚　　责任出版：张志平

出 版 者	科学技术文献出版社
地 　 址	北京市复兴路15号　邮编 100038
编 务 部	（010）58882938，58882087（传真）
发 行 部	（010）58882868，58882874（传真）
邮 购 部	（010）58882873
官 方 网 址	http://www.stdp.com.cn
发 行 者	科学技术文献出版社发行　全国各地新华书店经销
印 刷 者	北京时尚印佳彩色印刷有限公司
版 　 次	2014 年 3 月第 1 版　2014 年 3 月第 1 次印刷
开 　 本	710×1000　1/16
字 　 数	272千
印 　 张	17
书 　 号	ISBN 978-7-5023-8700-6
定 　 价	68.00元

版权所有　违法必究

购买本社图书，凡字迹不清、缺页、倒页、脱页者，本社发行部负责调换

前　言

学位论文作为学位授予之凭证，是教与学的结晶，是高校科研成果的直接体现。从国家层面对学位论文进行系统收集与整理，可以形成国家重要的战略性科技文献资源，既有利于保证科学研究工作的连续性，避免选题重复，提高科学研究的原始性创新能力，也有利于检验和评价学位论文的真实性和创新性，为人才选拔和高等教育质量评估提供依据。为此，各国都高度重视学位论文的集中呈交与收藏利用工作，制订相关的学位论文呈缴制度，建立相应的联合保障服务系统。

1983年3月国务院学位委员会《关于颁发博士学位证书和送交博士学位论文的通知》（〔83〕学位办字003号），要求根据《中华人民共和国学位条例暂行实施办法》第二十三条规定，请将已通过的博士学位论文分别寄交北京图书馆和国家科委科技情报研究所各一份。1984年国务院学位委员会《关于寄送博士和硕士学位论文的通知》（〔84〕学位办字011号），再次发文要求各学位授予单位，根据《中华人民共和国学位条例暂行实施办法》第二十三条规定，除将已通过的博士学位论文和摘要（每人各一份）寄送北京图书馆外，并将已通过的全部博士和硕士学位论文和摘要（每人各一份），按自然科学和社会科学两大类，分别寄中国科学技术情报研究所和中国社会科学院情报研究所，今后在学位论文通过后的半年内集中寄一次。1986年国务院学位委员会《关于做好授予学位的备案、统计、报表工作和颁发学位证书、送交学位论文工作的通知》（〔86〕学位办字034号）重申，各学位授予单位根据《中华人民共和国学位条例暂行实施办法》第二十三条规定，应将已通过的博士学位论文和摘要（每人各一份）寄至北京图书馆，并同时将已通过的全部博士和硕士学位论文和摘要（每人各一份），按自然科学和社会科学两大类，分别寄中国科学技术情报研究所和中国社会科学院情报研究所。各单位可视通过论文的多少，每半年或一年集中寄送一次。由此形成了我国学位论文三家机构法定收藏的组织格局。1998年博士后管理委员会办公室原则同意中国科学技术信息研究所收藏博士后出站报告，2013年博士后管理委员会正式发文要求各博士后设站单位将博士后出站报告交送国家图书馆和中国科学技术信息研究所。

经过30年的收集积累，在各学位授予单位的大力支持下，我国形成了硕士、博士、博士后多层次结构，具有相当规模、学科门类大体齐全的国家学位论文收藏体系，形成了我国特有知识产权的学位论文基础性战略资源。

其实，早在1962年原教育部和原国家科委就联合发布了《关于交接留学生毕业论文的报告》，规定"今后留学生上交的学位论文、学习总结报告和毕业论文全部由国家科委统一保管"；1965年原高教部和原国家科委又联合发布《关于报送研究生毕业论文问题的通知》，明确规定"为了做好研究生毕业论文的保管、交流和使用工作，国家科委与高等教育部共同商定，今后高等学校及各有关单位上报的研究生毕业论文，关于自然科学和技术方面的，全部由中国科学技术情报研究所负责统一保管"；"各高等学校已报送高等教育部的毕业论文，高等教育部将移交给中国科学技术情报研究所"。至此，从20世纪60年代中国科技信息研究所就开始收藏留学生论文和我国研究生硕博士学位论文。截至2013年6月，中国科学技术信息研究所收藏我国出国留学生论文6000多篇，其中近200人成为两院院士；收藏我国硕博士学位论文230余万篇，其中不乏我国科技经济社会领域的成功人士。

2003年在科技部的大力支持下，中国科学技术信息研究所联合中国社会科学院图书馆、CALIS、中国科学院文献情报中心、武汉大学等单位共同承担了国家科技基础条件平台建设项目《国家学位论文服务体系研究》、《学位论文编写规范及其电子化示范系统》、《中国学位论文收集与服务系统》等课题或项目的研究工作。贺德方、周杰、张建勇、赵嘉朱、刘振喜、姜爱蓉、赵阳、孙坦、张学福、曾建勋、张鹏、胡志宇、张爱霞、刘春燕、高清奇等参加了《国家学位论文服务体系研究》项目的研究工作。贺德方、沈玉兰、吴一、刘春燕、吴广印、宋邵辉、曾建勋、张满年、寒冬梅、黄小虎等参加了《学位论文编写规范及其电子化示范系统》项目的研究。在《中国学位论文收集与服务系统》项目研究过程中，中国科学技术信息研究所贺德方、乔晓东、曾建勋、周杰、张爱霞、梁冰、王莉、张鹏、杨代庆等承担中国学位论文收集与服务系统建设格局研究及集成服务系统开发工作；中国科学院文献情报中心张建勇、曾燕、刘筱敏、张学福等承担了中国学位论文收集与服务系统需求功能设计工作；CALIS 和清华大学图书馆姜爱蓉、王文清、赵阳等承担中国学位论文资源共享系统的推广应用方案和服务示范工作；武汉大学信息管理学院陈传夫、胡昌平、张敏、胡潜、赵杨、唐琼、吴钢、胡吉明承担了中国学位论文公益服务模式与知识产权研究工作；中国社会科学院图书馆赵嘉朱、刘振喜承担学位论文更新机制与服务方案的制订和认可工作；万方数据股份有限公司蒋勇青、赵捷、王星、郑一波承担学位论文元数据加工整理、转换，学位论文引文数据加工工作。整个课题或项目总体上分析了我国学位论文资源建设的新形势、新任务，探讨 21 世纪我国学位论文的新管理体系，示范性构建网络环境下我国统一的学位论文共享服务系统。本书凝练、归纳了这些研究的主要成果，是我国学位论文资源管理和共享保障领域集体智慧的结晶。

在国家学位论文法定收藏工作正式确立 30 周年之际，回顾 30 年来我国学位论文资源收藏保存、整合集成和共享服务的历程，研究国家学位论文资源管理体系和集成共享系统的发展路径，展望学位论文资源持续积累、完整收藏和高效整合、深层次知识化服务的蓝图愿景，将会更增强我们推进学位论文资源建设与共享服务的信心。

中共中央、国务院《关于深化科技体制改革加快国家创新体系建设的意见》中指出，要"整合各类科技资源，推进科技文献、科学数据等科技基础条件平台建设，加快建立健全开放共享的运行服务管理模式和支持方式"。学位论文也应成为我国科技资源开放共享的重要组成部分，需要在尊重我国历史沿革所形成的学位论文收藏格局基础上，稳定和完善我国学位论文的国家收藏体系，充分利用大数据手段、网络化条件和数字化环境，加强学位论文的协同采集和元数据共享，在强化学位论文资源聚合与知识组织的基础上，更进一步支撑学位论文质量管理和诚信体系建设；在联合做好学位论文公共服务的前提下，发展保障学位论文知识产权的产业化增值服务，为我国科教兴国和创新驱动发展战略的实施提供科技信息支撑。

著 者
2013 年 8 月

目　录

1 学位论文资源概述 1
1.1 学位制度的起源 1
1.1.1 学位制度的诞生 1
1.1.2 西方现代学位制度 2
1.2 我国学位制度的发展 4
1.2.1 西方学位制度的引入 4
1.2.2 现代学位制度的建立 4
1.2.3 新中国学位制度的确立 5
1.3 学位论文的概念、特征与价值 7
1.3.1 学位论文的概念和内涵 7
1.3.2 学位论文的基本特征 9
1.3.3 学位论文的功能与价值 11

2 国外学位论文资源管理状况 13
2.1 国外学位论文管理与共享服务实例分析 13
2.1.1 美国 PQDT 学位论文数据库 13
2.1.2 美国博硕论文网络数字图书馆 15
2.1.3 澳大利亚数字论文系统 16
2.1.4 英国大英图书馆文献供应中心的学位论文服务 18
2.1.5 日本国立国会图书馆的学位论文管理 20
2.1.6 加拿大学位论文门户 21
2.1.7 德国网上学位论文数据库 22

2.1.8　俄罗斯博士论文数字图书馆 23
　　　2.1.9　国外学位论文管理与服务的主要经验 25
　2.2　国外学位论文的知识产权政策 29
　　　2.2.1　国际上重要大学学位论文知识产权政策 29
　　　2.2.2　国外大学自建学位论文数据库知识产权政策 30
　　　2.2.3　国外高校学位论文开发利用知识产权政策 34
　　　2.2.4　国外学位论文开发机构知识产权政策 40

3　我国学位论文资源管理状况与分析 47
　3.1　我国学位论文资源管理概况 47
　　　3.1.1　我国学位论文管理制度的历史沿革 47
　　　3.1.2　我国学位论文产出规模 48
　3.2　我国主要学位论文收藏单位管理现状 50
　　　3.2.1　我国国家法定收藏单位学位论文管理状况 50
　　　3.2.2　我国高校系统学位论文管理状况 53
　　　3.2.3　我国相关科研单位学位论文管理状况 59
　　　3.2.4　我国数据库商学位论文经营状况 60
　　　3.2.5　我国港澳台地区学位论文管理状况 61
　3.3　我国学位论文知识产权管理现状 63
　　　3.3.1　我国学位论文知识产权管理的相关法律法规 63
　　　3.3.2　我国高校学位论文知识产权管理的相关政策与协议 65
　　　3.3.3　我国学位论文开发机构的知识产权政策与声明 69
　　　3.3.4　我国学位论文知识产权认识上的几个误区 71
　　　3.3.5　我国学位论文知识产权处理模式 74
　3.4　我国学位论文管理的现状分析 76
　　　3.4.1　国内外学位论文管理体制和服务方式的比较 76
　　　3.4.2　我国学位论文管理与服务存在的问题 83

4 我国学位论文资源管理框架研究 ... 87

4.1 我国学位论文资源管理的思路与原则 ... 87
4.1.1 我国学位论文资源管理的总体思路 ... 87
4.1.2 我国学位论文资源管理的原则 ... 89

4.2 我国学位论文资源管理的格局 ... 90
4.2.1 我国学位论文资源的总体目标 ... 90
4.2.2 我国学位论文资源的主要功能 ... 91
4.2.3 我国学位论文资源的配置管理 ... 93
4.2.4 我国学位论文资源的服务模式 ... 95
4.2.5 我国学位论文资源的管理机制 ... 97

4.3 我国推进学位论文管理的对策 ... 100
4.3.1 建立国家学位论文管理机制的建议 ... 100
4.3.2 改进国家学位论文收藏和呈缴制度的建议 ... 104
4.3.3 推进国家学位论文电子化示范系统的建议 ... 106

5 我国学位论文资源共享系统建设 ... 110

5.1 我国学位论文资源共享系统建设的背景 ... 110
5.1.1 我国学位论文资源共享系统建设的必要性 ... 110
5.1.2 我国学位论文资源共享系统建设的可行性 ... 112

5.2 我国学位论文资源共享系统的基本设计 ... 114
5.2.1 我国学位论文资源共享系统的建设目标 ... 114
5.2.2 我国学位论文资源共享系统的建设思路 ... 116
5.2.3 我国学位论文资源共享系统的总体框架 ... 117
5.2.4 我国学位论文资源共享系统的主要任务 ... 121

5.3 我国学位论文资源共享系统的管理 ... 124
5.3.1 共享管理体系 ... 124
5.3.2 共享业务流程 ... 133
5.3.3 标准规范体系 ... 135

6 学位论文元数据公益共享方案 143
6.1 学位论文元数据整合概述 143
6.1.1 学位论文元数据的主要功能 143
6.1.2 学位论文元数据整合的案例分析 144
6.1.3 学位论文元数据整合的作用和意义 150
6.2 学位论文元数据整合思路 152
6.2.1 学位论文元数据整合框架 152
6.2.2 学位论文元数据整合方法 153
6.2.3 学位论文元数据整合技术路线 155
6.2.4 学位论文新老数据的融汇处理 157
6.3 学位论文元数据核心标准 160
6.3.1 学位论文核心元数据集确定的原则 160
6.3.2 国内外学位论文描述元数据集的状况 162
6.3.3 学位论文描述元数据集的确定 163
6.4 学位论文元数据整合的工作内容 163
6.4.1 规范数据开放共享秩序 164
6.4.2 学位论文元数据转换和映射 164
6.4.3 学位论文元数据共享交换 165
6.4.4 学位论文元数据集中整合 167
6.4.5 学位论文元数据集成检索平台 168

7 学位论文全文服务的公益保障与市场化解决方案 170
7.1 全文服务的概念、特点和现实意义 170
7.1.1 全文服务的概念和发展 170
7.1.2 全文服务的需求和特点 171
7.1.3 全文服务的现实意义 171
7.2 全文服务的典型模式和应用案例 172
7.2.1 通过文献传递方式提供全文服务的应用情况 173
7.2.2 基于开放链接技术提供全文服务的应用情况 178

7.2.3　基于全文数据库提供全文服务的应用情况 181
　7.3　学位论文全文服务的公益保障方案 182
　　　7.3.1　学位论文全文服务的公益保障内容 182
　　　7.3.2　学位论文全文服务的公益保障功能 186
　　　7.3.3　学位论文全文服务的公益保障方式 187
　7.4　学位论文全文服务的市场化解决方案 189
　　　7.4.1　学位论文全文服务市场化运作的价值 189
　　　7.4.2　学位论文全文服务市场化运作的途径 190
　7.5　学位论文全文服务知识产权风险与对策 194
　　　7.5.1　学位论文全文服务的知识产权风险 194
　　　7.5.2　学位论文全文服务的知识产权对策 200

8　学位论文资源的深层管理与服务展望 213
　8.1　基于过程管理的学位论文质量监控 213
　　　8.1.1　学位论文质量与过程管理的含义 213
　　　8.1.2　学位论文的写作培训服务 215
　　　8.1.3　学位论文的过程监控 218
　8.2　学位论文的开放存取服务 225
　　　8.2.1　开放存取服务及其发展中的问题 225
　　　8.2.2　学位论文开放存取体制建设与服务实施 228
　　　8.2.3　学位论文知识库构建方案 231
　　　8.2.4　基于知识库的学位论文知识资源建设推进 233
　8.3　学位论文的知识服务 235
　　　8.3.1　学位论文知识服务的层次 235
　　　8.3.2　学位论文知识服务的具体形式 236
　8.4　下一代学位论文管理与共享系统发展方向 238

附　录..242
附录一　关于报送研究生毕业论文问题的通知..........................242
附录二　关于颁发博士学位证书和送交博士学位论文的通知..............244
附录三　关于寄送博士和硕士学位论文的通知..........................245
附录四　关于做好授予学位的备案、统计、报表工作和颁发学位
证书、送交学位论文工作的通知..........................245
附录五　关于报送留学生学位论文的通知..............................247
附录六　全国博士后管委会办公室关于进一步加强博士后研究
报告收集工作的通知....................................248

参考文献..250

后　记..259

1 学位论文资源概述

1.1 学位制度的起源

1.1.1 学位制度的诞生

大学是中世纪留给现代社会唯一完整的组织机构，历经千年，成为现代大学的直接源头。中世纪大学的学位制度效仿骑士制度和行会制度，伴随着大学成长而形成，并保留至今，成为高等教育区别于其他教育的重要标志之一。在中世纪第一批大学里，有着"欧洲大学之母"称号的巴黎大学曾引领了欧洲大学的一方风范，在这个诞生了世界上第一个学士学位的地方，孕育出中世纪完整的学位制度[①]。"学位"原本意味着任教执照或行医和做律师的资格证书，相当于手工业行会中的"师傅"称号。

在巴黎大学的学位链条上，学位出现的先后不是按从低到高的顺序排列，而是按历史的进程和大学生长的需要排列。先有执教权和就职礼，而后才有业士学位、硕士学位、博士学位。要想成为一名教师，首先必须获得执教许可，这就是学位的最初含义。获得了执教许可，并不等于就可以走上讲台了，任教候选人必须举行"就职礼"（Inception）才能正式成为新教师。1231年，巴黎大学作为一个自治社团得到教皇格里高利九世的承认，从此学位制度成为巴黎大学也是中世纪大学的重要制度。当时的巴黎大学有四个学院，即艺学院、医学院、法学院和神学院。其中，艺学院是预备阶段，学习分两个阶段，第一个阶段是最初级阶段，第二个阶段是执教许可候选人阶段。修业结束时，由教师评议会对学生进行考核，合格者将获得业士或学士文凭，意味着可以帮助教师开展教学活动。取得学士文凭后方可进入其他三个高级学院，进行专门的职业训练，学业结束后可获得硕士或博士学位。如此一来，学位链条

---

① 杨少琳.中世纪大学学位制度形成的历史渊源[J]. 黑龙江高教研究, 2010 (12): 6-9

的排列为：业士—执教许可—硕士与博士。

起初，硕士、博士和教授这三个头衔在中世纪完全是同义语，在早期的巴黎大学和以巴黎大学为模式建立的其他大学中，神学、医学和文学系习惯对教师称谓硕士，有时也称谓教授，但博士这一称谓很少使用。在博洛尼亚大学，法律系的教师习惯使用博士和教授头衔，一般没有称呼硕士的习惯。鉴于文科在当时是基础学科，文科毕业后才能继续在神学、法律、医学等方面深造，所以慢慢地，硕士与博士也开始成为高低不同的两个等级，硕士是较低的等级，博士是较高的等级。到了15世纪时，博士已成为高级系教师的专用头衔，而硕士成为低级系教师的专用头衔，原来可以互用的硕士和博士称号，成为两个不同的学位级别①。

随着大学的发展，学位的级别逐渐清晰起来，第一级学位是学士学位，类似于行会中准许学徒满师；第二级学位是硕士或者博士学位，类似于行会的师傅，获得这一学位后完全有资格在母校任教。学位的高低级别形成以后，对学位的要求也有了差异②。在中世纪，对一些人而言，取得学位继而获得在大学中执教资格并不是最终目的，而是提高社会地位的有效途径之一，为开始新职业做准备。学生在取得学士、硕士、博士学位之前都要先承担一定量的教学任务，但很多人即使超过必需的教学要求仍然继续在大学任教，目的也常常是为以后的学习筹措资金或者等待大学之外更好的升迁机会。

1.1.2 西方现代学位制度

随着工业革命的发展，社会生产率得到迅速提高，主要资本主义国家之间的政治斗争和经济竞争日趋激烈。为使教育更好地为维护统治秩序服务，促进经济和科学技术的发展，各主要资本主义国家都对教育进行了改革。从历史上看，学位最早产生在意大利和法国，随后发展到英国和德国。但是自19世纪以来，与意大利和法国相比，英国和德国的学位制度明显发挥了更大的作用。最重要的原因归功于理念的更新和改革。英国崇尚的博雅教育和德国倡导的"教学与科研相结合"和"学术自由"全新的办学观念改变了中世

---

① 杨天平,潘奇.欧洲中世纪大学的特色[J].现代大学教育,2009 (1):52-56
② 孙益.欧洲中世纪大学的学位[J].清华大学教育研究,2003,24(6):73-78

纪的教育格局，形成了英国的中央管理与市场控制结合的模式和德国的中央管理模式。但是各个国家的模式不尽相同。

19世纪，美国学位制度开始借鉴德国的研究生教育模式，大批美国学生到德国留学，其中某些学子成为美国著名大学的校长，他们通过引入德国的学位制度来改善美国的高等教育，对美国的高等教育产生了深远的影响。美国在学习英德学位制度的同时，也开始了开创性的探索。二战以后，美国的学位体系开始面向市场。同时要求高等教育提供回应市场的学位，因此它的学位制度灵活多样，成为各国效仿的对象。与美国学位标准多样相反，英国的学位制度详细规定了每一级的学位标准，体现了国家对学位标准的控制，表现出了国家控制与专业自治相对平衡的特点，形成美国市场模式之外的另一种模式①。

德国高等教育管理体制属于大陆型模式，一方面受内部教授集团的控制，另一方面受到来自国家权力的控制，是教授行会和国家官僚的结合。因此，德国高等教育管理体制是教授团体与政府主导的管理体制，其学位制度也呈现出这一特征。就19世纪以来的传统而言，德国的学位层级只有硕士学位和博士学位，没有学士学位，这是德国的学位制度不同于英美式学位制度最突出的特点。但是，随着高等教育的国际化与大众化趋势的日渐凸显，1999年29个欧洲国家在意大利签署了《博罗尼亚宣言》，首次正式提出了加强欧洲高等教育之间兼容性的主张，确定到2010年建立统一的欧洲高校区的目标，启动了近年来欧洲最深入的高校改革——博罗尼亚进程。而建立统一的欧洲高校区的关键因素，就是在欧洲范围内引入可比较的"学士／硕士"学位体系②。按照"博罗尼亚进程"以及德国联邦和州政府的政策及法规，"学士／硕士"学位制度将逐渐取代传统的"硕士"学位。到2010年，德国全面实行国际认可的"学士／硕士"制。

---

① 张陈.我国当代学位制度的传统与变革[D].重庆:西南大学,2011
② 蒋培红,张朝然.德国高校的学位制度改革述评[J].学位与研究生教育,2007(5): 69–72

1.2 我国学位制度的发展

1.2.1 西方学位制度的引入

我国现代意义的学位与研究生制度均源自西方，是清末民初移植西方近代大学制度时引入中国的。清末对学有所成者实行奖励科名出身制，故与大学体制配套的近代学位制度并未在新学制中体现出来。相反，因为当时对西方近代学位制度缺乏了解，故简单地将国外学位制度与传统科举制度对应，将中国传统的秀才、举人、进士等科名出身，与西方学士、硕士、博士等错位对接，实行奖励科名制度。从日本获得"学士"学位者，相继被授予进士、举人等科名。民国成立后，废除了学堂奖励出身制，将授予学位与授给官位分开，开始进行学位制度与文官考试制度的设计。1913年1月，教育部颁行的《大学规程》规定，大学院为大学教授与学生极深研究之所，研究毕业者可仿效西方大学授予学位："大学院生自认研究完毕欲受学位者，得就其研究事项提出论文，请求院长及导师审定，由教授会议决，遵照《学位令》授以学位。大学院生如有新发明之学理或重要之著述，得由大学评议会议决，遵照《学位令》授以学位。"这是民初对大学研究院授予现代学位的最初设计。

1915年2月，袁世凯颁布的《特定教育纲要》，参照德国学制，对现代学位制度作了更为具体的设计："学位除国立大学毕业，应按照所习学科给予学士、硕士、技士各字样外，另行组织博士会，作为审授博士学位之机关，由部定博士会及审授学位章程暂行试办。"此时有关学位制度之设计，大体分为两级：一级为学士、硕士、技士；二级为博士。这与后来普遍实行的学士(技士)、硕士、博士三级制度有一定差别。从清末科名出身的奖励，到民初授予学位的设想，是中国学术教育体制从传统走向现代的一个重大转变。但由于种种原因，《特定教育纲要》关于授予学位的设想并未付诸实施，而设计中的学位法也未见制定及颁布。

1.2.2 现代学位制度的建立

中国现代学位制度的真正建立，实始于南京国民政府制定专门学位法规之颁行。国民政府颁布《大学组织法》、各大学相继创设大学研究院之后，便要求建立与之配套的现代学位制度。1929年,国民政府仿效西方现代学位制度,开始拟订《学位条例草案》。1931年4月22日,国民政府草拟了《学位授予法》,该授予法放弃了民初学士、博士两级学位制,采用了英美通用的学士、硕士、博士三级学位制,将学位分为学士、硕士、博士三级,并对获得此三种学位之资格作了限定。

《学位授予法》尽管从1931年就已经开始草拟,但当时并未颁布。1935年4月22日,经过反复讨论和修订,国民政府立法院正式通过并颁布了《学位授予法》。同年5月,教育部发布的《施行学位授予法的训令》规定:"一、学士学位,凡依本法有权授予学士学位之学校,得自民国二十四年七月一日起,依本法开始授予各种学士学位;二、硕士学位,硕士学位之开始授予时期,应于硕士学位考试细则中另定之;三、博士学位,博士学位之开始授予时期,应于博士学位考试细则中另定之。"《学位授予法》的通过与颁布实施,标志着中国现代学位制度的正式建立①。

从清末中国高等教育界开始关注日本的学位制度,宣传主张在中国实行,到1912年民国初年《大学令》中"得称学士",再到1935年《学位授予法》的颁布施行,学位制度建设从西方引进到中国并完成"中国化",经历了大约30多年的探索。1935年,国民政府教育部仿效英美体制颁布了《学位授予法》,对学位授予的级别、学位获得者的资格和学位评定的办法等做了规定,初步完成了近代中国学位制度化建设,成为中国现代学位制度的开端。但是由于战争的原因,国民政府时期的研究生培养一直发展缓慢,从1935年《学位授予法》颁布以后到1949年国民党败退台湾,共举行了9届硕士学位考试,文、理科相加,十几年中累计有200多名毕业生获得硕士学位,博士学位在近代中国一直是空白。

1.2.3 新中国学位制度的确立

1949年,中华人民共和国成立,在经历两次学位制度制定和流产及"文化大革命"时期学位制度的停滞之后,1980年2月1日,国务院常务会议讨论通过了《中华人民共和国学位条例(草案)》,并经12日召开的中华人民共

---

① 李明霞.试论民国时期中国现代学位制度的建立[J].徐州师范大学学报(哲学社会科学版),2012,38(4):140-143

和国第五届全国人民代表大会常务委员会第十三次会议审议通过。为使学位条例更好地贯彻与实施，1981年5月20日，国务院批准了《中华人民共和国学位条例暂行实施办法》，对学士、硕士、博士和荣誉博士学位授予标准、学位的考试课程和论文水平等做出了细致的规定，另外，还规定了学位评定委员会的职责。《中华人民共和国学位条例》的颁行及其配套文件法规的制定，为中国学位制度的建设和发展提供了法制化的保证以及可操作性的实施办法，也为选拔人才提供了学术方面的依据，中国学位制度进入了规范有序的发展阶段①。截至2011年，《中华人民共和国学位条例》已实施30周年，累积授予了439 969名博士、3 698 859名硕士、24 240 532名学士②。

（1）学位分级与授予标准

按照《中华人民共和国学位条例》的规定，我国实施三级学位制度，学位分为学士、硕士、博士三级。我国的学位分级与高等教育的不同阶段相联系。《中华人民共和国学位条例》对各级学位的授予标准做出了明确的规定，分别具体规定了各级学位获得者应具备的学术水平③。

学士学位标准：学士学位由国务院学位委员会授权的高等学校授予。高等院校本科学制一般为4年，少数工科院校的少数专业为5年，医学院校一般为5年。完成教学计划的各项要求，经审核准予毕业，同时课程学习和毕业论文（毕业设计或其他毕业实践环节）的成绩合格，确已较好地掌握学科的基本理论、专门知识和基本技能，具有从事科学研究工作或担负专门技术工作的初步能力者，可被授予学士学位。

硕士学位标准：硕士学位由国务院学位委员会授权的高等学校和科研机构授予。学士学位获得者或同等学力者，经考试进入有权授予硕士学位的高等院校或科研机构学习2～3年，通过硕士学位课程考试和论文答辩（硕士学位论文对所研究的课题应当有新的见解），成绩合格，在本学科上确已掌握了坚实的基础理论和系统的专门知识，具有从事科学研究工作或独立担负专门技术工作的能力者，可被授予硕士学位。

博士学位标准：博士学位由国务院学位委员会授权的高等学校和科研机

---

① 余伟良.二十世纪的中国学位制度研究[D].长沙:湖南师范大学, 2008
② 学位三十年[EB/OL]. [2013-07-12]. http://www.cdgdc.edu.cn/xwyyjsjyxx/xw30/hssn/ssnzycg/268395.shtml
③ 三级学位制度[EB/OL]. [2013-07-12]. http://www.chinadegrees.cn/xwyyjsjyxx/xwbl/xwzd/sjxwzd/

构授予。硕士学位获得者或同等学力者，通过博士学位课程考试和论文答辩，成绩合格，在本门学科上掌握坚实宽广的基础理论和系统深入的专门知识，具有独立从事科学研究工作的能力，在科学或专门技术上做出创造性成果者，可被授予博士学位。

（2）学位类型

我国学位类别分为学术性学位与专业学位。学术性学位按照学科门类授予，分别为哲学、经济学、法学、教育学、文学、历史学、理学、工学、农学、医学、军事学、管理学、艺术学学士学位/硕士学位/博士学位（图1-1）。专业学位虽也分为学士、硕士和博士三级，但一般只设置硕士一级。各级专业学位与对应的我国现行各级学位处于同一层次。专业学位按照专业学位类型授予，专业学位的名称表示为"××（职业领域）硕士（学士、博士）专业学位"。

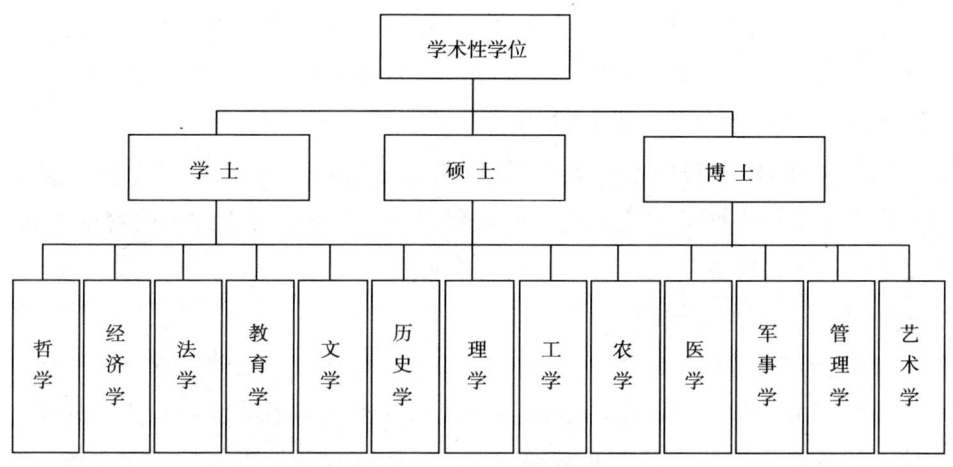

图1-1 学术性学位示意图

1.3 学位论文的概念、特征与价值

1.3.1 学位论文的概念和内涵

学位论文是伴随着学位制度的建立而产生的，是高等院校和科研单位的毕业生为获取学位资格递交的学术性研究论文。其中，硕士和博士学位论文

（以下简称学位论文）因其所涉及的学科广泛、选题现实、论述翔实、见解独创，通常具有较高的学术价值和使用价值，因而日益受到社会各界的广泛关注。同时，学位论文属于非正式出版物，其具有产出分散、分布保存、集中度低、服务模式多样、使用限制各异的现实特点，在学位论文的自由获取和公开服务方面比较困难，因而，更显其具有较强的情报价值。

根据学位授予标准可知，只有符合特定要求，具备一定能力的学生才可以获得相应的学位，学位论文正是高等院校和科研单位的毕业生为获取学位资格而递交的一种学术性研究论文，它是学生专业综合能力的集中体现。关于学位论文的概念，学术界有多种表述，但实质内容基本一致。

贺德方（2004）[①]认为，学位论文是高等学校或研究机构的学生为取得学位，在导师指导下完成的科学研究、科学试验成果的书面报告，是评审学位申请人学术水平的重要依据，也是学位授予的主要技术文档。

王东彦（2012）[②]认为，学位论文是博硕士研究生在导师指导下，为获取学位，以大量文献调研为基础，通过翔实的数据分析、反复实验而撰写的具有创造性思维和成果的学术研究论文。

国家标准 GB/T 7713.1—2006《学位论文编写规则》指出："学位论文是标明作者从事科学研究取得创造性成果和创新性见解，并以此为内容撰写的、作为申请授予相应的学位评审用的学术论文。"

笔者认为，学位论文是作者出于获取学位的目的，按照一定的格式撰写，并提交给校方或科研机构的一种学术论文，它与其他类型的学术论文一样具有研究性。由于学位论文是毕业生说明其已具备所申请学位要求能力的重要凭证，即既已掌握扎实的专业基础知识，又能够独立从事科学研究工作，因此学位论文本身就是一份具有原创性的研究成果，具有重大的研究价值。为此，学位论文质量控制、学位论文资源建设与服务、学位论文知识产权、学位论文计量分析等相关问题受到了国内外众多学者的关注。

---

① 贺德方.国家学位论文服务体系研究[J].情报学报, 2004, 23(6): 697-702
② 王东彦.高校图书馆学位论文一体化服务的探索与实践[J].图书馆工作与研究,2012(6):116-118

1.3.2 学位论文的基本特征

（1）凭证性

学位论文是毕业生为了获取学位而提交的学术论文，它是作者专业基础理论水平、科学研究能力、辩证思维能力、理论创新精神的综合体现，是证明毕业生在接受规定时限的专业学习后已具备相应能力，可以获得相应学位的一种重要依据。学位论文在学生选题、搜集资料、撰写大纲、开题、撰写初稿、中期检查、完成定稿、送校内外专家评审、答辩等一系列工作中形成了大量的第一手资料，这些资料能反映研究生教育中的专业特点和学校的特点，具有保存价值，同时在教育部教学评估中起到了重要的凭证、参考和指导作用，受到评估专家、学者和学生的高度认可[①]。

（2）学科性

目前，我国研究生教育设置的学术型学位已经涵盖了哲学、经济学、工学等12个学科门类，其中包括一级学科89个，二级学科386个，涉及社会科学、人文科学和自然科学各个领域。随着科学技术的不断进步发展，各学科之间交叉渗透，涌现出大量新的研究领域，这些因素决定了学位论文选题不局限于单一学科，呈多样化发展趋势。博士、硕士论文中的选题有不少直接来自国家各部委的科学基金、国家科技计划等项目，在选题上保证了学位论文的新颖性和独创性，充分显示其新颖的学术思想和较高的学术价值。同时，学位论文选题往往与实际联系紧密，有很多学位论文是将社会发展过程中的重大现实问题或热点问题作为切入点展开研究的，许多新理论和新技术往往就是在深入探讨这些重大现实问题的过程当中被提出的。

（3）专深性

一般而言，学位论文的选题大多是本专业的前沿问题，学位论文是作者针对具体科研课题开展调研，并追踪国内外历史文献后得出的开拓性、独创性研究成果，它是通过大量的思维劳动而提出的学术性见解或结论，反映了特定专业领域、研究方向的最新进展。同时，学位论文作者必须通过反复的科学实验和走访调研获取翔实的数据与素材，对某一科学命题进行深入而严谨的研究，且阐述问题较为系统、详细，是有一定独创性的参考资料，具有

---

① 武玲娥.高校硕士研究生学位论文档案的价值分析[J].兰台世界,2011(4):35-36

很高的学术价值。

（4）完整性与规范性

学位论文的专深程度要求作者必须阅读大量的相关文献，了解专业背景知识及借鉴前人的研究成果，比期刊论文更深入和全面，有助于同行对相关文献进行追踪研究。学位论文的文献综述部分提供了一系列尚待解决的问题，而且概括了该课题的全部信息，通过它可以了解、追踪某一研究领域的前沿问题和这一领域的全貌[①]。同时，为了统一学位论文的撰写和编辑格式，便于系统的收集、存储、处理、加工、检索、利用、交流与传播，2006年我国发布了国家标准 GB/T 7713.1—2006《学位论文编写规则》，相关高校和科研机构也对学位论文撰写格式，甚至是编辑排版做出了详细的规定，力求在形式上保持统一。规范的文档结构一方面督促作者在学位论文中提交所有相关信息，另一方面有利于学位论文的组织加工与检索，为后期的学位论文资源建设提供便利。

（5）层次性

受学位授予层次的影响，学士、硕士和博士学位论文的内容专深程度存在较大差异。一般来说，硕士学位论文具有一定的深度，见解独到；博士学位论文则是对学科前沿的探讨，论文内容更加新、专、深，具有独创性。在同一学位水平当中，学位论文的质量也有所不同，产生了许多优秀的科研成果。为此，国务院学位委员会和教育部决定开展全国优秀博士学位论文的评选工作。从1999年开始，我国每年评选100篇全国优秀博士学位论文并给予表彰和奖励。这对加强高层次创造性人才的培养，提高我国研究生特别是博士生教育质量具有积极作用。

（6）灰色文献性

学位论文一定程度上属于难得到的灰色文献，有些研究生在撰写学位论文之前，有些内容在正式刊物上发表（现阶段有些学校要求博硕士生在答辩之前有文章发表），但更多的内容是没有正式出版的，无法通过常规渠道获取，采集困难。随着计算机技术和网络技术的发展，知识产权保护问题已经成为学位论文尤其是电子版学位论文采集的瓶颈。由于法律制度不完善、学位论

---

① 李吉霞.试论高校学位论文资源的开发和利用[J].图书馆学刊,2005(5):35,40

文知识产权界线不清晰，不少单位学位论文仅作为内部资料，只在授予学位的院校或研究机构的图书馆和按国家规定接受呈缴本的图书馆保存有副本或其电子版本。另外，由于学位论文是向校方的学院或研究生院或校图书馆提供，所以它不像其他公开出版物那样被广泛流传。

1.3.3 学位论文的功能与价值

学位论文作为非公开出版物，对非收藏单位和作者个人以外的人来说不易获得。但是它们具有较高的学术研究价值和使用价值，经过30年的积累已成为国家的一种重要的战略信息资源，以及我国科学研究、人才培养、经济建设和社会发展不可或缺的部分[1]。

（1）丰富文献信息资源收藏体系

学位论文首先是一篇学术论文，并且具有相当的新颖性和独创性，因此它与期刊论文、会议论文一样具有很高的学术价值和收藏价值，是文献信息资源体系中的一个重要组成部分。但是，学位论文灰色文献性在很大程度上限制了它的传播和使用范围，加之许多高校多只重视对学位论文档案的收藏，对论文内容的报道、专题编研不多，没有规范的编目与索引，更谈不上二三次文献的加工，对学位论文的著录格式不统一，对文献的内容揭示不深刻[2]，对学位论文的情报价值开发不够，很难满足科研人员的检索需求。

（2）为科学研究和教学提供参考

学位论文是学生为获得学位而完成的一种学术成果，包含了学生在某一研究领域的见解、主张，也融入了导师的指导、学术影响等，体现了某段时间内的学术前沿、科研动向，反映了研究机构自身的学术特点，是研究机构中宝贵的资源[3]。尤其是博硕士学位论文可以说是较为成熟的学术作品，因为其作者均是经过严格考核选拔出来的专业成绩优秀者，而导师更是经过国家专业评审委员会评审通过的学者专家，历时 2～5 年甚至更长时间完成的科研成果。学位论文对科研项目的选题、知识体系的构建和理论观点的创新都

---

[1] 张学福,孟连生.论国家博硕士学位论文数字资源保障体系建设[J].中国图书馆学报,2005, 31(5): 66–69
[2] 李吉霞.试论高校学位论文资源的开发和利用[J].图书馆学刊,2005(5):35,40
[3] 南玉霞,张秀坤.学位论文授权提交系统实例分析——以中国传媒大学为例[J].电子世界,2012(3):142–145

具有重要的参考价值和借鉴作用，已经成为一种不可或缺的情报信息资源，对后继的教学和科研活动有较高的参考价值，越来越受到科研、教育和学术界的重视。

（3）增强科研选题的科学性

许多课题的研究是导师和连续几届的学生多年钻研的成果，是教与学的结晶，是循序渐进的过程，学位论文是高校科研成果的直接体现。通过国家学位论文的系统收集与整理，可以使科研管理部门掌握真实的数据和素材，能够系统了解相关科研工作的历史与现状，有利于客观、全面地总结以往科研状况以及面向未来的科学计划和决策，从而给予重点研究领域更多的支持。这样既可以保证科学研究的连续性，又可以避免选题重复，防止科研中走弯路，减少不必要的人力资源与投资浪费。

（4）为人才选拔和高等教育质量评估提供依据

学位论文的产出有其自身的规律，它与学校、学科、导师、学生本人等各种因素有着紧密的关联关系。因此，对学位论文与上述因素的关联性分析有助于对高校、导师以及学生个体进行客观、真实的评价。研究、总结学位论文产出的规律和经验，无论对拔尖人才的选拔、培养还是高等教育质量评估都具有重要意义。学位论文质量是"监控"研究生质量最基本的手段，对国家学位论文数据，按行业、地区和学科进行综合性分析，可以及时了解学位论文产出状况，得到研究生培养过程中科研发展的状况报告，供有关管理部门决策参考。同时，对学位论文进行相似性检测和查新可以检验和评价学位论文的真实性和创新性，有利于倡导诚信务实的科学精神，提高科学研究的原始性创新能力。

2 国外学位论文资源管理状况

随着全球科学技术不断加速更新,最近10多年,学位论文资源在世界各国文献信息资源体系中的地位不断提高。各国均非常注重利用互联网和其他信息技术成果对学位论文进行管理,开发学位论文数字化项目(Electronic Theses and Dissertations,ETD),促进学位论文的开发与利用。

2.1 国外学位论文管理与共享服务实例分析

目前学位论文数字化项目开发和应用在美国、加拿大、英国、法国、德国、奥地利、澳大利亚、新西兰等国家发展速度较快,多个项目已投入实际使用,获得广泛好评。目前,国外学位论文管理与共享服务系统主要有以下几个。

2.1.1 美国 PQDT 学位论文数据库

PQDT(ProQuest Dissertations & Theses)是 PQDD(ProQuest Digital Dissertations)的升级版,2007年更名为 PQDT,是由美国 ProQuest 公司(原名 University Microfilms International,UMI,成立于1938年)建设的博硕士论文网络文摘数据库,是目前世界上最大的、使用最广泛的博硕士论文数据库,该库收录了自1861年以来美国、加拿大和欧洲各国及世界其他国家2 000余所大学和科研机构的博硕士学位论文的文摘和索引,其中美国就超过700家,占美国拥有博士学位授予权高校的99%。目前已有可提供下载服务的学位论文120多万篇,可提供复印件形式的学位论文200多万篇,可检索到的学位论文引文多达300多万条,每周新增1 000多篇博硕士论文,每年大约增加7万篇学位论文[①],1997年以来的部分论文不但能看到文摘索引信息,还可看到论文原文的前24页,90%以上的论文可以通过网上在线订购获取全文。

---

① PQDT[EB/OL].[2013-07-12].http://www.proquest.asia/zh-CN/products/dissertations/default.shtml

PQDT 的主要特色是将文献检索、文献获取和文献传递这三个功能融为一体，能够提供一般检索系统给出的文献信息，也能提供全文传递所需的如订购方式、费用、付费方式和传递方式等信息。

2002 年开始，国内高校和科研单位以及公共图书馆通过集团联合采购的方式共同采购国外优秀博硕士论文，建立了 ProQuest 博硕士论文全文数据库，实现了学位论文的网络共享，运作模式采取凡是参加联盟的成员馆皆可共享各成员馆订购的资源，各馆所订购资源不会重复，一馆订购，全国受益，且随着时间的推移，加盟馆的增多，共享资源数量也会不断增长，该库采用 IP 控制用户访问权限，不需要口令和密码。目前在国内建立有北京大学 CALIS 镜像站点、中国科学技术信息研究所镜像站点和上海交通大学镜像站点。

PQDT 采用商业性集中共享模式，其特点是用户购买数据库或论文后，论文共享服务严格限定在购买用户所在的 IP 地址范围内，或以用户使用权限（密码）作为访问数据库的凭证，其优点是能够很好地保护作者的版权，使论文资源能够得到合理利用；同时，由于数据库使用不受时间（在规定期限内）和地理位置的限制，因此可以多次浏览、下载论文全文。但也存在一定的弊端，例如需要投入大量的资金，经济实力较差的科研单位无法购买足够的论文全文；论文使用只能在定购期限内，不能保证长期使用等。图 2-1 为 PQDT 体系结构图。

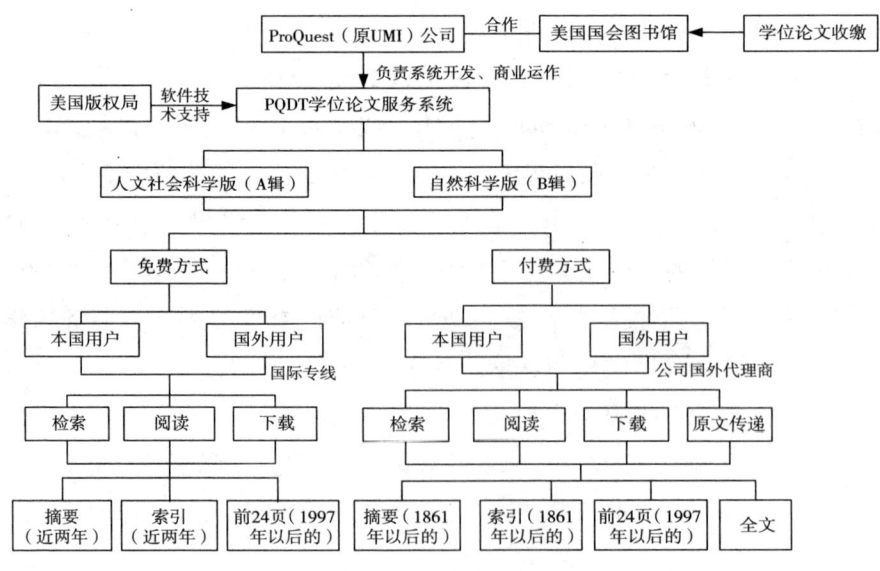

图 2-1　PQDT 体系结构图

2.1.2 美国博硕论文网络数字图书馆

美国博硕论文网络数字图书馆（Networked Digital Library of Theses and Dissertations，NDLTD）项目于 1996 年由 Virginia Tech 大学牵头发起成立，其前身为美国国家博硕士论文数字图书馆（National DLTD），得到美国国家自然科学基金的经费支持，为用户提供免费的学位论文文摘，还有部分可获取的免费学位论文全文，以便加速研究生研究成果的利用[①]。在 Ohio 全州范围内，帮助建立电子学位论文数据库 Ohio LINK，该数据库包括 79 个大学、学院和图书馆，既包括公立大学，也包括私立大学、学院。随着美国国家博硕士论文数字图书馆的发展壮大，成员范围逐渐扩大到世界其他国家，来自全球的 200 余家单位参加，同时又得到了来自联合国教科文组织的经费支持，成为世界范围的博硕士论文网络数字图书馆。NDLTD 的活动紧紧围绕大学、图书馆、教员和研究生而开展，旨在创建一个支持全球范围内电子论文的创作、标引、储存、传播及检索的数字图书馆，以此来促进研究生教育[②]。

NDLTD 提供联合目录查询（NDLTD Union Catalog）、基于 OAI 的联合目录试验系统（OAI-based Union Catalog）、试验联合查询系统（Federated Search Demonstration）、浏览成员站点查询（Official NDLTD Members）、浏览 Virginir Tech 等 5 种资源检索途径。可按题名、作者、文摘、主题、机构、发布年、语种等途径检索。

NDLTD 采取完全开放式共享联盟共享机制，其优点是加入门槛低，成员获益大，因此能够吸引各类机构广泛参与，不断扩大学位论文共享的范围；但是由于成员众多、覆盖范围广，也使联盟的组织与管理面临着很大压力。而且学位论文全文是否公开完全由学生自己决定，共享联盟如果没有采取十分有效的政策鼓励学生积极共享资源，会导致系统中可获取全文的论文数量十分有限。

和 ProQuest 学位论文数据库相比，NDLTD 学位论文数据库的主要特点就是学校共建共享、可以免费获取。另外由于 NDLTD 的成员单位来自全球各地，学位论文的覆盖范围较广，收录有德国、丹麦等欧洲国家和我国香港、台湾

---

① 南京工业大学图书馆[EB/OL].[2013-07-12].http://lib.njut.edu.cn/shiyong/ndltd.htm
② NDLTD [EB/OL].[2013-07-12].http://www.ndltd.org/info/index.en.html

等地的学位论文,但是由于文摘和可获取全文的数量比较少,适合作为国外学位论文的补充资源进行利用。图 2-2 为 NDLD 体系结构图。

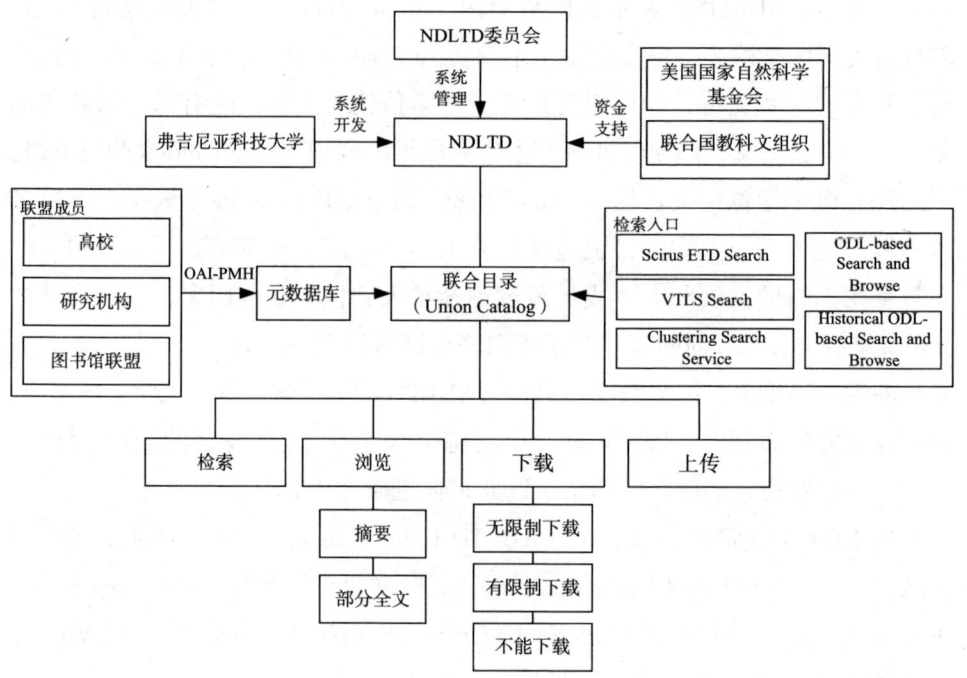

图 2-2　NDLTD 体系结构图

2.1.3　澳大利亚数字论文系统

澳大利亚数字论文（Australian Digital Theses, ADT）项目在 1998—1999 年由澳大利亚新南威尔士大学牵头的 7 所高校图书馆和澳大利亚大学图书馆委员会（CAUL）共同提议,经国家研究委员会（ARC）的国家信息基础设施研究（RIEF）项目批准资助建立,目标是建立分布式的论文数据库。经过十几年的发展,ADT 已经成为国家级数字学位论文库。ADT 采用全国各高校图书馆自愿申请加入的方式,于 2000 年 7 月对澳大利亚所有高校开放,2005 年成为官方指定学位论文保存系统,到 2006 年,成员馆已经扩展到 40 多所高校图书馆,基本实现项目覆盖全国高校图书馆的建设目标,项目从开始至

2011 年，由新南威尔士大学图书馆负责新成员的申请管理和技术支持。该项目于 2011 年 3 月被澳大利亚国家图书馆接管，所有的数据仍然可以通过澳大利亚国家图书馆馆藏服务（Australian Research Online）获取[①]。

  ADT 项目采用元数据集中或分散检索和全文分布保存的管理与服务模式，元数据索引对全世界网络用户开放服务，对网上全文阅览和下载是否收费或设置什么样的用户限制等也不做统一的要求和强行规定，由各成员图书馆自行决定，分别执行，对各成员馆提交学位论文数据的数量与时间也不作强行规定。无论成员馆出台何种形式的收费方式或用户限制政策，都必须保证电子版学位论文全文的前言部分可以自由阅览或下载，这类似于美国 PQDT 数据库免费浏览每篇论文的前 24 页内容的政策。ADT 项目规定，某个高校一旦收取 ADT 数据库的全文下载费用，其收入的部分版面费必须返还给作者本人[②]。

  ADT 项目选择美国弗吉尼亚理工大学开发的 NDLTD 系统，并采用了与 NDLTD 相一致的技术标准，以期与世界接轨。同时，ADT 项目结合本国实际，开发适宜本国具体情况的技术标准。通过对 NDLTD 的系统技术标准加以修改完善，以实现与各个高校图书馆的 OPAC 系统兼容，建立一个全国性分布式保存数据对象、元数据自动生成符合规范的国家学位论文电子数据库。在标准化建设方面，ADT 项目采用的技术标准数量少而且简单，能够确保长期稳定地生成高质量的 DC 元数据，同时，技术标准对软硬件环境要求低，使用灵活。澳大利亚的标准化推进具有代表性，在很大程度上体现了学位论文标准化的发展方向[③]。

  ADT 项目在国家整体框架下，是典型的分布式共享学位论文服务系统，学位论文的电子版全文保存在各个高校图书馆，学位论文的书目信息建有集中式的数据库，既可以集中检索，又可以分布检索。分布式共享的元数据链接到分散在各地的成员单位子系统上，通过链接可以进行原文浏览、下载。各高校图书馆可以自主制定相关服务政策，既能够保证所共享论文资源的质

---

① ADT[EB/OL].[2013-07-12].http://adt.caul.edu.cu/
② 焦艳平，赵锦辉，张玉兰，等.澳大利亚国家学位论文数据库建设与服务模式及对我们的启示[J].数字图书馆论坛，2007(8):65-69
③ 赵杨,胡潜,张敏.国内外学位论文共享服务发展趋势与对策分析[J].情报资料工作,2008(4):68-73

量，提高学术研究效率，同时能够有效地对成员进行全面管理，建立和实施统一的数据获取标准；此外，还能较好的保护作者版权，并通过支付版税调动作者共享学位论文的积极性。

2.1.4 英国大英图书馆文献供应中心的学位论文服务

大英图书馆文献供应中心（British Library Document Supply Centre，BLDSC）收录了1970年至今英国和爱尔兰大学的30多万篇学位论文，还有部分美国、加拿大等国家的学位论文资源，用户支付少量费用就可以在网上对其中部分论文的原文进行传递请求，国际用户的收费比本国用户略高。大英图书馆要求作者与其签订协议，在需要时允许其拷贝他们的论文，并把论文借给或出售给个人或图书馆，每年向作者支付销售利润的10%作为版税。

英国学位论文索引（Index to Theses）是由 Expert Information Ltd 公司建立和进行商业运作的，它收录了1716年以来英国和爱尔兰大学的55万多篇学位论文文摘，年增16 000余篇，是 BLDSC 学位论文服务的商业化运作系统。在服务方式上，它只允许已订购纸质版 Index to Theses 的集团用户和个人用户在网站上注册后使用，用户注册后可以对所需论文的原文进行传递请求，由 Index to Theses 向 BLDSC 借阅论文原文再传递给用户。1716—1950年的学位论文仅提供题录信息，1970—1985年出版的学位论文文摘信息由缩微格式转换为 PDF 格式，1986年出版的学位论文索引均添加文摘信息。

大英图书馆收藏了1970—2006年间的18万种英国高校的博士学位论文，经由大英图书馆文献提供中心向国内外提供服务，使英国的学位论文成果得以传播。但近几年，大英图书馆的成本核算发现这种服务方式入不敷出，无法继续运转；另据大英图书馆文献提供中心统计，大概有80%的被使用论文是近13年的，其余大量文献闲置；各高校的学位论文大多是以纸质版形式保存，占用存储空间较大，至2006年，英国有约50万种学位论文面临着保存空间有限和长期保存的矛盾①。1994年，英国 Follett 信息技术执行小组接受建议，成立了 UTOG（University Thesis Online Group）研究电子论文的存储与传递。

---

① Swan A.Evaluation of options for a UK electronic thesis service :study report[R].Key Perspectives Ltd and UCL Library Services,UK,2006

其目的主要是建立一个由国家资助的学位论文目录以及电子学位论文的存储和服务体系，研究解决安全、知识产权、标准格式等问题①。

为了从保存和服务上改善这种状态，20世纪90年代英国就开始研究有关数字资源长期保存的问题。1998年，在联合信息系统委员会（JISC）的资助下，大英图书馆完成了数字保存的战略研究报告。2002年联合信息系统委员会再次资助格拉斯哥大学开放存取项目 Daedalus，罗伯特戈登大学承担的 Electronic Theses 项目和爱丁堡大学的 Theses Alive 项目，对学位论文电子化保存和全文服务做了有益的尝试。②

在博硕士生毕业离校时，英国大部分高校图书馆要求同时上交学位论文的电子版和纸质版。在2010年 Tina Baines 和 Martin Moyle 等所做的调查中，87%的高校图书馆已经或已经有计划收藏毕业生的电子版学位论文，这为电子化学位论文全文服务提供了物质基础。英国高校电子学位论文提交政策主要有两种类型："默认非开放获取"和"默认开放获取"。"默认非开放获取"是指由作者自己决定是否提交电子版学位论文，是否可以通过学校的机构库访问或者学校可以监控的其他路径访问。特殊情况下，需要得到导师的同意。"默认开放获取"被大多数图书馆采取，是指强制执行电子学位论文的提交并放到网上供开放获取，除非作者有充分的理由说明论文不能公开。当然，这种类型也会给作者一定的选择权，比如一段非公开期。一般情况下，图书馆会详细告知学生提交电子学位论文可能遇到的问题，尤其是关于敏感或有争议的研究领域的学位论文，以及涉及第一方知识产权的学位论文③。

2005年，英国开始了电子学位论文在线服务 ETHOS 项目的建设。该项目覆盖全国大多数高校，由联合信息系统委员会、不列颠群岛研究型图书馆协会和项目的参与图书馆联合出资，目的是提供一个国家电子学位论文的基础平台，方便研究者存储、检索和使用，2008年开始运行服务。参与 ETHOS 项目的成员馆可以选择以下三种方式中的任意一种来存储本校的学位论文：一是用学校或协会已有的数据库或知识库存储；二是新建学校或协会的数据

---

① UTOG [EB/OL].[2013-07-12]. http://www.cranfieldlibrary.cranfield.ac.uk/library/about_the_library/research_projects/past_projects/university_theses_on_line_group_utog

② 孙维莲,周凯归.英国学位论文全文服务的电子化变迁[J].新世纪图书馆,2012(10):18-20

③ 同②

库或知识库存储；三是使用 ETHOS 的数据库存储，不再自建数据库或知识库。此外，ETHOS 整理出了相关工作的流程，例如学位论文提交流程、读者使用学位论文的申请流程和已经提交的学位论文申请收回的流程等，以严格的工作程序避免法律纠纷。所有存储在 ETHOS 中心服务器的论文供读者免费下载，参与图书馆负责提供纸质版或缩微形式的学位论文，电子化费用由相应的图书馆或第一个提出电子化的读者承担，电子化后，供读者开放获取。

2.1.5　日本国立国会图书馆的学位论文管理

日本国立国会图书馆每年从日本各大高校收缴学位论文约 18 000 种，收藏数量约 63 万种。在载体方面，以纸质版为主，没有电子版论文的收藏。在保存方面，从 2010 年起对 1991—2001 年的博士学位论文约 14 万篇进行影像和数字化处理和保存。日本国立国会图书馆对欧美国家科研论文的收集源于 20 世纪 50 年代，主要收集纸质、缩微胶卷及缩微胶片等形式。1983 年起，每年收藏 200 种来自 ProQuest 的部分与日本论文中研究主题相关的论文，收藏形式主要有纸质和胶片。

在学位论文的检索利用方面，日本国立国会图书馆采用日本 JPAN/MARK 对学位论文进行编目，编目著录有 24 项，包括索书号、论文题目、论文题目片假名标注、著者、出版者、出版年、状态（册数）、学位授予院校名称、学位授予院校名称的片假名标注、学位授予院校代码、学位论文编号、学位授予具体日期、学位授予年代、授予学位类别、作者条目、NDLC（国立国会图书馆的分类表）、语言种类代码、物理属性代码、出版国别、西历纪年、最终校对日期、最终更新日期、文献等。与一般书目相比，学位论文编目较简单，不包括分类和主题词编目。①

从学位论文的馆藏位置来看，科技类论文主要存放在关西馆，人文社科类论文主要存放在东京本馆。人文社科类论文需要在东京本馆的宪政资料阅览室直接阅览或者由相关查阅室负责查找。博士论文不提供外借服务，读者仅能在关西馆和东京本馆内阅览。

此外，馆藏文献还可以进行复印，包括电子复制、缩微影像电子化、缩

---

① 龙利方.日本国立国会图书馆博士学位论文的收藏与利用[J].现代情报,2012.32(1):134-136

微胶片电子化以及电子信息打印复制等。日本国立国会图书馆依据相关法律对复印也做了规定：如对馆藏资料的复制，仅限于以调查研究为目的；只能复制资料的一部分（按规定复制内容不得超过每种文献的一半），每人限复制一种文献。读者可以复印半册论文（例如一种论文包括主论文、副论文、参考文献等多个组成部分的话，可以分别复制各部分内容的一半），如果想要全文复制的话，则需要得到论文作者或版权所有者的许可。

2.1.6 加拿大学位论文门户

1965年加拿大国家图书馆与档案馆（Library and Archives Canada，LAC）开始开展学位论文服务。加拿大法定呈缴制度并未规定学位论文必须提交至LAC，大学向LAC提交论文均是基于自愿的基础。1997年，LAC与ProQuest订立合约，将1998—2002年的学位论文全部交由其数字化。目前，LAC提供了两种学位论文的提交方式，一种是将纸质版学位论文提交至ProQuest出版，一种是LAC直接从建立学位论文数据库的大学收割电子学位论文元数据及全文（2005年开始）。2004年，LAC建立了加拿大学位论文门户（Theses Canada Portal）①，提供加拿大学位论文的保存和检索服务，有英语和法语两种语言。目前加拿大全国已有60多所高校加入该项目，用户可以访问AMICUS数据库（全加拿大公共书目信息检索系统）的所有记录。该项目的综合平台可检索22万多篇博硕士学位论文文摘，部分提供全文。

2004年颁布的《加拿大图书档案馆法》规定，加拿大图书档案馆的目标之一是获取和保存文献遗产，同时也规定了加拿大图书档案馆可以做任何有益于收集出版物和文件，以及获得对他们的保管、监管、控制权的事情。该法规定加拿大图书档案馆的目标是要使文献遗产为加拿大和任何对加拿大感兴趣的人所知，并且使他们能够方便地进行利用。正是由于有了立法的保证，学位论文作为重要的文献资源得以保存，采用集中建库的方式，提供文摘公开免费检索、浏览或下载等服务。②

---

① 陈传夫,唐琼,吴钢.国际学位论文开发机构版权解决模式及其借鉴[J].大学图书馆学报,2009, 27(2):27-32
② 加拿大图书档案馆法[EB/OL].[2013-07-12]. http://www.collectionscanada.gc.ca/thesescanada/027007-9000-e.html#a

国家学位论文资源管理与共享系统研究

加拿大国家数字化学位论文项目基于 OAI-PMH 收割协议，LAC 作为服务提供者发出请求，各个大学作为数据提供者作出响应，并以 OAI 要求的格式（XML）提供学位论文的元数据，LAC 收割数据并提供增值服务。该项目的另一特色是用户产生元数据，但元数据的记录不太符合国际著录标准。采用收割式进行互操作的各数字图书馆相互之间的关系比较松散，没有必要完全遵循一套共同的标准，只要按照收割协议稍加改造，就可以互操作，较适合于较大规模的数字图书馆系统之间的合作。[①] 由于 OAI 协议的灵活性、互操作性和简易性等优势，越来越受到国内外数字化学位论文项目的青睐。

2.1.7 德国网上学位论文数据库

1998 年德国研究中心委员会资助设立网上学位论文数据库（Dissertation Online）项目，由德国国家图书馆（Germany National Library，GNL）进行协调组织；2001 年，又为此成立了协调机构（Co-ordination Agency DissOnline），2003—2004 年，进行了 Building-up a Co-ordination Agency for online dissertations and post-doctoral theses 项目，作为之前活动的后续项目[②]。因此，德国的电子学位论文发展非常迅速，德国大多数大学参加了此项目，是目前欧洲最大的国家学位论文收集系统。从 2012 年 6 月开始，将 DissOnline 门户列入 GNL 作为一个单独的目录和搜索选项，促使在线论文被用户发现，也意味着电子版学位论文成为除了传统纸质论文和其他在线学术期刊及其他学术文献以外的国家图书馆收集的一部分[③]。

德国的学位授予制度要求学位论文在以纸质出版物形式发表之前以其他形式公开发表，而德国的许多大学承认的学位论文公开发表的形式有：在出版社出版；为图书馆拍成缩微胶卷；向作者所在大学图书馆、德国国家图书馆和其他图书馆传递几十份学位论文纸质版，这个数量由学校来定。近年来，随着电子学位论文系统的建设，作者以电子形式向大学图书馆和其他图书馆递交学位论文，只需要缴送少量的纸质论文，得到发表学位论文的通知后，

---

① 胡长爱,胡德华. 国外数字化学位论文建设现状[J].情报探索,2010(7):72-73

② Christine Frodl, Nilola Korb. X MetaDiss meets ETD-MS [EB/OL].[2013-07-12]. http://adt. caul. edu. au / etd2005/ pap ers/ 051Frodl. pdf

③ DissOnline[EB/OL].[2013-07-12].www.dissonline.de

学校才授予申请人学位。这就促使作者自愿主动向电子学位论文系统提交学位论文。在提交论文时,作者签订声明,同意公开发表电子学位论文,并确认电子版和纸质版一致。学位论文被接收时,会给出电子签名,保证文本在将来的系统里未经批准不能改变,以保证学位论文正文的真实性。在目录里保存学位论文的相关信息:摘要、关键词(德语和英语)、PDF格式文本、原格式,这些数据均要存档。同时还要收集作者的相关信息。

  为了使电子学位论文在更大范围内被发现和国际化,德国使用扩展的元数据格式XMetaDiss,这是德国国家图书馆自2005年以来开发出来的一种新的电子学位论文元数据。XMetaDiss以其层级性、开放性、自动化、可移植性、可兼容性等诸多优势而发展得越来越快。将来,XMetaDiss可能进一步与美国NDLTD的ETD-MS及DC Simple成为国际上电子学位论文元数据三大广泛应用的标准。在ETD的发展过程中,GNL总共采用了两种元数据格式,即MetaDiss和XMetaDiss。1998—2004年,主要是MetaDiss格式,2005年至今,则以XMetaDiss格式为主。MetaDiss是XMetaDiss的前身,XMetaDiss被认为是对MetaDiss的升级,因为MetaDiss这种嵌入了HTML4的数据格式,显然已经无法代表目前最先进的数据交换方式,XMetaDiss则可以通过扩展样式表转换语言(XS-LT)嵌入到资源描述框架(RDF)或者其他元数据格式中[①]。下一步,XMetaDiss将不断提高国际合作水平,继续支持ETD联合目录的查询,真正成为学术信息的门户。XMetaDiss的优点在于严格遵照先后次序,这一层级体系避免了元素书写上的错误,同时基于OAI高度结构化的电子学位论文元数据自动编译处理程序的使用,促进了数据评估和转换的自动化,能够与ETD-MS实现兼容,使网络上的德国大学出版物可以通过国际元数据搜索引擎NDLTD获得整合,或者通过与ETD-MS自动转换,实现和NDLTD论文数据库的数据交换,继而实现与DC的转化。

2.1.8　俄罗斯博士论文数字图书馆

  1944年苏联颁布了《文献呈缴法》,规定高校和科研机构应在博士论文答

---

① 罗博,吴丹.德国电子学位论文元数据XMetaDiss及对我国的启示[J].大学图书馆学报,2010(3):85-90

辩后的30天内向国家图书馆送呈缴本[①]；2002年俄罗斯政府批准《出版物呈缴条例》和《学位授予程序条例》；2009年俄罗斯文化部颁布《接收文献呈缴本的图书馆/信息机构目录》，规定俄罗斯国家图书馆接收博士论文的数量和接收程序。至此，俄罗斯国家图书馆成为博士学位论文的法定收藏机构。

2001年俄罗斯国家图书馆决定建立博士论文数字图书馆（Электронная библиотека диссертаций，ЭБД），向国内外读者提供网络服务。ЭБД的建设参考了国际上诸多数字图书馆的类似计划和成功经验，如美国的NDLTD、德国的DissOnline等。同时，也得到了俄罗斯最高学位评定委员会和俄罗斯基础研究基金会的大力支持和资助，既确保了ЭБД的官方地位和权威性，又使ЭБД得到了广泛宣传，如在联合国教科文组织网站上的宣传等。2003年ЭБД建成并投入使用，资源包括博士学位论文和博士论文文摘，学科门类齐全，涵盖自然科学和社会科学各个学科领域；提供作者、关键词、全文、学科、专业等多种检索途径。2004年博士论文的阅读量达到831 461篇，下载1万多篇，查阅人数约8 000人次，占阅读量的12%。到2005年，俄罗斯国家图书馆的虚拟阅览室注册用户数量高达6万多次。

由于馆藏纸质博士学位论文数量较大，新的博士论文不断产生，ЭБД的资源建设分阶段、分学科逐步进行，经历了博士论文库自动化建设、博士论文数字化扫描、远程登录计划、读者馆内使用计划、电子博士论文集成图书馆计划等阶段和过程，逐渐对经济学、法学、教育学、心理学、医学、药学等学科和专业的博士论文进行了数字化，边建设边服务。到2006年，基本上实现了1985年以前入藏的所有博士论文的数字化，并于次年开始接收所有专业博士论文的电子版。目前，ЭБД收录博士论文记录总数超过70万条。

随着ЭБД资源的丰富，ЭБД的服务也逐渐从面向全俄逐渐走向国际。ЭБД通过虚拟阅览室为全世界读者提供服务。国内外读者均可在俄罗斯国家图书馆进行注册、签订协议，凭用户名和密码登录ЭБД网站来查阅博士论文资源。用户也可亲自到国家图书馆的ЭБД虚拟阅览室、电子图书馆阅览室和博士论文收藏部门免费使用ЭБД。ЭБД论文的使用方式分为"开放获取"与"限制获取"两种，不仅保护了论文的著作权，还能让更多的作者将其论文共享。

---

① 贺延辉.俄罗斯国家图书馆博士论文数字图书馆的建设与服务[J].图书与情报,2012(4):26-32

2 国外学位论文资源管理状况

通过以上对国外典型学位论文数据库的论述，我们可以看出，每个数据库在论文收集和为用户提供服务方面都有所不同。表 2-1 是对国外的 5 个典型的学位论文数据库在论文收集和系统服务方面进行的比较。

表 2-1　国外 5 个典型的学位论文系统比较

系统名称	收录数量	收录年限	加工与收藏体系	服务类型
PQDT	学位论文记录超过 300 万条，其中 PDF 格式的全文数量超过 120 万篇	1861 至今	集中式	元数据（电子）、全文服务(电子、印本、缩微制品)
NDLTD	学位论文记录 314 万余条[①]	1900 至今	分布式	元数据（电子）、全文服务（电子）
Theses Canada Portal	学位论文 22 万余篇	1965 至今	集中式+分布式	元数据（电子）、全文服务(电子、印本、缩微制品)
BLDSC Theses Service	学位论文 30 万余篇	1970 至今	集中式	元数据（电子）、全文服务（印本、缩微制品）
Index to Theses	学位论文记录 55 万余条	1716 至今	集中式	元数据（电子、印本）

2.1.9　国外学位论文管理与服务的主要经验

（1）资金投入多元化

学位论文电子化系统的资金投入主要包含两个方面：系统建设资金投入和系统运作资金投入。系统建设资金用于支付中心系统的硬件设备和软件、学位论文及其数据库采集与整合；运作资金用于支付运转机构的支出、网络系统的维护、规范标准建设与推广、管理协调和政策激励等。对于商业性的学位论文资源共享系统而言，其资金投入一般由负责系统商业化运营的机构

---

① NDLTD Collection Statistics[EB/OL].[2013-08-12]. http://union.ndltd.org/portal/?

支出；公益性的学位论文资源共享系统则主要依靠政府拨款。

国外学位论文收集与服务系统的资金投入具有多元化的特点，在系统建设资金投入方面，除了政府给予一定拨款外，主要资金来源于基金会的投入和专门性项目资助。例如：NDLTD 是由美国国家自然科学基金会和联合国教科文组织共同投入资金建设的；ADT 是由澳大利亚国家研究委员会（ARC）的国家信息基础设施研究（RIEF）项目批准资助建设的；Promise of Science 是由荷兰高等教育研究合作组织(SURF)基金会投入资金建设的（表2-2）。在系统运作资金投入方面，国外学位论文收集与服务系统同样受到政府专项资金的资助，但同时还通过向用户收取一定费用用于系统的日常维护和持续发展。此外，对于分布式共享模式的学位论文服务系统而言，联盟成员还会向中心运转机构缴纳一定费用作为整个系统的运作资金，例如前文所述的 NDLTD 就是一个十分典型的例子。[1]

表2-2 国外学位论文收集与服务系统建设的资金投入

学位论文收集与服务系统	NDLTD	ADT	Promise of Science
资金支持机构	美国国家自然科学基金会和联合国教科文组织	澳大利亚国家研究委员会（ARC）的国家信息基础设施研究（RIEF）项目	荷兰高等教育研究合作组织（SURF）基金会

（2）公益性服务与商业服务结合

美国是当前学位论文商业性服务和公益性服务双轨制发展最好的国家，美国政府一方面委托美国 ProQuest 公司开发了 PQDT，面向市场开展学位论文的收集、加工和产品服务，同时支持建设 NDLTD 面向大学、图书馆、教师和研究生开展公益性服务。NDLTD 和 PQDT 已发展成为世界上最大的国际性公益服务和商业服务系统，有力地推动了美国的学位教育和科学研究事业的发展，获得了巨大的社会效益和经济效益。英国也借鉴了美国的这种模式，建立了 Index to Theses 服务系统和 BLDSC 分别进行商业性学位论文服务和公益

---

[1] 赵杨,胡潜,张敏.国内外学位论文共享服务发展趋势与对策分析[J].情报资料工作, 2008 (4):68–73

2 国外学位论文资源管理状况

性学位论文服务,取得了一定成效。

（3）组织管理保障

国外学位论文收集与服务系统通常不受国家层面统一的制度安排,而是由多个部门或机构共同参与建设和管理。各部门或机构各司其职、相互协作,为学位论文资源共享系统的有效运作提供了有力支持和保障。例如：PQDT的开发建设是由美国ProQuest公司与美国国会图书馆合作完成的,并由美国版权局提供软件技术支持,进行作者版权登记,在整个学位论文共享服务实施上则由ProQuest公司负责商业化运营；BLDSC的开发建设是由英国政府统一规划实施的,其运作管理则由大英图书馆委员会具体负责；NDLTD的开发建设是由弗吉尼亚科技大学完成的,联盟成员推选代表组成NDLTD委员会负责系统的日常管理工作。这种跨部门的分工协作能够充分利用不同部门的职能优势,形成规范化的建设和管理模式。

（4）政策法律保护

学位论文管理与共享服务是一个特定的社会领域,涉及多方面的社会关系,要通过法律法规来规范管理和服务行为,建立相应的法律规范体系来适应、调整与学位论文共享相关的各种社会关系。知识产权问题是制约学位论文传播和共享的关键因素之一。建立学位论文数据库并提供传递服务,无论是商业模式还是公益模式,都涉及学位论文知识产权的维护,特别是学位论文的复制权和信息网络传播权如何解决的问题。网上信息服务者使用学位论文首先应取得学位论文作者的许可,在维护知识产权的前提下开展学位论文共享活动。

（5）标准规范支持

从学位论文的管理、采集,以及进一步对学位论文加工、计量角度来讲,制订统一的收藏规范和数据提交格式都是科学、顺畅地获取学位论文所必需的。在收藏规范方面,所调查的国外学位论文资源共享系统中,86%都是使用PDF格式存储电子版学位论文的,只有PQDT同时还使用TIFF格式进行存储（图2-3）。PDF具有跨平台、存储空间小等优势,有利于电子学位论文资源的长期保存。此外,在数据提交格式方面,都突出了元数据标准和互操作协议的一致利用。目前国际上学位论文收集与服务系统使用的元数据标准有DC、RFC-1807、IJANL、MARC、CAS等,互操作标准主要有OAI、Z39.50、

Dienst 等。美国和欧盟一些国家很早就开始致力于标准的研究制定，目的是长期稳定地生成高质量的 DC 元数据和智能化地完成分布式学位论文资源的跨平台共享。

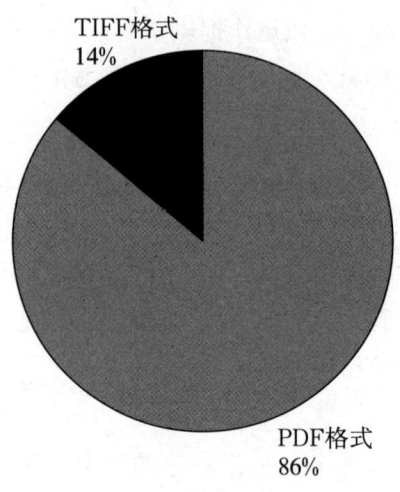

图 2-3　电子学位论文存储格式

（6）软硬件设施与技术支持

各高校或科研单位的自建学位论文全文库建设质量是共享取得成效的关键和基础。美国、加拿大、澳大利亚和欧盟等国家的高校和科研单位基本上都建有自己的学位论文数据库系统，对于一些参与学位论文共享联盟的单位，还会受到共享中心机构的技术支持。如 NDLTD、ADT 和 Promise of Science 一方面要求申请加入的单位必须有自己已建成或在建学位论文数据库系统，另一方面也积极地为联盟单位数据库的建设和维护提供必要的软硬件基础设施和技术支持，这不仅促进了各联盟单位数据库建设的快速发展和不断完善，同时还有利于不同单位间统一数据库结构和技术标准，为最终的资源跨平台共享奠定了基础。

2.2 国外学位论文的知识产权政策

2.2.1 国际上重要大学学位论文知识产权政策

大学的知识产权政策是各个学校开展学位论文管理的基础,具有指导性的作用。

(1) 美国加州大学伯克利分校

博士论文是报道研究成果的出版作品,加州大学有要求研究者将研究成果供其他学者获得的传统。当研究生部将论文提交到大学图书馆装订和归架以为公共利用服务时,就实现了该义务。

(2) 美国耶鲁大学

为了与传统的学术理想——"博士学位申请者必须为知识做出贡献"相一致,研究生院希望论文能够被学术界获取。因此,所有被研究生院通过的论文都会被 ProQuest 以缩微形式出版。学生要求在提交论文时随付 ProQuest 的出版协议。在获得学位之后,未装订的学位论文复本会送交到 ProQuest 公司。

(3) 美国天主教大学

美国天主教大学不对论文主张所有权,但保留为学术或存档的目的制作复制件的权利。

(4) 美国布朗大学

布朗大学的政策就是所有受大学资助的研究应不受限制地自由出版。自1954年以后,研究生院就要求出版博士论文,1985年研究生院委员会重申了该决定并发布了以下政策:

"所有博硕士学位论文都必须是开放文档。毕业委员会在学位论文提交给研究生院并符合无限制地获取条件之前,研究生院委员会不会推荐授予博、硕士学位。以上要求的例外情况是:出版者声明论文将在学位授予1年内出版。论文的流通会在1年时间内受到限制。因为专利申请的原因也可以享受6个月时间的延迟。"

(5) 美国麻省理工学院

美国麻省理工学院规定当论文研究全部或部分来自学院提供的工资、津贴、资金资助,并且/或者论文研究全部或部分利用了学院提供的设备时,学院享有论文的著作权,其他情况下由作者享有著作权。

当作者享有著作权时,作为授予学位的条件,学生必须授权学院可以对学位论文进行免除版税的复制和公开发布,并在论文书名页或紧接着的一页发布如下标识:许可麻省理工学院可以对论文的全部或部分复制、公开传播。

(6)美国加州理工学院

所有的博士论文都要求由ProQuest公司制作成所谓胶片。学生必须和公司之间签订纸质版的协议,并同学位论文的最终版本一起提交。协议是具有法律效力的文件或合同,详细说明了作者和ProQuest公司之间对论文拥有的权利。

(7)美国芝加哥大学

博士学位申请者必须授权ProQuest复制和传播学位论文的权利。作者同时保留了自己学位论文的版权,也保留了在其他地方出版自己论文的权利。[①]

2.2.2 国外大学自建学位论文数据库知识产权政策

(1)美国弗吉尼亚理工学院电子博硕士论文数据库

1997年1月1日美国弗吉尼亚理工学院研究生开始以数字格式提交学位论文,即"美国弗吉尼亚理工学院电子博硕士论文(ETD)计划"。弗吉尼亚理工学院电子博硕士论文数据库现有10 472篇学位论文,在经过统计的9 998篇论文中,有6 108篇可以被不受限制地获取,3 724篇访问受到限制,166篇是混合型的(对部分章节选择禁止访问,将禁止访问的部分放在单独的文档中)。

作者在提交学位论文过程中需要作如下保证:

我保证我已经取得了论文中使用的第三方版权资料所有人的书面许可,允许我采取以下方式对论文进行传播,我保证我提交的版本与答辩委员会通过的版本是一致的。

在论文许可协议中为作者提供了4种选择:

①立即在世界范围免费获取。

②在1年、2年、3年时间内仅对弗吉尼亚理工学院学生公开全部内容提

---

① 陈传夫,吴钢,唐琼.欧美高校学位论文开发利用版权政策调研及启示[J].学位与研究生教育,2008 (12): 63-68

供获取,在该段时间之后发布作品供全世界获取。超过3年时间的请求需要书面申请说明延迟发布的原因并取得研究生院的同意。

③仅对弗吉尼亚理工学院学生公开提供获取,同时仅对作品的部分内容提供世界范围的获取(如可能会涉及出版原因)。论文作者可以提供选择公开的形式包括两种:文摘和关键目录数据;部分文档公开。

④因专利申请或财产权可能会被侵犯的原因在1年之内禁止论文的获取(包括弗吉尼亚理工学院)。在这段时间内,版权人同意在未获得弗吉尼亚理工学院许可的情况下,不行使其所有权(包括对作品的公共利用)。在1年时间即将届满时,可以应作者请求,延长1年的保护时间。在保护期过后,作品会按照选项①进行处理(除非接收到选项②、③的请求)。在许可协议中还设定了论文的代理人,以便在联系不到作者时代为处理相关事宜。建议由答辩主席作为代理人。

(2)美国加州理工学院学位论文数据库[①]

加州理工学院电子学位论文数据库是由加州理工学院研究生院、数字图书馆与档案馆和NDLTD合作开发的电子学位论文文档和元数据登记与管理系统。

在作者提交论文过程中需要提交论文的许可协议:

我保证我提交的版本与答辩委员会通过的版本是一致的。我授权加州理工学院及其代理机构不可撤销的、不授权版权费用的非独占性许可,允许其在作品版权期内在世界范围内以教育、研究、科学等非营利性目的在任何现在或今后可知的载体上(包括电子格式)通过加州理工学院图书馆系统数字馆藏机制复制、传播、展示论文的全部或部分。我保证我可以不受阻碍、完整地授予加州理工学院以上权利。

在论文许可协议中为作者提供了4种选择:

①立即在世界范围免费获取。

②在1年、2年、3年时间内仅对加州理工学院学生公开全部内容提供获取,在该段时间之后发布作品供全世界获取。超过3年时间的请求需要书面申请说明延迟发布的原因并取得研究生院的同意。

---

① Caltech Library System[EB/OL].[2013-07-12].http://library.caltech.edu/collections/etd/default.htm

③仅对加州理工学院学生公开提供获取，同时仅对作品的部分内容提供世界范围的获取（如可能会涉及出版原因）。论文作者可以提供选择公开的形式包括两种：文摘和关键目录数据；部分文档公开。

④因专利申请或财产权可能会被侵犯的原因在 1 年之内禁止论文的获取。在这段时间内，版权人同意在未获得加州理工学院许可的情况下，不行使其所有权（包括对作品的公共利用）。在 1 年时间即将届满时，可以应作者请求，延长 1 年的保护时间。在保护期过后，作品会按照选项①进行处理（除非接收到选项②、③的请求）。

（3）美国麻省理工学院的 DSpace 学位论文仓储

DSpace 系统是由美国麻省理工学院图书馆和美国惠普公司实验室合作研究创设的，以内容管理发布为设计目标的开放源代码数字存储系统，于 2002 年 10 月开始投入使用。该系统可以收集、存储、索引、保存和重新发布任何数字格式的研究数据。

麻省理工学院的 DSpace 中的学位论文是从所有院系中经过选择而来的，这些论文通过扫描或由论文作者自己提交电子版，存储到机构仓储中。这些论文可以追溯到 19 世纪中期，数量已经超过 15 000 篇。从 2004 年开始，在学位授予之后，所有硕士和博士论文都将添加到收藏中。

DSpace 中的论文可以被任何目的的阅览，但是没有经过其图书馆管理员的书面许可，任何形式的复制和传播都是禁止的。标记有"Preview, non-printable（open to all）"的论文可以被任何人不受限制的浏览，但是不能被打印。麻省理工学院的教员和学生可以下载打印标记有"Full printable version（MIT only）"的论文，在下载打印之前需要经过认证。对于非麻省理工学院的用户，使用是需要付费的，可以购买可打印的纸质版论文（表 2-3）。

表 2-3　麻省理工学院学位论文的收费情况

单位：美元

	DSpace 中的学位论文	其他学位论文（1～200 页）	其他学位论文（201～500 页）	其他学位论文（500 页以上）
网络传递 PDF 格式论文	29	60	69	69 美元为基本价格，超过 500 页则每页加收 0.2 美元

2 国外学位论文资源管理状况

续表

	DSpace 中的学位论文	其他学位论文（1~200页）	其他学位论文（201~500页）	其他学位论文（500页以上）
本国订购纸质版（包括邮费）	60	60	69	69美元为基本价格，超过500页则每页加收0.2美元
国际订购纸质版（包括航空邮费）	76	76	85	80美元为基本价格，超过500页则每页加收0.2美元

（4）加拿大曼尼托巴大学的 MSpace 系统

MSpace 是曼尼托巴大学图书馆的数字仓储。电子学位论文收藏合作计划是由该校图书馆和研究生院联合开展的，利用美国麻省理工学院开发的 DSpace 系统，命名为 MSpace。

论文在提交到 MSpace 中会被快速处理，可以通过图书馆的目录获取，或者直接通过 MSpace 向全世界开放。MSpace 中的论文可以通过 Google、Google Scholar 和 LAC 以及其他收割电子学位论文元数据的机构进行检索。论文的缩微胶片可以通过 LAC 进行馆际互借，也可以通过 ProQuest 进行出售。通过协议允许 LAC 和 ProQuest 对论文进行复制、出借、传播或出售。

在 MSpace 中，提交电子学位论文是自愿性的。为了不与传统的论文出版发生冲突，或者为了保护专利的目的，提交者可以选择延迟论文的发布，在一个具体时间段范围内禁止访问。在 MSpace 中，可以选择的限制时间为1年、2年或3年。在该段时间范围内仅有文摘目录信息可以在 MSpace 中获取，在限制期结束后，论文会自动转置到公共收藏中，全部内容均可以被获取。在 MSpace 已提交的电子学位论文中，论文作者选择公开提供获取的有2 200篇，选择在1年内限制获取的有7篇，2年内限制获取的有5篇，3年内限制获取的有3篇，可见绝大部分作者都选择了将论文提供公开获取。

在 MSpace 中提交论文后，仅需要再向研究生院提交一份纸质版论文，节省了作者的开支。PDF 文档格式的转换可以由作者在家、图书馆或者在图书馆职员的帮助下免费完成。

当作者将电子学位论文提交到 MSpace 后，依然保留了作品的版权，但允许曼尼托巴大学对电子学位论文提供非商业目的的利用。

2.2.3 国外高校学位论文开发利用知识产权政策

（1）知识产权归属与限制

现在世界范围内对版权基本上采取了自动保护原则。作品在创作完成后就自动受到版权保护，版权归属创作者。因此，学位论文的版权在一般情况下归属作者。例如：约翰霍普金斯大学在版权政策中声明"学位论文的知识产权属于学生"；剑桥大学的版权协议中规定："根据英国1988年《版权、设计与专利法》规定，作者是学位论文及摘要的版权人，除非作者将版权转让给他人，否则作者保留论文的版权。"[①] 学位论文的版权归属也有例外情况，例如麻省理工学院规定当论文研究全部或部分来自学院提供的工资、津贴、资金资助，并且/或者论文研究全部或部分利用了学院提供的设备时，学院享有论文的著作权。其他情况下由作者享有著作权[②]。

不同国家对学位论文的公开性要求有所不同，英国版权法规定学位论文属于未发表作品，在对学位论文提供利用服务时，英国图书馆仅根据特定的需求、因出借或保存的目的制作学位论文的单份复制品，这一行为并未构成出版。而美国、德国等国则突破了学位论文是未发表作品的观念，鼓励、要求学位论文公开。加州大学伯克利分校规定博士论文是报道研究成果的出版作品，加州大学有要求研究者将研究成果供其他学者获得的传统。当研究生部将论文提交到大学图书馆装订和归架以为公共利用服务时，就实现了该义务[③]。宾夕法尼亚州立大学规定，学位论文如果不是限制在学生所在机构或限定范围的用户群体获取，就认为是版权法意义上的出版物。也即学位论文如果能被校园之外的服务器链接获取，即可认为已经出版[④]。美国的博士论文在提交ProQuest出版后就成为发表作品。在德国，如果学位论文被通过，则要求它以其他形式公开发表，此后大学才授予学位申请人学位。论文公开发表

---

① Board of Graduate Studies, University of Cambridge. Deposit and Copying of Dissertation Declaration [EB/OL]. [2013-07-12].http://www.admin.cam.ac.uk/offices/gradstud/admin/forms/bgs_dissertation_declaration.pdf
② Copyright [EB/OL]. [2013-07-12].http://web.mit.edu/gso/gpp/degrees/thesis.html
③ Publishing Your Dissertation [EB/OL]. [2013-03-16]. http://www.grad.berkeley.edu/policies/index.shtml
④ Publishing Information [EB/OL]. [2013-07-12]. http://www.etd.psu.edu/publish.html

的形式比较多样，包括：在出版社出版；为图书馆拍成缩微胶卷；向作者所在大学图书馆、德国国家图书馆和其他图书馆传递几十份学位论文印刷册子；以电子形式向大学图书馆的电子图书馆传递学位论文，再送交4份（或稍多一些）印刷册子①。

欧美高校虽然承认学位论文是作者的版权作品，但一般会对学位论文作者的专有权利进行限制。美国天主教大学学位论文版权政策中声明学校不对论文主张所有权，但保留为学术或存档的目的制作复制件的权利②。布朗大学规定所有受大学资助的研究应不受限制地自由出版。自1954年以后，布朗大学研究生院就要求博士论文出版，1985年研究生院委员会重申了该决定并发布了以下政策："所有博硕士学位论文都必须是开放文档。在学位论文提交给研究生院并符合无限制地获取条件之前，研究生院委员会不会推荐授予博、硕士学位。以上要求的例外情况是：出版机构声明将在学位授予1年内出版论文，则论文的流通会在1年时间内受到限制。因为专利申请的原因也可以享受6个月时间的延迟。"③麻省理工学院规定当作者享有学位论文的著作权时，作为授予学位的条件，学生必须授权学院可以对学位论文进行免除版税的复制和公开发布，并在论文书名页或紧接着的一页发布如下标识：许可麻省理工学院可以对论文的全部或部分复制、公开传播。

（2）交存学校要求

欧美许多高校都明确规定将学位论文交存学校是获得学位的必要程序，如果学位论文没有按照要求提交，就不会给学位申请人授予学位。例如：在波士顿大学医学中心，向图书馆提交论文是毕业前的最后一个步骤。毕业生要求提交2份学位论文，1份用于存档，1份用于图书馆的流通。在收到学位论文的复本时，图书馆会通知教务主任、学位申请人、院系主任，教务主任和院系主任在收到该通知后才会授予学位申请人学位④。威斯康星大学密尔沃

---

① 王林军.德国的电子学位论文图书馆探析[J].图书馆理论与实践,2007(6):100-101
② The Copyright of Your Thesis or Dissertation [EB/OL]. [2013-07-12]. http://counsel.cua.edu/Copyright/resources/dissertation.cfm
③ Dissertation Guidelines [EB/OL]. [2013-07-12]. http://gradschool.brown.edu/go/dissertation
④ Boston University Medical Center. Guidelines for Thesis/Dissertation Submission [EB/OL]. [2013-07-12]. http://medlib.bu.edu/pdf/Guidelines_for_Thesis.pdf

基分校规定，如果没有在规定的截止时间内完成论文的缴送，申请和毕业就会推迟到下个学期。

许多高校是采取电子版和纸质版同时交存的方式。提交的电子学位论文可以节省学校用于保存的空间、人力、财力支出，而且能够促进学位论文的传播利用。普林斯顿大学要求学生必须向图书馆提交两份装订好的纸质版学位论文和一份保存有 PDF 格式论文的 CD，只有获得图书馆开具的接收证明，学生才符合授予学位的条件①。爱丁堡大学要求 2005 年以后入学的学生在缴送一份纸质版论文之外，还需要缴纳保存在 CD 上的电子版。

许多高校如果作者提交了电子版，则会减少纸质版的提交数量，一定程度上减轻了作者的经济负担。伯明翰青年大学规定如果学生仅提交纸质版论文，需要提交 4 份，如果同时提交电子版和纸质版，则只需要提交 2 份纸质版论文②。加拿大曼尼托巴大学规定,学生在本校的机构知识库 MSpace 中提交学位论文后，仅需要再向研究生院提交一份纸质版论文，否则需要提交 2 份纸质版论文③。

一些高校对电子学位论文的提交进行强制性规定，如德克萨斯大学规定从 2001 年夏季开始学生必须提交电子版学位论文；杜克大学要求学生必须以数字形式将学位论文提交到 DukeSpace 系统中，因为杜克大学图书馆不再保存纸质版学位论文④。

（3）授权高校利用

在作者提交学位论文的过程中，高校一般会要求作者授权学校对学位论文开展服务。经过了作者的授权，高校在开展学位论文服务过程中就避免了侵权的风险。

剑桥大学的授权协议中规定："我理解我必须提交论文和摘要的复本各 1 份给学校图书馆，以便它们在需要查阅时可得。论文的复印本可以通过大学

---

① Dissertation [EB/OL]. [2013-07-12]. http://gso.princeton.edu/academics/policies/dissertation/
② Graduate Studies, Brigham Young University. Student Dissertation Submission Checklist [EB/OL]. [2013-07-12]. http://www.byu.edu/gradstudies/images/forms/ADV_Form_12b.pdf
③ ETD Submission Requirements [EB/OL]. [2013-07-12]. http://umanitoba.ca/libraries/units/collections/etheses/etd_requirements.html
④ The Graduate School, Duke University. Guide for the Electronic Submission of Dissertations [EB/OL]. [2013-07-12]. http://www.gradschool.duke.edu/policies_and_forms/electronic_dissertation_guide.pdf

图书馆向其他地方有需求的用户提供。"

杜克大学在授权协议中要求，论文作者授权杜克大学享有对学位论文的非独占使用许可，高校可以通过电子格式在万维网上复制和传播论文。为了保存或继续传播的目的，在不改变内容的前提下，学校有权将论文迁移或转换到任何新的媒介或格式上。

加州理工学院要求论文作者签署的授权协议中规定："我授权加州理工学院及其代理机构不可撤销的、不收取版税的非独占性许可，允许其在作品版权期内在世界范围内以教育、研究、科学等非营利性目的在任何现在或今后可知的载体上（包括电子格式），通过加州理工学院图书馆系统数字馆藏机制复制、传播、展示论文的全部或部分。"①

在向匹兹堡大学电子学位论文数据库系统提交学位论文过程中，需要签订授权协议，作者授权匹兹堡大学及其代理机构以非独占性许可方式对论文的部分或全部在任何载体上存档或提供利用（受作者选定条件的限制）②。

（4）授权网络利用

如果仅仅将学位论文在图书馆内部阅览流通，对于用户的获取仍然有很大障碍，论文发挥的作用就会受到限制。网络因其便捷性和不受时空限制的特征，已经成为信息获取的重要途径，欧美许多高校要求作者授权学校和论文开发机构开展学位论文的网络服务。

许多高校自建的学位论文数据库在授权协议中为用户提供了很多选择，可以要求作者选择学位论文的服务范围和因为特殊原因限制获取的特定时间段，这考虑到了学位论文的利用和作者权益的平衡。

弗吉尼亚理工学院电子学位论文数据库在论文许可协议中为论文的网络发布利用提供了4种选择．①立即在世界范围免费获取。②在1年、2年、3年时间内仅对弗吉尼亚理工学院学生公开全部内容提供获取，在该段时间之后发布作品供全世界获取。超过3年时间的请求需要书面申请说明延迟发布的原因并取得研究生院的同意。③仅对弗吉尼亚理工学院学生公开提供获取，

---

① California Institute of Technology Office of Graduate Studies. Thesis Approval Form [EB/OL]. [2013-07-12]. http://library.caltech.edu/collections/etd/approval_form.pdf

② University of Pittsburgh. Electronic Theses and Dissertations (ETD) Approval Form [EB/OL]. [2013-07-12]. http://www.pitt.edu/AFShome/g/r/graduate/public/html/etd/pdf/ETD_Approval_Form.pdf

同时仅对作品的部分内容提供世界范围的获取（如可能会涉及出版原因）。论文作者可以提供选择公开的形式包括 2 种：文摘和关键目录数据；部分文档公开。④因专利申请或财产权可能会被侵犯的原因在 1 年之内禁止论文的获取（包括弗吉尼亚理工学院）。在这段时间内，版权人同意在未获得弗吉尼亚理工学院许可的情况下，不行使其所有权（包括对作品的公共利用）。在 1 年时间即将届满时，可以应作者请求，延长 1 年的保护时间。在保护期过后，作品会按照选项①进行处理（除非接收到选项②、③的请求）①。

宾夕法尼亚州立大学提供的学位论文许可协议中供作者的选择包括：①在全世界范围内获取（开放存取）。②基于图书出版的考虑，仅对宾夕法尼亚州立大学校园内用户提供获取。这种选择的时间是 2 年，2 年之后论文自动转为开放存取。③在专利申请或财产权可能受到侵害的情况下，除了文摘之外禁止对学位论文的获取。这种选择的时间也是 2 年，2 年之后论文自动转为开放存取。

匹兹堡大学要求作者同意对论文的目录和文摘信息提供不受限制的展示，并同意在电子论文数据库中：①全部内容在因特网上公开。②在 5 年的时间内仅对匹兹堡大学获取（馆际互借除外），在此之后作品可以被全世界共享，论文会被继续提交给 ProQuest。在选择该条件时，作者必须指出 ETD 为什么需要限制在匹兹堡大学获取的原因。③为专利目的在 1 年时间内禁止对论文的公开。为了满足该要求，作者必须要填写"确保数字学位论文 1 年之内的安全请求"。在 1 年的专利保护期后，论文作者再从条件①或②中选择 1 项。在"确保数字学位论文 1 年之内的安全请求"申请表中，作者需要对论文中可以被授予专利的内容进行解释。

从以上的有关规定可以看出，虽然授权作者可以在一定范围内限制论文的获取，但一般要求论文在一定时间段后向全体用户提供利用，而且在限制某段时间的学位论文获取时，作者需要说明原因。

（5）对论文的合作授权

学位论文具有很强的公共性，对于知识的交流与传播有着重要意义。

---

① Virginia Tech Graduate School Electronic Theses and Dissertation (ETD) Approval Form [EB/OL]. [2013-07-12]. http://scholar.lib.vt.edu/theses/approval.htm

美国众多高校均充分认识到这一点，为了促进学位论文的传播与利用，作为强制性的规定，要求学生在申请学位过程中必须授权将学位论文提交给 ProQuest。许多高校的论文版权政策中都明确了这一点，借助于此类的版权政策，国外学位论文开发机构采取通过高校获得学位论文作者的授权。

为了与传统的学术理想——"博士学位申请者必须为知识做出贡献"相一致，耶鲁大学研究生院希望论文能够被学术界获取。因此，所有被研究生院通过的论文都会被 ProQuest 以缩微形式出版。学生要求在提交论文时随付 ProQuest 的出版协议。在获得学位之后，未装订的学位论文复本会送交到 ProQuest 公司[①]。

加州理工学院规定，所有的博士论文都要求由 ProQuest 公司制作成缩微胶片。学生必须和公司之间签订纸质版的协议，并同学位论文的最终版本一起提交。协议是具有法律效力的文件合同，详细说明了作者和 ProQuest 公司之间对论文拥有的权利。

芝加哥大学规定博士学位申请者必须授权 ProQuest 复制和传播学位论文的权利。作者同时保留了自己学位论文的版权，也保留了在其他地方出版自己论文的权利[②]。

现在英国已经有 106 所高校参与到 BLDSC 的学位论文传递服务，几乎包括了英国的所有大学。BLDSC 要求博士学位申请者完整填写一份英国图书馆授权协议表（Agreement Form）作为学位申请的标准程序之一，要求作者提供个人数据与学位论文数据，签署授权书允许英国图书馆为出借或出售的目的制作学位论文的复制件。

加拿大有 60 余所大学参与到了 LAC 的 Theses Canada 项目。LAC 只接受作者所在大学提交的学位论文，要求作者自愿提交学位论文。但加拿大各大学对此的规定不尽相同，有的大学要求学位论文必须提交给 LAC。所有作者同意向 LAC 提交学位论文时需与其签订一份非专有许可协议。

（6）费用与报酬

欧美许多高校自建学位论文数据库是出于公益目的，供用户免费利用。

---

① Yale University. Preparation and Submission of the Doctoral Dissertation[EB/OL]. [2013-07-12]. http://www.yale.edu/graduateschool/academics/forms/dissbook.pdf

② Copyright Issues [EB/OL]. [2013-07-12]. http://www.lib.uchicago.edu/e/phd/copyright.html

爱丁堡大学学位论文项目的论文服务是在开放存取理念下提供的，当作者或用户对仓储中的学位论文进行利用时，不收取任何费用。许多高校在学位论文数据库建设过程中，与作者签订的授权协议中规定，对学位论文的利用和服务是免除版税的（Royalty Free），不向作者支付报酬。

在美国，作者在向论文开发机构 ProQuest 提供学位论文时，需要支付论文的加工、出版费用，博、硕士论文分别收取 55 美元和 45 美元。高校有时候会帮助学生补贴一定的费用。商业性的学位论文开发需要向作者支付一定的版税，ProQuest 采取的是划定起付标准的方式，便于版税的结算和支付。

（7）版权材料利用

欧美高校学位论文在开发服务过程中非常重视保护第三方版权材料作者的版权，大多要求作者在提交论文时必须附带对论文中版权材料利用的授权许可协议。此外，如果学位论文的一部分已经在期刊上出版，则需要作者获得出版者的利用授权，以避免侵权发生时高校或学位论文开发机构承担责任。

匹兹堡大学在论文授权协议中规定，包含有版权材料的论文在提交时必须包含有版权人的使用许可，不论是对纸质版还是电子版这个要求都很严格。如果出版协议规定版权转让给了出版人，学生在提交论文时应该负责获取出版者在论文中同意利用版权作品的许可协议。

加州理工学院规定，如果作者已经将论文的一部分在期刊上出版，版权已经转移至出版商，需要同出版商协商解决版权问题。首先，在引用时要注明出版物；其次，如果出版商已经在线出版，可以对其进行链接；再次，如果出版者同意出版，作者可以将其包含到论文中，如果出版者限制获取，作者可以提供两个版本的论文，一份是完整本，一份是不包含发表论文部分的版本。

杜克大学的学位论文数据库授权协议规定，如果发生了版权纠纷，作者应同意杜克大学及其雇员、机构不会因为版权材料的使用而承担赔偿责任。

2.2.4　国外学位论文开发机构知识产权政策

学位论文的共享涉及作者、学位论文授权机构、学位论文收藏单位、加工服务单位、用户等多个环节。国际上一些机构在学位论文的收集和服务

| 2　国外学位论文资源管理状况

开展方面起步较早，已经建立了较为成熟和成功的模式，我们以 ProQuest、NDLTD、加拿大图书馆和档案馆、BLDSC 等学位论文开发机构为例，对其知识产权政策加以研究分析，可为我国学位论文的知识产权处理提供借鉴。

（1）授权机制

国外学位论文开发机构在提供学位论文服务过程中，均以获得作者授权为前提，其授权机制主要从以下方面分析。

①获得授权的途径

学位论文具有很强的公共性，对于知识的交流与传播有重要意义。国际上多数学位论文开发服务机构均采取通过大学与作者签订授权协议的方式。例如 ProQuest 与多所大学建立合作关系，合作大学规定（Require）作者在提交学位论文时需签订一份版权协议，同意将学位论文提交给 ProQuest 出版，这样就免去了与单个作者签订协议需耗费的成本。LAC 并不强制作者提交学位论文，而是基于自愿的基础，但各大学对此的规定不尽相同，有的大学要求学位论文必须提交给 LAC。BLDSC 要求参与大学协助，规定博士学位申请者必须完整填写 1 份大英图书馆授权协议表（Agreement Form）作为学位论文呈缴的标准程序之一，其中即要求作者签署授权书允许英国图书馆为馆际互借（Loan）或出售（Sale）的目的制作学位论文的复制件。参与 ADT 项目的大学中已有 24 所大学要求学生必须向 ADT 呈缴电子学位论文[①]。Dissertation.com 公司则是直接与作者联系获得出版学位论文的授权，从其成立以来出版的学位论文数量来看，这种获取授权的途径效率较低，限制了学位论文大规模开发与服务。

②授权类型

本次调查的国外学位论文开发机构与作者签署的均为非专属授权许可协议。根据该协议，学位论文作者仍然保留对学位论文处置的所有权利，并可寻求其他出版商继续出版论文。如 LAC 与作者签订的协议中明文规定："作者保留对学位论文的版权的拥有权及精神权利，并能处理根据非专有许可授予 LAC 的任何权利。"BLDSC 在"英国学位论文与版权"文件中指出，"大英

---

① Australasian Digital Theses Program draft business plan 2006–2009 [EB/OL]. [2013-07-12]. http://www.caul.edu.au/meetings/adt.html

图书馆仅根据特定的需求、因租借或保存的目的制作学位论文的单份复制品，这一行为并未构成出版……学位论文的复制件将被租借或出售给个人或图书馆。但在此过程中，作者的版权所有权并未受到侵犯。提供的复制件仍受到版权法的保护。"而根据 Dissertation.com 公司与作者签订的非专属授权协议，无论以任何理由，作者只需提前 90 天通知该公司要停止与其订立的协议，该公司就会停止一切学位论文的传播和出售活动。

此外，考虑到作者可能准备近期将学位论文的部分内容向同行评审期刊投稿、论文涉及专利权或其他潜在的商业价值等因素，一些机构的授权协议还允许作者选择限制使用学位论文。如在与 ProQuest 订立的非专属授权协议中，作者可选择论文 6 个月内禁止发布，或 1 年内禁止发布，或 2 年内禁止发布；也可选择论文不可通过搜索引擎获取，或不可通过第三方出售。NDLTD 规定，作者可以选择允许通过网络在世界范围内获取学位论文的全文或部分（鼓励采用此方式），或限制在大学校园范围内使用（在出版商已经出版了学位论文或其他政策规定必须这样做的情况下），也可以通过馆际互借或 ProQuest 提供的有偿服务来管理控制电子学位论文的共享。但 NDLTD 也指出大学应询问作者学位论文在多长时间后可扩大获取范围，如是 1 年或 3 年后。ADT 则提出，论文限制获取的时间不宜超过 3 年。①

（2）服务模式

国外主要学位论文开发机构的服务模式可以划分为两种类型：商业性服务模式和公益性服务模式。

①商业性服务模式

这一类型的服务模式主要以 ProQuest、Index to Theses 和 Dissertation.com 为代表。

ProQuest 通过 PQDT 向用户提供电子学位论文文摘及全文。未授权用户可预览电子学位论文的前 24 页。ProQuest 于 2006 年推出了"开放存取出版"。选择此种方式出版的学位论文可供用户免费获取。此外，用户也可通过学位论文快递（Dissertation Express）订购学位论文的纸质和缩微制品。未装订的论文如通过特快专递送达，每份价格为 68 美元，通过普通邮递，则为 44 美元。

---

① 陈传夫,唐琼,吴钢.国际学位论文开发机构版权解决模式及其借鉴[J].大学图书馆学报,2009, 27(2):27-32

软、硬装版论文价格分别为每份 78 美元、95 美元，论文的缩微制品价格为每份 63 美元。

Index to Theses 提供了 3 种学位论文文摘和索引的订购方式供用户选择：

◎ 同时订购电子版本和纸质版本，价格为每年 490 英镑；

◎ 仅订购电子版本，价格为每年 450 英镑；

◎ 仅订购纸质版本，价格为每年 470 英镑。

用户如要购买 1716—2007 年的全部数据光盘，需支付 1950 英镑及增值税。为促进在线订购，Index to Theses 从 2008 年 2 月 28 日开始增加了帮助用户获取全文的功能。如约 0.5% 的记录增加全文获取链接，多数学位论文记录提供链接至 BLDSC，直接显示论文全文的订购号。

Dissertation.com 一方面通过其网站出售学位论文的电子版本（12 美元），另一方面通过本网站和 Amazon 等书店出售学位论文的纸质版本，纸质版本根据需求进行生产加工。论文价格根据页数设定（如 200 页及 200 页以下为 19.95 美元一本，201～300 页的论文为 25.95 美元一本）。

②公益性服务模式

这一类型的服务模式主要以 NDLTD、ADT、LAC 和 BLDSC 为代表。这些机构一般提供学位论文元数据及全文的免费服务，有些机构提供的全文服务需收取一定的费用，用于日常运作。

NDLTD 在其主页提供三种检索方式，分别是分类目录浏览、关键词检索和专家检索方式，为用户提供免费的学位论文文摘，还有部分可获取的免费学位论文全文。

ADT 提供的学位论文均可免费获取书目信息。学位论文全文标准的文档安全设置是只能允许阅读和打印，部分学位论文提供了 PDF 格式的免费下载、打印。有部分机构的学位论文必须付费才能通过文献传递的方式获取，一般在书目信息页面提供了填写学位论文请求表的链接。ADT 项目的发起者希望获取该项目的学位论文不受任何限制，同时也不需要支付任何费用，但也有部分参与该项目的机构要求根据下载和打印次数收费。当地的机构将调查提出一种适用的在线支付系统。任何在线支付服务都必须与当地机构的会计核算系统相适应。ADT 提出，任何支付行为都必须发生在 PDF 文档被点击打开之后。在收费前应提供学位论文部分页码的免费阅读。

LAC提供了三种学位论文的获取方式：一是提供学位论文缩微制品的馆际互借；二是无法通过数字形式获取的加拿大学位论文可向ProQuest购买复制件；三是通过These Canada Portal提供学位论文元数据及全文的免费获取服务，其中包括由ProQuest数字化的1998—2002年的学位论文（2004年开始提供）和从大学建立的学位论文库收割的元数据及全文。

BLDSC学位论文的记录可通过大英图书馆公共目录以及Index to Theses检索。现阶段仅提供学位论文的全文传递服务，分为三种类型：A类是没有购买限制的学位论文，这部分学位论文不需要论文声明表（Theses Declaration Form）；B类是有一定购买限制的学位论文，获得全文需提交论文声明表，表明申请人尊重作者或作者所在大学的版权，未经作者或所在大学的书面允许，不得在出版物中引用或摘录相关信息；C类是属于剑桥大学的学位论文，这部分论文只有大英图书馆的注册用户才能租借，要看到全文必须提交论文声明表，如购买复制件需与剑桥大学图书馆联系。

在参与学位论文库建设的106所大学中，有80所大学提供的是A类学位论文，25所大学提供的是B类学位论文。BLDSC学位论文传递采取两种方式，一种是出借学位论文的缩微胶片，一种是出售学位论文的缩微胶片或纸质版（分为硬皮包装和软皮包装）。没有特殊要求的话，一般采取邮寄的形式传递给用户。根据用户所在的地区和类型收费有所不同。

（3）付酬方式

从调查的国外学位论文开发机构来看，开展全文服务收取费用的机构一般都有向作者支付版税的规定。

依据授权协议规定，ProQuest向作者支付出售学位论文所得纯利润的10%作为报酬，但作者需向ProQuest提供联系地址的变更情况。只有某年学位论文的版税累计达到10美元才会支付。若作者未能及时向ProQuest提供现有的联系地址，则不会向作者支付版税。

BLDSC向作者支付的报酬为每年学位论文复制件出售收入的10%（从第2份复制件开始计算）。每年4月向作者支付版税，作者有义务向大英图书馆告知地址的变更情况。

2002年，LAC与ProQuest达成了免版税的服务协议，根据该协议，ProQuest将保留学位论文出售所得的版税，用以抵消其出版学位论文所需的费用。订立这样的协议的原因在于：ProQuest 仅向每年出售超过 7 份复制品的学位论文作者支付版税。根据 2002 年的销售记录，大约仅有 1.25% 的作者能够领取版税，且版税数额都比较低，66% 的作者收取的版税不足 10 美元，92% 的作者收取到的版税不足 20 美元，或少于作者所在大学为 ProQuest 加工处理学位论文所支付的费用。

ADT 认为，若对学位论文全文的获取收费，则必须向作者支付报酬，并提出应建立报酬支付模型，具体支付数额由各大学自行决定。

如果作者的论文纸质版本是通过书店销售，Dissertation.com 将向作者支付销售收入的 20%；若论文的纸质或电子版本是通过 Dissertation.com 网站出售，该公司将向作者支付销售收入的 40%。版税每年支付一次，并从每年出售 5 本后开始计算。作者应及时向公司提供联系地址的变更情况。

（4）版权材料的处理

学位论文可能涉及第三方版权内容、学位论文部分内容已经在期刊发表或部分内容为作者与他人合作完成。为避免可能出现的版权纠纷，国外学位论文开发机构一般对此有详细规定。如 ProQuest 在授权协议中规定，如果 ProQuest 认为第三方权益未受保障，可以选择不传播发布学位论文。作者需代表并保证本人是作品的版权人，且获得允许 ProQuest 复制和发布包含于学位论文中任何第三方材料的必要权利，包括所有获取、陈列、运行或印刷学位论文所必需的任何非公共第三方软件使用的许可。作者需对任意第三方因作者提交出版的学位论文而针对 ProQuest 提出的权利诉讼负有全部责任并支付相关费用。LAC 规定，作者需保证学位论文为原创作品，未侵犯任何人的权利，并有权授予非专有许可。如果学位论文中包括属于第三方的版权材料，作者需取得权利人的书面版权许可，授权 LAC 将学位论文复制、出版、存档、保存、通过因特网传播给公众等。如论文部分内容是与其他作者合作完成，需在提交论文前获其许可。

（5）版权声明与注意义务

国外学位论文开发机构非常注意履行版权声明与注意义务，例如：美国 ProQuest 公司是全美商业性学位论文法定收藏机构之一，研究生在提交给 ProQuest 论文时，签订一份授权 ProQuest 出版的协议并向 ProQuest 交纳出版费用，ProQuest 按论文全文的被使用次数向作者支付版税。同样，NDLTD

作为全美公益性的学位论文收藏机构之一，也要求学位论文作者与之签订使用许可协议，它允许作者选择四种不同的许可使用方式：一是将学位论文的全文立刻提供给全世界访问；二是只将学位论文的全文提供给NDLTD内部访问使用；三是保留该学位论文1年的申请专利的权利和/或其他所有权，在这1年中学位论文作者在没有得到NDLTD的许可时，不能许可实施该学位论文的版权，包括在将来的作品中使用该论文；四是只将学位论文的全文允许在NDLTD内部访问，同时允许该作品的部分提供全球访问①。英国的BLDSC承诺在提供的每份学位论文复制件中都将包括如下声明："提供的复制件属于版权作品，没有适当注明，对学位论文的引用不得出版。"此外，BLDSC还在学位论文服务主页发表了专门的版权声明："除非1988年英国版权设计和专利法案允许，或有版权所有者的特殊授权，否则传递学位论文的复制是被禁止的。没有适当注明，对学位论文的引用不得出版。一些大学要求用户在访问特定的学位论文之前填写论文声明表（Theses Declaration Form）。如果你的订单没有附随一张完整的论文声明表，你将会得到通知。请注意需要完整论文声明表的学位论文只能由在表单上署名的人为个人目的的使用，不能被添加进图书馆馆藏。"加拿大的LAC规定，所有的电子学位论文均只能为学生、学者及公众个人使用，禁止任何商业性使用、出版或通过图书馆出借。澳大利亚的ADT也规定，使用者需保证获取该学位论文的拷贝仅用于研究或学习的目的，之前并未通过图书馆的相关部门获取过该学位论文的拷贝。②

---

① 赵杨,胡潜,张敏.国内外学位论文共享服务发展趋势与对策分析[J].情报资料工作, 2008(4):68-72
② 陈传夫,刘婧,孙凯.学位论文开发利用中的知识产权风险与对策[J].图书与情报, 2008(4):8-11

3 我国学位论文资源管理状况与分析

3.1 我国学位论文资源管理概况

3.1.1 我国学位论文管理制度的历史沿革

1917年，北京大学首创研究生教育，开科招收研究生。20世纪20年代至30年代是中国学位论文出现的初期，当时由于授予学位的高校不多，每年毕业的研究生很少，论文都是书写在纸上，因而管理简单。各高校只是将学生提交的纸质版论文放置在档案室存档，对学位论文的开发和利用基本处于停滞状态，这一状况一直延续到40年代末期。

1949年新中国成立后的最初10年，中国的研究生教育效仿苏联，学位论文的管理一直未得到应有的重视，直到60年代才开始进行学位论文的统一管理。1962年教育部和原国家科委联合发布了《关于交接留学生毕业论文的报告》。该《报告》规定，"今后留学生上交的学位论文、学习总结报告和毕业论文全部由国家科委统一保管"，并且对学位论文的呈交、保管和交流使用提出了具体而详细的要求。应该说该《报告》在中国教育大环境下提出的集中管理理念，无疑是符合中国国情的最佳模式。此后，为了做好、做细学位论文管理工作，1965年原高教部和原国家科委再次联合发布《关于报送研究生毕业论文问题的通知》，再一次明确规定，"为了做好研究生毕业论文的保管、交流和使用工作，国家科委与高等教育部共同商定，今后高等学校及各有关单位上报的研究生毕业论文，关于自然科学和技术方面的，全部由中国科学技术情报研究所负责统一保管"，"各高等学校已报送高等教育部的毕业论文，高等教育部将移交给中国科技情报研究所"。然而，1966年爆发了"文化大革命"，全国研究生教育被迫中断，中国的学位论文管理工作也随即中断。①

1978年改革开放以后，随着研究生招生工作的恢复和学位制度的建立，中国学位论文管理工作步入规范化、法制化管理轨道，自此有了长足发展。1981年，国务院学位委员会颁布《中华人民共和国学位条例暂行实施办法》。经过几十年的积累，我国形成了硕士、博士、博士后多层次结构，具有相当规模、学科门类大体齐全的国家学位论文收藏体系。中国学位论文管理工作与中国的学位与研究生教育血脉相连，所收集的整个学位论文反映了新中国研究生的培养历程。

3.1.2 我国学位论文产出规模

根据《国家中长期教育改革和发展规划纲要（2010—2020）》提出的目标，到2020年，我国研究生在校生规模将达到200万。1978年是我国恢复研究生教育的第1年，当年录取10 708人。2012年，我国硕士研究生录取约51.7万人，博士研究生录取约6.7万人，招生规模是35年前的近55倍。我国第一批博士研究生入学是在1978年，共18人。1993年，录取博士研究生6 200余人。到2012年，我国博士研究生录取人数为6.7万，是20年前的10倍以上②。研究生招生人数的增长导致学位论文的数量也迅猛增加，表3-1为1997—2010年全国硕士、博士学位论文数量变化情况。

表3-1　1997—2010年全国硕士、博士学位论文数量变化情况

单位：篇

年份	硕士、博士学位论文数量总计	硕士学位论文数量	博士学位论文数量
1997	46 433	39 114	7 319
1998	47 008	38 051	8 957
1999	54 509	44 189	10 320
2000	58 569	47 565	11 004
2001	67 567	54 700	12 867
2002	80 841	66 203	14 638

---

① 贺德方,姜爱蓉,曾建勋,等.国家学位论文资源管理现状及其对策研究[J].情报学报,2006,25(5):531-539
② 2013年全国研究生招生数据调查报告[EB/OL].[2013-07-12]. http://kaoyan.eol.cn/html/ky/2013yzsjbz/diaocha1.shtml

续表

年份	硕士、博士学位论文数量总计	硕士学位论文数量	博士学位论文数量
2003	111 047	92 241	18 806
2004	150 777	127 331	23 446
2005	189 728	162 051	27 677
2006	255 902	219 655	36 247
2007	311 839	270 375	41 464
2008	344 825	301 066	43 759
2009	371 273	322 615	48 658
2010	383 591	334 613	48 978

根据表3-1，可以得到10年间相关的硕士、博士学位论文数量变化趋势图（图3-1、图3-2）。

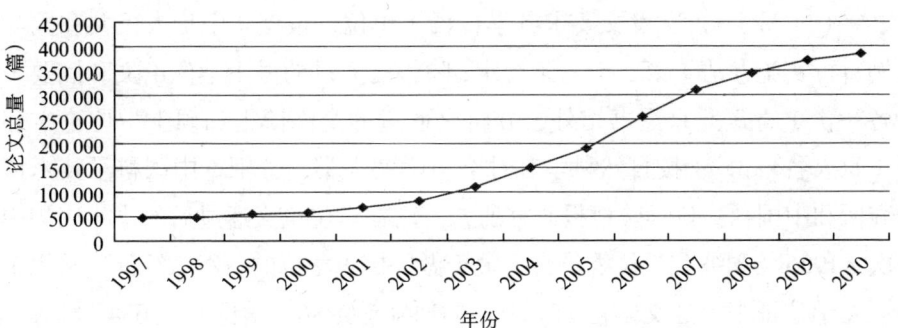

图 3-1　1997—2010年硕士、博士学位论文总量变化趋势图

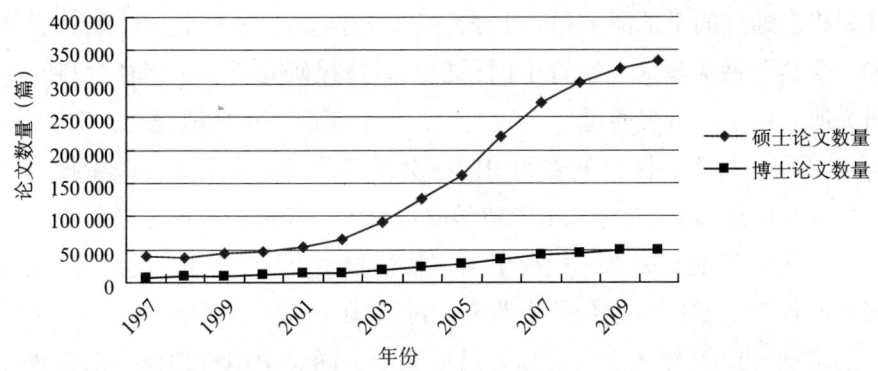

图 3-2　1997—2010硕士、博士学位论文数量变化趋势图

3.2 我国主要学位论文收藏单位管理现状

3.2.1 我国国家法定收藏单位学位论文管理状况

我国学位论文管理和服务工作始于 20 世纪 60 年代,"文化大革命"时期停顿一段时期后,改革开放以来得以快速发展,致使国家的统一收缴和集中保存工作已经具备一定基础,学位论文服务工作也呈现多样化形式。1981 年,国务院学位委员会颁布《中华人民共和国学位条例暂行实施办法》,明文规定学位论文是中国学位授予的重要依据。1983 年 3 月国务院学位委员会《关于颁发博士学位证书和送交博士学位论文的通知》(〔83〕学位办字 003 号),要求根据《中华人民共和国学位条例暂行实施办法》第二十三条规定,请将已通过的博士学位论文分别寄交北京图书馆和国家科委科技情报研究所各一份。1984 年国务院学位委员会《关于寄送博士和硕士学位论文的通知》(〔84〕学位办字 011 号),再次发文要求各学位授予单位,根据《中华人民共和国学位条例暂行实施办法》第二十三条规定,除将已通过的博士学位论文和摘要(每人各一份)寄送北京图书馆外,并将已通过的全部博士和硕士学位论文和摘要(每人各一份),按自然科学和社会科学两大类,分别寄中国科学技术情报研究所和中国社会科学院情报研究所,今后在学位论文通过后的半年内集中寄一次。1986 年国务院学位委员会《关于做好授予学位的备案、统计、报表工作和颁发学位证书、送交学位论文工作的通知》(〔86〕学位办字 034 号)重申,各学位授予单位根据《中华人民共和国学位条例暂行实施办法》第二十三条规定,应将已通过的博士学位论文和摘要(每人各一份)寄至北京图书馆,并同时将已通过的全部博士和硕士学位论文和摘要(每人各一份),按自然科学和社会科学两大类,分别寄中国科学技术情报研究所和中国社会科学院情报研究所。各单位可视通过论文的多少,每半年或一年集中寄送一次。此后,1988 年原国家科委、国家教委和中国社会科学院又联合发文《关于报送留学生学位论文的通知》,确定凡出国留学取得硕士、副博士、博士学位者,必须向国家报送学位论文副本,授权中国科技情报研究所、中国社会科学院文献情报中心作为法定国家单位负责收藏。随着国家科研水平的提高,博士后流动站的增加,1998 年博士后管理委员会原则上同意中国科学技术信息研究所收藏博士后研究报告，2013年博士后管理委员会正式发文要求各博士后设站单位将博士后出站报告交送国家图书馆和中国科学技术信息研究所。此外，国务院学位办还规定学位论文需分别缴送本单位图书馆、资料室或档案室保存。经过几十年的积累，我国形成了硕士、博士、博士后多层次结构，具有相当规模、学科门类大体齐全的国家学位论文收藏体系，并形成了学位论文三家机构法定收藏的组织体系。

随着我国科技事业和高等教育事业近年来的飞速发展，学位论文的产出数量和产出渠道与日俱增，学位论文的学术价值和学术地位不断提高，而且作为有自主知识产权的中文文献和稀缺的特种文献，对学位论文的收藏保存和开发利用得到了空前的重视。目前，除了上述三家学位论文国家法定收藏机构之外，对学位论文进行广泛、系统、集中收藏和服务的机构还包括中国高等教育文献保障系统（简称CALIS，具体收藏存储在各高等学校图书馆或档案馆的学位论文）、中国科学院图书馆等国内一些大型的文献信息机构。在众多的学位论文收藏机构中，拥有行政和行业便利的国家法定收藏单位、行业龙头收藏单位无论在资源规模、收集渠道、资源完整性、公共服务能力方面都具有得天独厚的优势。

（1）中国科学技术信息研究所学位论文管理状况

中国科学技术信息研究所成立于1956年10月，是中华人民共和国科学技术部直属的国家级综合性科技信息机构、国家科技图书文献中心的主要成员单位，也是国家法定的自然科学领域学位论文收藏单位。中国科学技术信息研究所主要从事科技文献收藏与服务、数据库建设、信息分析研究、信息服务网络基础设施建设、情报学人才培养、媒体出版等业务。

中国科学技术信息研究所自20世纪60年代就开始收藏和保存学位论文，并在80年代开展了学位论文题录数据库和文摘数据库的建设，目前已经完成了馆藏学位论文的全文数字化工作。中国科学技术信息研究所于1988年建立了"中国学位论文数据库（文摘版）"（简称CDDB），采用CCFC格式作为著录标准，收录了我国自然科学领域各高等院校、研究所的博士、硕士论文文摘索引，采用《中国图书馆分类法》，提供分类号、作者、指导教师、论文名称、全文任意词字段等多种查询途径，各字段间能进行逻辑组配，检索灵活、方便，而且可以在网上申请原文提供服务，也可以根据馆藏号借阅和有限复印。

截至2013年6月，约有270万条记录。2002年，中国科学技术信息研究所开始进行学位论文数字化加工和存储，建立了集中的学位论文全文数据库，截至2013年6月，收集全文约有230万篇。此外，还收集了国外电子学位论文34万余篇。

(2) 国家图书馆学位论文管理状况

国家图书馆是我国最大的公共图书馆，该图书馆下设学位论文收藏中心，它是国务院学位委员会指定的负责全面收藏和整理中国博士学位论文的专门机构，也是人事部专家司确定的负责收藏博士后研究报告的专门机构。其中博士论文收藏工作始于1985年，收藏的论文授予时间最早为1981年，截至2011年12月，上架论文量约为31万种。硕士论文系统的收藏工作开始于2004年，但最早的论文授予时间始于1981年，截至2011年12月，上架论文约为69万种。

国家图书馆收藏的学位论文主要包括国内博、硕士论文及台湾地区的部分博士论文。到2011年12月，全国共有340余家博士学位授予点和近700家硕士授予点提交论文，每年收藏博士论文约为4万种，硕士论文13万种。台湾论文的收藏是有选择性地展开的，主要是根据读者阅读需求来确定采选对象，社科类占主导。截至2011年12月，采访量约为7 000种，收藏方式为购买①。

(3) 中国社科院图书馆学位论文管理状况

中国社会科学院图书馆的前身，可以追溯到20世纪50年代成立的中国科学院哲学社会科学学部情报研究室，该研究室于1957年成立，1963年改称学术资料研究室，1975年扩建成情报研究所，1985年10月，情报研究所与文献资料合并成立文献中心，1992年10月更名为中国社会科学院文献信息中心，1994年中国社会科学院图书文献管理体制进行改革，成立中国社会科学院图书馆。长期以来，中国社会科学院图书馆融图书文献服务与文献研究开发职能于一体，向中国社会科学院及国内外社会科学研究、教学有关人员提供文献服务。

中国社会科学院图书馆是社会科学领域学位论文的国家法定收藏单位，

---

① 龙利方.中日学位论文收藏比较研究[J].图书馆工作与研究,2013(3):73-75

其收藏的学位论文是由学位授予单位负责收集的经专家评审答辩通过的博硕士研究生学位论文,按年度汇总后,直接寄送到中国社科院图书馆。对到馆的学位论文按年代排序后,集成化管理,实行登录、编目、典藏、流通一体化,完全按照规定流程进行加工和交接。对学位论文的编目,以《中国图书馆分类法》为分类依据,严格按照《中国文献编目规则》,应用CNMARC机读目录格式,进行规范化、标准化的信息描述。主要著录项目有:题名、著者、著者单位、著者专业、指导老师、学位授予单位、论文提交日期(答辩日期)、载体外表(页数)、主题词、关键词、学位级别、文献语种、索取号、分类号、参考文献页数等。最后经Master(编目系统管理员)校验准确无误后,论文与数据同时转入典藏部的特藏库,并通过网络提供用户检索与服务。中国社科院图书馆已在2003年底完成全部馆藏学位论文的书目回溯,实现了学位论文书目的数字化建设,全面提升了学位论文的管理水平,为实现其资源共享打下了坚实的基础。①

3.2.2 我国高校系统学位论文管理状况

(1)我国高等教育文献保障系统学位论文管理状况

CALIS(China Academic Library & Information System)是经国务院批准的我国高等教育"211工程"以及"九五"、"十五"总体规划中三个公共服务体系之一。CALIS的宗旨是,在教育部的领导下,把国家的投资、现代图书馆理念、先进的技术手段、高校丰富的文献资源和人力资源整合起来,建设以中国高等教育数字图书馆为核心的教育文献联合保障体系,实现信息资源共建、共知、共享,以发挥最大的社会效益和经济效益,为中国的高等教育服务。

学位论文是CALIS文献资源和数据库建设的重点之一。由于普通高校是当前我国学位论文最主要的产生和存储单位,因而CALIS具有其他单位或系统无法比拟的学位论文产生、存储和更新能力。CALIS学位论文服务系统建设项目由CALIS资助、清华大学图书馆牵头、联合大陆地区近百所图书馆共同建设的学位论文共建共享项目,旨在提供集中式元数据检索和多途径全文获取的两级学位论文信息保障服务。项目于1999年启动,一期建设期间

---

① 王曼.社会科学学位论文的收藏与管理——以中国社会科学院图书馆为例[J].情报资料工作,2007(4): 65–67

（1999—2001年），几十所学校通过手工录入、手工提交数据的方式建成《CALIS学位论文文摘数据库》，数据量累计达10万余条并通过网络提供检索服务。二期建设期间（2002—2008年），采用"元数据集中建库、论文全文分布保障服务"的模式，基于OAI和METS技术收集元数据和16页PDF全文数据，数据量累计达60万条并通过网络提供检索服务。三期建设期间（2009—2013年），通过收割和交换等方式累计收集国内外学位论文元数据达456万条，建立了分布式学位论文收集和服务体系。历经一期、二期和三期的建设和发展，项目已建成提供中外文学位论文信息和服务的综合门户，为用户提供集中式元数据检索和多途径全文获取的两级学位论文信息保障服务，即：通过基于元数据的集成检索机制实现中外文学位论文的全面发现，通过开放链接和文献传递机制实现获取中外文学位论文全文的获取保障。在组织架构上，已形成学位论文共建共享服务联盟，通过项目组织的培训和交流活动，近百所参建馆积极合作，加强了参建馆之间的交流和经验共享，对高校学位论文资源的共建共享起到了积极的推动和促进作用。

经过10余年的发展，学位论文中心系统平台性能得到显著提升，中心系统提供学位论文元数据的集中检索及部分论文的前16页在线试读服务，提供按成员馆、学科、答辩年、语种、学位、论文来源等多途径的导航，检索结果页面提供分面显示、相关资源检索、Wiki词条解释等拓展功能。中心系统无缝集成CALIS统一认证系统和CALIS馆际互借系统，用户检索到论文后可直接提交文献传递请求到参建馆的馆际互借系统。对读者授权在CALIS访问的论文，系统提供开放链接机制直接链接到参建馆本地系统获取全文。提供学位论文信息的个性化定制推送服务、读者认证后可以添加评论和浏览自己添加的所有评论，可以将感兴趣的论文收藏到个人空间，还可以为感兴趣的论文添加标签。中心系统对外部提供CALIS OPEN API接口，便于第三方系统调用中心系统中的资源。项目尝试在小范围内收割论文参考文献到中心系统，并提供参考文献的展示和链接服务。在项目推动下，各高校普遍建立起了学位论文网上提交和发布机制，普遍通过UES（CALIS数据统一交换系统）向中心系统提交数据，大大提高了数据收割的性能和效率。

CALIS学位论文服务系统为读者获取论文全文提供了有力的保障，拓展多种途径保障用户获取学位论文全文。对作者授权访问的全文，提供

| 3 我国学位论文资源管理状况与分析

OpenURL 全文链接机制和 CALIS-OID 全文解析机制链接到参建馆本地系统中直接获取全文，对绝大多数作者未授权的论文，项目积极推进学位论文馆际互借和文献传递服务，帮助读者获取全文。在技术上，实现学位论文中心系统与 CALIS 馆际互借系统和统一认证系统的无缝对接，读者在 CALIS-e 读平台和学位论文中心平台上检索到论文信息，通过单点登录即可链接到馆际互借系统提交文献传递请求。调研参建馆学位论文服务政策，以此为基础制订学位论文全文传递服务的经费补贴政策和奖励措施，激励各参建馆积极开展学位论文文献传递业务。通过签订协议书约束参建馆在文献传递方面享受的权力和应尽的义务，激励参建馆制订本馆学位论文文献传递服务的相关政策。在全国范围内大力宣传学位论文服务系统，鼓励非参建馆加入到论文文献传递服务中来，提高论文服务的能力。在管理机制上成立了全文传递组和代找原文服务组，全文传递组重点承担和完成参建馆之间的全文传递申请，代找原文服务组承担在国内难以获取的学位或者国外境外学位论文的查找和获取。这种多途径保障机制的建立创新了学位论文的全文服务，让参建馆的学位论文在互惠共享中发挥更大作用，也使得一些在获取国外境外学位论文方面有难处的图书馆借助其他馆的帮助满足读者获取学位论文全文的需求。

　　CALIS 学位论文服务系统建设项目采取由牵头单位集中负责，联盟成员共同承担任务的组织运行管理机制。为保证尽量全面地收集高校范围内的学位论文资源，项目确定所有"211 工程"院校均可申请参加，也欢迎非"211 工程"院校申请参加。通过填写《成员单位基本信息登记表》和签订《CALIS 高校学位论文全文数据库建设协议书》的形式确定参建单位的义务、责任和权利。参建单位需指派专人负责本校"学位论文网上提交系统"和"学位论文全文检索系统"建设，并遵循本项目制定的学位论文元数据标准和相关技术规范，基于公平合理的共享机制，提供学位论文全文服务。项目以成立项目管理组和若干实施小组的方式进行项目管理。该项目三期建设中，在 CALIS 管理中心统一指导下，邀请国内在学位论文资源建设方面领先的高校成立项目管理组，负责策划和商讨学位论文三期发展规划和实施方案，对项目发展中的重大问题进行指导。项目管理组下设资源建设组、全文传递组、代找原文服务组、标准规范建设组等，对资源建设、文献传递、代找原文、标准规范建设等各方面提供方案、制订规则、协调推进和给予指导。成立项目管理组,共同策划和商讨学位论文三期发展规划和实施方案,对项目发展中的重大问题进行指导。成立资源建设组,对资源建设中的重点问题提供建议和指导,制订项目相关的数据标准、数据质量检测和评估标准等,反馈本地系统资源建设中存在的问题并提出解决方案。成立全文传递组,对全文传递联盟的文献传递服务提供建议和指导,制订全文传递补贴标准、服务奖励政策、服务评估指标等。成立代找原文组,由参建馆中具备较强文献传递服务能力的单位组成,承担代找原文任务,侧重参建馆不能提供的学位论文全文或者外文学位论文的查找和获取。成立标准规范组,制订项目建设中涉及的元数据规范、标准接口、论文编写规范、论文引文格式、服务模式和运行模式等规范。

(2)相关高校学位论文管理状况

目前,在CALIS成员馆中,有近百家参与了学位论文资源体系和全文数据库的建设工作,其中北京大学、清华大学、武汉大学、西安交通大学、厦门大学、东南大学等学校图书馆的资源和数据库规模较大。在参与建设的学校中,一些学校的学位论文数据库资源系统是开放的,读者可以检索到摘要;而另外一些学校的学位论文系统则通常需要进行用户认证,有的通过IP限制访问。

①北京大学的学位论文管理

北京大学图书馆于1998年开始学位论文电子版全文的收集工作,最初只是建议有电子版论文的毕业生在办理离校手续时上缴论文文件的软盘。自2001年要求毕业生通过图书馆主页提交书目数据和全文文件。北京大学图书馆在制订学位论文元数据方案时,参考了DC和NDLTD元数据标准,并遵照国务院学位办《中华人民共和国学位条例暂行实施办法》对提交论文者的要求,由图书馆安排人员利用ADOBE ACROBAT软件进行转换,同时对文件进行安全设置,并将编目后的书目数据导入到发布数据库中,再将发布数据库中的书目数据导入到图书馆管理系统中,实现书目数据和学位论文的统一查询;同时,系统图书馆主页为用户提供学位论文查询和获取服务①。

②清华大学的学位论文管理

清华大学于2000年开始网上学位论文全文提交工作,最初采用的是"文

---

① 张学宏.论高校图书馆电子版学位论文的保存与管理工作[J].图书情报工作,2005(5):113-115

摘表单 E-mail 提交 + 全文 FTP 上传"的方式收集全文，数据并没有提交、存储在数据库中。2003 年，CALIS 二期"高校学位论文全文数据库项目"正式启动，清华大学图书馆作为项目承建和牵头单位开展了全方位的学位论文管理工作，确立了"元数据集中于项目中心，数字对象（全文）分散在参建馆"的分布式体系架构，结合项目技术路线、标准规范和实际需要，测试并推荐了 4 套成熟的学位论文全文数据库产品（TRS、TPI、方正公司、杭州麦达）供参建单位选择使用。2004 年，结合 CALIS 项目的进展，并考虑到与以前数据和系统的兼容性，最终决定采用 TRS 公司的 Dpaper 系统实施学位论文数据库的有效管理。

同时，提出了明确的版权解决方案。采取三级授权机制：校园网、CALIS 范围内、商业公司。学校依据版权法规定，为教学和科研目的，学校可以将公开的学位论文或解密后的学位论文作为学术资料在校园网上供校内师生阅读、浏览，即论文在校园网内使用不需要学生授权，论文在 CALIS 各高校间或在商业公司内使用，需要学生授权，授权书上需明确著作权人享受的权益及对著作权的保护等条款，学生可在授权书上选择本人论文发布的年限。论文提交结束后，编目员将学生授权书上的授权年限输入系统，系统根据年限设置自动发布论文①。

③武汉大学的学位论文管理

武汉大学图书馆规定从 2002 年开始，研究生毕业离校前必须通过 Web 向图书馆提交学位论文的电子文本全文，为全文库的利用创造了基本条件。通过学生网上提交的方式开展学位论文全文数据库的建设工作包括如下几个环节：前期准备、建立系统、学生提交、馆员校验、论文编目、格式转换。由于受版权的制约，收录的全文不能全部在互联网上公布。为了有效保护作者个人的知识产权，同时维护高等院校的学位论文版权利益，武汉大学图书馆制定了《保存、使用学位论文的管理办法》，并拟订了《武汉大学研究生学位论文电子版使用协议书》②。

笔者对我国部分"211 工程"院校自建学位论文数据库的服务方式进行了

---

① 赵阳,姜爱蓉,吴建新.高校学位论文全文数据库建设实践——以清华大学图书馆为例[J].现代图书情报技术, 2006(5):6-9
② 梁孟华,万蜀柏.武汉大学学位论文全文数据库的建设与开发[J].图书情报知识,2003(3):39-41

调查,如表 3-2 所示,可见,目前多家大学都开始提供学位论文的元数据服务和全文数据库服务。①

表 3-2 "211 工程"院校学位论文服务模式调查情况

高校名称	元数据服务	全文数据库服务	高校名称	元数据服务	全文数据库服务
清华大学		✓	南京师范大学	✓	
北京大学		✓	中国药科大学	✓	
中国人民大学		✓	河海大学		✓
北京交通大学		✓	南京理工大学	✓	
北京工业大学		✓	江南大学	✓	
北京航空航天大学	✓		南京农业大学	✓	
北京理工大学		✓	安徽大学	✓	
北京科技大学		✓	厦门大学		✓
北京化工大学		✓	山东大学		✓
中国农业大学		✓	中国海洋大学		✓
北京师范大学	✓		郑州大学		✓
北京邮电大学	✓		武汉理工大学		✓
中央财经大学	✓		华中农业大学		✓
复旦大学	✓		中南大学	✓	
华东师范大学		✓	中山大学	✓	
上海大学	✓		暨南大学		✓
东华大学		✓	华南师范大学		✓
华东理工大学	✓		广州中医药大学	✓	
上海交通大学	✓		广西大学		✓
南开大学		✓	西南交通大学	✓	
天津大学	✓		电子科技大学		✓
重庆大学		✓	西南财经大学		
大连理工大学	✓		西安交通大学	✓	

---

① 陈传夫,符玉霜,孙凯.我国学位论文服务模式调查与服务机制创新[J].图书馆,2008(4):59-62

高校名称	元数据服务	全文数据库服务	高校名称	元数据服务	全文数据库服务
东北大学		✓	西北工业大学		✓
吉林大学		✓	西安电子科技大学		✓
东北师范大学		✓	兰州大学		✓
东南大学	✓		新疆大学	✓	

3.2.3 我国相关科研单位学位论文管理状况

（1）中国科学院学位论文管理状况

中国科学院学位论文由其文献情报中心统一收藏、加工和服务。中国科学院研究生培养机构分布在全国各地，为了统一研究生学位论文的管理，中国科学院文献情报中心建立起一套完善的学位论文提交制度，建立了CAS-ETD项目。目前，该中心建设的中国科学院学位论文数据库收录了1983年以来中国科学院授予的博士、硕士学位论文及博士后出站报告，涵盖数学、物理、化学、地球科学、生物科学、农林科学、工程技术、环境科学、管理科学等学科领域，论文数量近9万篇。该数据库以IP地址控制权限，授权对中国科学院全院系统开放全文的浏览、打印、复制和下载服务。

（2）其他科研院所学位论文管理状况

北京协和医学院博硕学位论文库收录1981年以来北京协和医学院培养的博士、硕士研究生学位论文，学科范围涉及医学、药学各专业领域及其他相关专业，内容前沿、丰富，可在线浏览全文，每季更新。

中国中医科学院博硕士学位论文由中医药信息研究所/图书馆负责收藏、加工和服务。自1978年中国中医科学院研究生部成立以来，所有的博硕士学位论文均作为特藏文献收藏。2005年及以前，博硕士生提交纸质版学位论文，实行统一管理，闭架阅览；自2006年开始，博硕士生提交电子版学位论文，同时签订《中国中医科学院学位论文电子版授权协议书》。现有的馆藏学位论文已用Access加工著录了多项数据，包括题名、著者、专业、研究方向、届期、学位编号、完成时间、导师、参考文献量等。通过对学位文献的分析，按照《中国图书馆分类法》进行分类标引，按照《中医药主题词表》进行主题标引等。中国中医科学院学位论文数据库正在建设中，拟根据中国中医科学院专业学科特点和实际情况，研究制订博硕士学位论文数据库元数据标准，并设计分布环境下基于OAI协议建库的学位论文全文数据库的系统框架，实现论文的网上提交、检索、查询和管理人员的实时采编、验收、数据交割等，并要完成历年学位论文的回溯建库工作。①

3.2.4 我国数据库商学位论文经营状况

（1）万方数据的学位论文经营状况

北京万方数据股份有限公司（以下简称"万方数据"）是由中国科学技术信息研究所、中国文化产业投资基金、中国科技出版传媒有限公司、北京知金科技投资有限公司、四川省科学技术信息研究所和科学技术文献出版社发起组建的国内第一家以信息服务为核心的股份制高新技术企业，是在互联网领域，集信息资源产品、信息增值服务和信息处理方案为一体的综合信息服务商。

万方数据在成立之初根据中国科学技术信息研究所学位论文文摘数据库的原型，对学位论文进行分类、著录、标引、文摘抽取等，形成《中国学位论文文摘数据库》，总库容量达到80余万篇。为进一步满足用户需求，万方数据在保障产权人利益、逐个与学位论文产出单位或个人签署授权使用协议的基础上，2003年开始全面启动加工《中国学位论文全文数据库》。该库主要以学位论文所授予的学科类别进行栏目设置，如理学、工学、农学、管理学、法学、医学、文学等；按照其下属学科和专业组织和编排稿件，如数学、物理、化学等二级栏目；同时按学位论文授予单位、学位级别等设置交叉栏目。截至2013年5月，《中国学位论文数据库》总库达到270余万篇，其中全文部分已经达到170余万篇，文摘部分近100万篇，每年增加约30万篇。总库收录自1977年至今的国内高校、研究所的博硕士论文，覆盖97%以上的"211工程"院校，合作单位达580余家，是目前我国收录内容最全的学位论文数据库。

---

① 尚文玲，蒋丁菇，孟凡红，等.网络环境下中国中医科学院博硕士学位论文的开发与利用[J].医学信息学杂志,2011,32(1):69-71

在服务方面，万方数据提供多元化的增值服务：一是知识脉络分析服务，以主题词为核心，用可视化的方式向用户揭示论文知识点的发展趋势和共现研究时序变化；二是论文相似性检测服务，基于万方数据海量文献资源及中国学术网页数据库，对学术成果进行相似性检测，提供客观翔实的检测报告，为学术出版、科研管理提供支持。此外，还可为学位授予单位提供开放式接口，查看每篇论文的点击率和下载率。

在知识产权方面，万方数据采取与学位论文授予单位合作共建共享的方式，采用整体版权和个体授权两种模式与学位论文授予单位和作者签订版权授权的出版协定，由万方数据统一向研究生培养单位及研究生个人支付相应的费用，同时向研究生本人和导师支付万方数据检索使用卡。

（2）中国知网的学位论文经营状况

中国知网（CNKI）是由清华大学、清华同方发起的以实现全社会知识资源传播共享与增值利用为目标的信息化建设项目，通过产业化运作，为全社会提供最丰富的知识信息资源和最有效的知识传播与数字化学习平台。

中国知网的《中国博士学位论文全文数据库》（简称CDFD）和《中国优秀硕士学位论文全文数据库》（简称CMFD）主要收录1984年至今的"985工程"、"211工程"等重点高校、中国科学院、社会科学院等研究院所的博硕士学位论文。截至2013年4月，共收录来自404家培养单位的博士学位论文近20万篇,621家培养单位的优秀硕士学位论文近170万篇。学科覆盖基础科学、工程技术、农业、医学、哲学、人文、社会科学等各个领域。

中国知网的版权解决分为整体版权和个人版权两种签约模式。根据我国学位授予单位统计，目前已经超过45%的研究生培养单位与中国知网签订了授权协议。其中有部分院校签订独家或唯一授权协议。中国学术期刊(光盘版)电子杂志社还向全国各类已经毕业或将要毕业的研究生征稿，宣称论文一经录用，作者即授予该论文的数字化出版权、信息网络传播权、汇编权的专有使用权；同时，支付50～80元的现金稿酬和200～300元的检索阅读卡。

3.2.5 我国港澳台地区学位论文管理状况

近年来，在我国台湾和香港地区，学位论文的地位得到了明显提高。随着科学技术的迅速发展，我国香港和台湾地区博硕士论文全文数据库建设进展很快。目前，我国香港的大学，以中文大学和香港大学为首，均已建立起有效的论文提交和检索、传递系统，其他学校学位论文全文数据库则在按计划不断向前推进。

我国台湾高校和科研机构的学位论文数字化起步也较早。目前，我国台湾很多学校已经建立起学位论文网络系统，形成了包括120多所大学、1 000多个研究所在内的台湾地区博硕士论文信息网。

表3-3 港澳台主要高校目前所建设的学位论文数据库情况

内容特征	香港科技大学	香港大学	澳门大学	台湾大学	阳明大学
收录时间	1994年至今	1941年至今	1995年至今	2000年至今	1980年至今
自建数据库	香港科技大学电子学位论文库	香港大学学位论文数据库	澳门大学电子学位论文库	台湾大学博硕论文库	阳明大学学位论文库
收录对象	硕士、博士	硕士、博士	硕士、博士	硕士、博士	硕士、博士
数据量	4 700余条	21 400余条	2 600余条	37 500余条	5 300余条
服务业务	全文下载、馆际互借、元数据服务和文摘服务	通过版权认证，免费获取文摘和部分全文	借阅和馆际互借	文摘服务、全文下载、借阅、原文传递和馆际互借	文摘服务、全文下载、借阅、馆际互借。提供数据挖掘服务
费用	校内外用户免费获取作者授权的文摘、元数据和大部分全文。香港教资委（UGC）资助的8所高校可免费借阅，其他用户借阅收取一定费用	校内用户免费使用，非香港大学用户通过版权确认，通过E-mail免费传递文摘和部分全文	校内外用户均可免费获取电子学位论文全文	个人付费下载	校内用户可免费获取电子学位论文全文，校外用户则是部分免费

续表

内容特征	香港科技大学	香港大学	澳门大学	台湾大学	阳明大学
共建共享	香港浸会大学图书馆推动的 HKLIS DTC 学位论文共享项目是香港7所高校的学位论文共享	①与爱思唯尔合作,为香港大学学位论文数据库提供索引服务 ②参与 HKLIS DTC 学位论文共享	—	参与华艺数字股份有限公司建立的中文电子学位论文服务(CETD)	①与清华大学、中央大学等四校联合,建立台湾联合大学博硕士论文全文影像数据库 ②加入台湾图书馆的全国博硕士论文资讯网

3.3 我国学位论文知识产权管理现状

3.3.1 我国学位论文知识产权管理的相关法律法规

我国学位论文知识产权管理的相关法律法规主要有以下几种：

（1）《中华人民共和国著作权法》及《中华人民共和国著作权法实施条例》

学位论文是学位申请者在导师指导下所进行的科学研究的总结。在选题的过程中，一般都是选择本学科需要解决的比较重要的、有前沿性的理论或应用方面的课题，代表了本专业的发展方向。在论文的创作过程中，学位申请者收集了大量的资料，做了许多实证调研，花费了很多的心血，最终形成有新颖的学术思想和独到见解的作品。根据《中华人民共和国著作权法》第二条"中国公民、法人或者其他组织的作品，不论是否发表，依照本法享有著作权"和《中华人民共和国著作权法实施条例》第二条"著作权法所称作品，是指文学、艺术和科学领域内具有独创性并能以某种有形形式复制的智力成果"的规定，以及我国的大学都要求研究生在学位论文上发表声明，表示所提交的论文是自己撰写的,不侵犯第三方的知识产权,所以我国的学位论文是版权作品,受《中华人民共和国著作权法》和《中华人民共和国著作权法实施条例》的保护。

(2)《高等学校知识产权保护管理规定》

1999年4月8日,教育部颁发了《高等学校知识产权保护管理规定》(以下简称《规定》),并于颁布之日起实施。该规定的目的是为了有效保护高校的知识产权,鼓励广大教职工和学生发明创造和智力创作的积极性,发挥高校的智力优势,促进科技成果产业化。《规定》明确了高等学校知识产权保护的内容、任务职责、知识产权归属、知识产权管理机构、奖酬与扶持、法律责任。《规定》的第三条指出,该规定所称的知识产权包括著作权及其邻接权,故学位论文也受《规定》的保护。对于学位论文知识产权归属的确定、知识产权的转让或许可使用及知识产权的付酬等,要遵守此规定。

(3)《中国科学院保护知识产权的规定》

中国科学院虽然不同于高等教育学校,但也是国家的教育机构,并且是学位论文的产出单位。为了保护中国科学院及其所属单位的知识产权,鼓励发明创造,调整职工在研究、开发及其他工作中做出的发明创造和其他智力劳动成果同中国科学院及所属单位发生的利益关系,中国科学院根据《中华人民共和国专利法》、《中华人民共和国技术合同法》、《中华人民共和国著作权法》、《中华人民共和国商标法》等相关的法律法规,制定了《中国科学院保护知识产权的规定》(以下简称中国科学院《规定》)。在中国科学院《规定》的第十七条中明确提出:"来本院及所属单位学习、进修或合作研究的客座研究人员、研究生、博士后或临时聘用人员,在该单位学习或工作期间完成的智力劳动成果,除另有协议外应归该单位持有或共有。"这一规定,明确了学位论文的版权归属。

除了这些法律法规之外,各高校还根据自己的实际情况,依据相关的法律法规,制定了具体的知识产权保护规定,这些都是保护及处理学位论文纠纷的重要法律依据。[①]

[①] 陈传夫,汪晓方,刘婧.我国学位论文知识产权管理现状与制度创新[J].国家图书馆学刊, 2008, 17(4):16-22

3.3.2 我国高校学位论文知识产权管理的相关政策与协议

虽然上述法律法规都是我国学位论文知识产权保护的法律依据，但是我国并没有专门的学位论文知识产权管理规定。为了更好地保管和利用本校的学位论文，各高校结合自己的实际情况，出台了专门的学位论文著作权管理规定，或是在学位论文提交的同时，要求学位申请者签署著作权声明或使用授权许可协议。笔者调查了在这51所高校的学位论文知识产权管理的相关政策及协议，在这51所高校中，38所是国家"985工程"院校。调查方法有两种：一是访问各高校图书馆学位论文版权网页；二是查看各高校的学位论文，在学位论文的封面上，有相关的版权声明或使用授权许可协议。

各高校对学位论文知识产权管理的模式归纳起来有两种：

（1）出台相关的学位论文著作权管理规定。例如《清华大学研究生学位论文著作权管理规定》、《复旦大学研究生学位论文著作权管理暂行规定》等。在这些规定中（以《清华大学研究生学位论文著作权管理规定》[①]为例），不仅界定了学位论文著作权的归属：一般情况下，学位论文的作者享有论文的著作权。学位论文中涉及的工程设计、产品设计图纸及其说明、计算机软件、地图等作品，如果是利用清华大学的物质条件创造的，并由清华大学承担责任，其著作权归属清华大学，而且还规定了学校可以对学位论文拥有的使用权：①已获学位的研究生必须按学校规定提交学位论文，学校可以采用影印、缩印或其他复制手段保存研究生上交的学位论文；②为教学和科研目的，学校可以将公开的学位论文作为资料在图书馆、资料室等场所供校内师生阅读，或在校园网上供校内师生浏览部分内容；③根据《中华人民共和国学位条例暂行实施办法》，向国家图书馆报送可以公开的学位论文。也有一些学校出台的政策只涉及对学位论文使用权的规定，而无版权归属的规定，如西安交通大学、东北师范大学、深圳大学等。

（2）学校与学位论文的作者签署学位论文使用授权许可协议。使用授权协议是很多高校都会使用的一种格式合同，在所调查的51所高校中，有42所签署了这种协议，比例高达82.35%。在所签署的学位论文使用授权协议中，

---

① 清华大学研究生学位论文著作权管理规定[EB/OL].[2013-07-12]. http://thesis.lib.tsinghua.edu.cn:8001/paper/doc/tsinghua-rule.doc

有的既规定了论文的版权归属，又规定了学校对学位论文的使用权利，包括使用范围、时间、地点等。例如哈尔滨工业大学在其《硕士学位论文使用授权书》中指明："本论文系本人在哈尔滨工业大学攻读硕士学位期间在导师指导下完成的硕士学位论文。本论文的研究成果归哈尔滨工业大学所有，本论文的研究内容不得以其他单位的名义发表。本人完全了解哈尔滨工业大学关于保存、使用学位论文的规定，同意学校保留并向有关部门送交论文的复印件和电子版本，允许论文被查阅和借阅，同意学校将论文加入《中国优秀博硕士学位论文全文数据库》和编入《中国知识资源总库》。本人授权哈尔滨工业大学，可以采用影印、缩印或其他复制手段保存论文，可以公布论文的全部或部分内容。"[1] 不过，很多高校的使用授权许可协议都只是规定了对学位论文的使用，而无版权归属的条款。

各高校在其学位论文知识产权管理的政策或协议中对学位论文的版权归属及使用规定情况如表 3-4 所示。

表 3-4 我国各高校学位论文版权规定内容一览表

高校名称	版权归属		使用授权	高校名称	版权归属		使用授权
	个人	学校			个人	学校	
清华大学	✓	✓	✓	北京大学			✓
电子科技大学			✓	南京大学			
重庆大学				中国科技大学			
复旦大学	✓	✓	✓	同济大学			✓
上海交通大学			✓	中央民族大学			
哈尔滨工业大学		✓	✓	浙江大学			✓
兰州大学	✓		✓	西北农林科技大学			✓
北京航空航天大学			✓	东南大学			✓
中国农业大学			✓	华南理工大学			✓

---

[1] 哈尔滨工业大学硕士学位使用授权书[EB/OL].[2013-07-12].http://202.118.250.130:8001/n7-s-shouquan.doc

续表

高校名称	版权归属 个人	版权归属 学校	使用授权	高校名称	版权归属 个人	版权归属 学校	使用授权
北京师范大学			✓	南开大学	✓		✓
天津大学			✓	四川大学			✓
西安交通大学			✓	西北工业大学			
武汉大学			✓	中山大学			
大连理工大学			✓	国防科技大学			
山东大学			✓	湖南大学			✓
中国海洋大学			✓	中国人民大学			
中南大学			✓	吉林大学			
东北大学			✓	北京理工大学			✓
厦门大学			✓	华中科技大学			✓
暨南大学			✓	北京工业大学			✓
北京邮电大学			✓	新疆大学	✓		✓
南京理工大学			✓	中国矿业大学			✓
东华大学			✓	东北师范大学			✓
深圳大学			✓	陕西师范大学			✓
广西大学			✓	南京航空航天大学			✓
河海大学			✓				

调查结果表明[①]：

（1）在调查的学校中，学校除了与学位论文的作者签署使用授权协议外，还会在学位论文提交的过程中提供学位论文开发机构的使用授权协议，采用自愿签署的原则，例如清华大学的学生在与学校签署使用授权协议时，可同时与CNKI的《中国优秀博硕士学位论文全文数据库》、《CALIS高校学位论文全文数据库》签署《学位论文出版授权书》，北京大学、复旦大学、上海交

---

① 陈传夫,汪晓方,刘婧.我国学位论文知识产权管理现状与制度创新[J].国家图书馆学刊, 2008, 17(4):16-22

通大学、北京工业大学等也都在学位论文提交过程中提供这种使用授权协议。但是,也有学校在其学位论文授权协议中包含学生对学位论文开发机构的授权,例如东南大学在其《学位论文使用授权声明》中规定:"东南大学、中国科学技术信息研究所、国家图书馆有权保留本人所送交学位论文的复印件和电子文档,可以采用影印、缩印或其他复制手段保存论文"①;大连理工大学在其《大连理工大学硕士、博士学位论文版权使用规定》中规定,对于无密级的学位论文"研究生在毕业时须向北京图书馆、中国学术期刊电子杂志社、我校档案馆、图书馆提交学位论文";河海大学也在其《学位论文使用授权说明》中规定:"河海大学、中国科学技术信息研究所、国家图书馆有权保留本人所送关于学位论文的复印件或电子文档,可以采用影印、缩印或其他复制手段保存论文"。

(2)对学位论文版权归属进行规定的学校数量很少,只有6所,比例仅为11.76%。在对版权归属进行规定的学校中,清华大学与复旦大学界定了学位论文版权归属于个人或学校的两种情形,而南开大学则明确规定"本人系作品的唯一作者(第一作者),即著作权人"②,兰州大学也在其《博士/硕士学位论文提交授权书》中指明"本人作为此论文的著作权人"③;哈尔滨工业大学和新疆大学则直接规定学位论文的版权归学校所有。

(3)我国目前对学位论文的数字化利用主要是"三方主体—两层授权"的模式,即大学先与研究生之间签署使用授权许可,然后学位论文的开发机构与高校联系,签订学位论文利用授权许可协议。但是通过对各高校学位论文使用授权许可协议的调查可以看出,绝大部分高校的研究生只是授权学校可以对学位论文进行利用,但是否允许学校进行商业化的电子利用或者是否允许学校再次将学位论文授权给别的单位进行利用并没有做出详细的授权规定。

---

① 钱轶群.MIMO无线通信系统中的空时编码与预编码研究[D].南京:东南大学,2006
② 南开大学.南开大学学位论文电子版授权使用协议[EB/OL]. [2013-07-12]. http://202.113.20.169/tpi/docs/xieyi.pdf
③ 兰州大学博士/硕士学位论文提交授权书[EB/OL].[2013-07-12].http://lib.lzu.edu.cn/lwzx.htm

3.3.3 我国学位论文开发机构的知识产权政策与声明

我国对学位论文资源进行开发利用的除了各大学位论文的产出单位外，还有五大主要开发机构，它们分别是国家图书馆、国家科技图书文献中心、CALIS、万方数据股份有限公司、中国学术期刊（光盘版）电子杂志社。这五大机构中，前三家是公益性的服务机构，后两家是商业性的服务机构。这些机构对学位论文的开发程度也是不一样的，有的只是开发了学位论文的元数据、文摘或部分论文，而有的则对学位论文的全文进行了开发并提供服务。不论这些机构的服务性质、服务方式如何，在开发学位论文的过程中，都涉及学位论文的知识产权问题。为了获取学位论文的使用授权或是规避知识产权风险，各机构都制订了相应的学位论文版权政策或声明，详细内容见表 3-5。

表 3-5　我国学位论文开发机构的版权政策与声明

学位论文的服务机构		相关的版权政策或声明	与学位论文版权有关的内容
公益性服务机构	国家图书馆	版权声明①	我馆在网站建设中将不可避免地使用到部分作品，其中若有不慎而未事先征得授权者，敬请相关权利人及时告知，以便我馆采取适当方式予以弥补。对此，我馆希望得到全体著作权人和出版单位的鼎力支持
	国家科技图书文献中心（NSTL）学位论文传递系统	版权声明②	NSTL 提供的少量原文复制件仅用于个人学习、研究的目的，不能用于任何营利目的。如果超出"合理使用"，用户要为发生的版权侵权行为负责。一经发现用户的请求超出著作权法规定的"合理使用"范围，NSTL 保留拒绝接受该请求或取消该用户的原文请求的权利

---

① 中国国家图书馆网站版权声明[EB/OL].[2013-07-12].http://www.nlc.gov.cn/service/banquan.htm
② NSTL版权声明[EB/OL].[2013-07-12].http://www.nstl.gov.cn/index.html

续表

学位论文的服务机构		相关的版权政策或声明	与学位论文版权有关的内容
公益性服务机构	CALIS高校学位论文全文数据库	《CALIS高校学位论文全文数据库》发布章程①	①学位论文的著作权归作者或学校界定的其他人 ②学位论文可以被《CALIS高校学位论文全文数据库》的合法用户使用 ③数据库采用DRM技术防止学位论文的非法传播 ④在该库中发布的学位论文，著作权受法律保护 ⑤依照《论文使用授权申明》的发表时间，发表论文全文 ⑥数据库录用的论文全文的发表时间一般（默认）是论文作者提交论文后的1年内（如果有需要，也可以由论文的著作权人确定发表时间，延长为2年） ⑦发布论文的著作权使用为非独家使用；不限制论文在本数据库录用之前或之后在其他媒体上出版发表 ⑧著作权人可免费检索《CALIS高校学位论文全文数据库》收录的论文全文 ⑨在征得著作权人同意的前提下，按点击率的排列顺序向出版社推荐正式出版
商业性服务机构	万方数据《中国学位论文全文数据库》	《关于中国学位论文全文数据库（试用版）的版权声明》②	①将取得著作权授权的论文，加工成为全文数据库 ②将著作权授权正在进行当中的论文，按国际惯例制作成为大文摘 ③由于授权工作涉及面极广，短时间内难以与学位论文的著作权人取得联系的，欢迎学位论文著作权人与万方数据就授权问题进行联系，万方数据将提供标准版权授权协议，支付相应的版权费用

---

① 《CALIS高校学位论文全文数据库》发布章程[EB/OL].[2013-07-12]. http://202.115.54.22:8080/portal/page/service/xueweilunwen/attach/attach4.html
② 关于中国学位论文全文数据库（试用版）的版权声明[EB/OL].[2013-07-12]. http://hk.wanfangdata.com/wf/cddb/linkcopyright.htm

续表

学位论文的服务机构		相关的版权政策或声明	与学位论文版权有关的内容
商业性服务机构	中国学术期刊（光盘版）电子杂志社（CNKI）《中国优秀博硕士学位论文全文数据库》	《中国优秀博硕士学位论文全文数据库》出版章程②	①论文由作者提交或经学位授予单位研究生管理部门提交后，一经录用，CNKI即拥有论文的电子出版权和使用该论文进行文献信息服务的权力，并按国家电子出版有关规定支付作者稿酬 ②博硕士培养单位统一推荐本单位论文时，中国学术期刊（光盘版）电子杂志社在收到论文后1个月内，将在《科技日报》、《光明日报》上2次发布《中国优秀博硕士学位论文全文数据库》接受论文推荐公告，公布推荐单位名单，提请论文作者在www.cnki.net查询本人论文录用情况。公告公布后半年内作者若无异议，CNKI将视为该作者同意发表
		《中国优秀博硕士学位论文全文数据库》著作权声明③	《中国优秀博硕士学位论文全文数据库》来稿为研究生培养单位推荐和作者投稿。来稿一经刊用，即一次性支付稿酬并颁发出版发表证书

3.3.4 我国学位论文知识产权认识上的几个误区

我国并没有专门的法律条文对学位论文的版权做出明确规定，再加上学位论文本身的特点，例如是获得学位的要件之一，而且创作过程复杂等，使得人们对学位论文的版权有不同的认识，甚至还形成了以下一些误区。

（1）学位论文的网上传递是点对点的传输

我国著作权法对信息网络传播权是这样定义的："信息网络传播权，即以

---

① 《中国优秀博硕士学位论文全文数据库》出版章程[EB/OL]. [2013-07-12]. http://202.112.126.164/lwsj/zc.htm
② 《中国优秀博硕士学位论文全文数据库》著作权声明[EB/OL]. [2013-07-12]. http://202.32.214.205/kns50/copyright/CDMD.aspx

有线或者无线的方式向公众提供作品,使公众可以在其个人选定的时间和地点获得作品的权利。"这一规定明确了信息网络传播权必须具备三个要素,即信息传播的方式是"以有线或者无线"、信息传播的对象是"公众"、信息被获取的方式是"在个人选定的时间和地点"。其中"在个人选定的时间和地点"便是一种点对点的网络传输。为了考察学位论文的网上传递服务是不是一种点对点的传输,现以武汉大学校外个人读者请求学位论文的网上传递服务为例来分析。当校外个人读者提出学位论文的网上传递请求时,武汉大学图书馆"在接到请求后3个工作日内给读者有或没有的答复,并将所需费用通知给读者,在收到读者的费用后,将复制结果以邮寄、传真或 E-mail 等方式传递出去"①。由此可见,校外个人读者希望通过网络传递获得学位论文并不能在他自己选定的时间,而且对学位论文的获取还受到版权、学位论文的保密及请求者的使用意图的限制,例如 NSTL 在其版权声明中指出,"一经发现用户的请求超出著作权法规定的'合理使用'范围,NSTL 保留拒绝接受该请求或取消该用户的原文请求的权利"②,故学位论文的网上传递是受到学位论文传递服务机构的限制的,它不能根据用户的个人意愿而自由获取,不是点对点的传输,没有侵犯学位论文的信息网络传播权。

(2)学位论文的文献传递服务不会侵犯版权

《图书馆学与资讯科学大辞典》对文献传递服务是这样定义的:文献传递服务是应使用者对特定已确知的出版或未出版文献的需求,由图书馆或商业服务单位等资料供应者将需要的文献或其代用品在适当的时间内,以有效的方式与合理的费用,直接或间接传递给使用者的一种服务。学位论文不同于图书,没有复本,而且学位论文的作者与学校所签署的使用授权许可协议中,通常规定不允许学校提供学位论文的外借服务,故应学位论文需求者的请求,传递的都是学位论文的"代用品"。我国著作权法对复制的界定是"以印刷、复印、拓印、录音、录像、翻录、翻拍等方式将作品制作一份或者多份"。可见,在对学位论文的传递服务中,不可避免的要对学位论文进行复制,这就涉及著作权法所保护的学位论文著作权人的复制权。即便是已经存在的数字化的

---

① 武汉大学文献传递服务步骤[EB/OL].[2013-07-12].http://www.lib.whu.edu.cn/wxcdfw/index.asp
② NSTL版权声明[EB/OL].[2013-07-12].http://www.nstl.gov.cn/index.html

学位论文,在传递过程中,也同样存在着复制行为,这些复制都是在计算机系统的正常运转过程中产生的。如果学位论文的著作权人并没有授权服务机构可以传递学位论文,那么提供学位论文的传递服务就会侵犯版权。

(3)提供学位论文 16/24 页浏览没有侵权

一些观点认为学位论文开发机构提供对学位论文的 16/24 页浏览是合理使用,我国的著作权法规定:"合理使用"的对象应该是已经发表的作品。对于学位论文来说,要想符合合理使用的要求,核心要件是论文处于已经发表的状态。然而大多数情况下,学位论文处于未发表的状态,因此不能属于合理使用的对象。

通过网络提供学位论文的浏览,使用户可以自由获取学位论文的 16/24 页,这符合"以有线或者无线的方式向公众提供作品,使公众可以在其个人选定的时间和地点获得作品"的要求,显然侵犯了学位论文的信息网络传播权。

(4)学位论文经过答辩并进入图书馆就是公开发表

2010 年新修订的《中华人民共和国著作权法》第十条第一款规定,发表权即决定作品是否公之于众的权利。学位论文的发表权是指作者享有决定论文是否公之于众的权利,即只有作者才有权决定其论文是否公之于众,以及于何时、何地以何种方式、通过哪些表现形式公之于众。作者将论文创作完成后,如果不行使其发表权,其他任何著作人身权和著作财产权便无从实现,所以,发表权是学位论文著作权的首要权利。

学位论文是不是发表作品,我国学者指出了不同的看法,党跃臣认为考察学位论文是否已经发表必须同时具备三个要件:第一,作者是否具有发表论文的意愿;第二,必须将论文向多数人公开,满足公众的合理需要;第三,要将论文以某种形式公开,不论是传统纸质版式的,还是以数字形式通过网络公开。以上三个条件在判断时必须综合考虑,只具备其中一个条件,发表则不成立。① 那么学位论文在答辩完成后,公开进入图书馆算不算发表权呢?

我们可以用学者提出的标准加以衡量判断。

首先,学位论文成为发表作品的第二点要求作品"公之于众",这里的"公众"不是特定的人或者特定的多数人,学生以评审、请求指教、指正为特定

---

① 党跃臣,曹树人.试论学位论文发表权的限制[J].图书馆理论与实践,2004(4):29-31

的目的将论文呈交给老师和同学,学位论文在老师和同学这一狭小的范围内传播,达不到著作权规定发表的"众"的要求。

其次,学位论文发表必须体现作者的主观意愿,不能使用行政强制的手段强行发表作者作品。学位论文的答辩过程及使用"授权声明"等方式"提交"给图书馆或者档案馆,都是毕业生获取学位证书过程的必经环节,并不意味着作者将著作权或著作权的发表权转让或者许可给相关机构,博士和硕士中的有些人,学位论文的作品属于项目成果或者专利产品,他们希望进一步修改完成出版,并不希望在出版之前公布内容,不能体现作者的主观意愿[1]。

综上所述,学位论文的作品性质不构成著作权法意义上的"已经发表的作品",而且这种性质不受著作权归属的影响[2]。那么学位论文在答辩完成后,提交图书馆也不能说是作者行使发表权。

3.3.5 我国学位论文知识产权处理模式

当前环境下,为解决学位论文知识产权问题而采取的诸多措施,大体上可以分为无偿出让和有偿获取两类,即通过国家或研究生培养单位的相关规定硬性获取和通过协商有偿获取。

(1)硬性获取

近年来,国家关于研究生学位论文的著作权,做出了一些硬性规定。根据国家这些规定,各研究生培养单位相应地制订一些规章,从而可以依规取得学位论文部分或全部使用授权。由于博士和硕士研究生撰写学位论文是在学校学习期间,并得到导师指导,因而博士和硕士研究生的培养学校,在获得博士和硕士学位论文方面,占有特殊的有利地位。学校通常规定,如果申请学位者的指导教师在论文写作过程中对论文总体框架的构建,整理研究数据的方式、方法等方面做出了实质性的学术贡献,经申请学位者与其指导教师协商一致后,学位论文的著作权可以由论文作者与其指导教师共同享有。同时规定,学位论文中涉及的工程设计、产品设计图纸及其说明、计算机软件、地图等作品,如果是利用大学的物质条件创作,其著作权则归属研究生所在

---

[1] 党跃臣,曹树人.试论学位论文的信息网络传播权[J].图书馆杂志,2004(1): 23-25
[2] 党跃臣,曹树人.学位论文馆际互借的知识产权风险及其规避[J].大学图书馆学报,2007(6):56-61

的大学。

另外，多数学校还规定，作为申请学位的条件之一，学位论文著作权拥有者必须授权大学拥有学位论文的部分使用权，即通过答辩的研究生必须按学校规定提交纸质版和电子版学位论文，学校可以采用影印、缩印或其他复制手段保存研究生上交的学位论文，为教学和科研目的，学校可以将公开的学位论文或解密后的学位论文作为学术资料在图书馆、资料室等场所或在校园网上供校内师生阅读。此外，学位论文著作权拥有者在行使其著作权时不得损害大学享有的权益。

当前，相当数量的有培养博士和硕士研究生资格的高等院校和研究机构，特别是一些学术地位较高的高等院校，例如北京大学、清华大学、复旦大学、辽宁大学、吉林大学、山东大学、浙江大学、武汉大学、四川大学以及中山大学，已经制订了有关规章制度，要求博士和硕士研究生离校前必须在提交博士或硕士学位论文的同时，填写论文著作权授权书。其形式大体相近，可以南京大学、复旦大学和西安交通大学为代表。

南京大学于2004年建立并实行了博士、硕士学位论文电子版与纸质版同时呈缴的制度。其规定纸质版学位论文由校图书馆保存，不提供外借服务和论文全文复印（除作者外），利用者若提出复印论文章节要求，应登记所复印页码，图书馆负责保存登记档案。电子版学位论文（无密级）通过IP地址识别系统或者访问密码控制等技术措施来实现用户控制，以保护论文作者的合法权益，并为校内用户提供网上元数据查询和全文利用服务，为存在馆际合作关系的兄弟院校用户提供文献传递和交换服务。

复旦大学关于研究生学位论文著作权的规定宣称，复旦大学拥有在著作权法规定范围内的学位论文的使用权，其中包括通过答辩的研究生必须按学校规定提交学位论文，学校可以采用影印、缩印或其他复制手段保存研究生上交的学位论文。为教学和科研目的，学校可以将公开的学位论文作为资料在图书馆、资料室等场所供校内师生阅读，或在校园网上供校内师生阅读、浏览（涉密论文解密后遵守此规定）。根据《中华人民共和国学位条例暂行实施办法》，向国家图书馆报送可以公开的学位论文。复旦大学同时规定，学位论文著作权拥有者在行使其著作权利时，不得损害复旦大学享有的权益。

西安交通大学在关于本校研究生学位论文使用的最新规章中规定，纸质版学位论文保存在图书馆学位论文阅览室，不提供外借服务，读者如需查阅，可在学位论文阅览室阅读，不得以复印、扫描等任何方式进行复制。不向其他高校提供文献传递服务。电子版学位论文由作者在线提交至图书馆，用以建设本校学位论文数据库，并且在图书馆内指定的计算机上，读者可以浏览5年前的电子版学位论文全文，但不提供下载和打印服务。而图书馆不提供最近5年电子版学位论文全文的浏览服务，读者可以在线检索和浏览论文标题及摘要。如需查阅全文可到学位论文阅览室阅读纸质版全文，不得复印和借出①。对于保密学位论文，也作了单独的规定。

（2）有偿获取

这种方式强调以自愿为基础，以各种有偿方式为手段，获取学位论文使用权。该方式比较适合以网络传播为基础的全方位信息资源共享。以各种形式各种等级的报酬，换取学位论文使用授权，最直接简便和有效的方法，是与著作权拥有者（个人或集体）商谈，就相关条件达成一致，并签订协议书。这是目前商业性数据库采取的方式，取得了明显效果。此外，以征集方式有偿获取学位论文全文及其使用权，也是一种使用比较普遍的方式。北京大学和清华大学的学位论文数据库建设，都借用了这种方式。

北京大学博硕士学位论文库（PMDD）是《中国精品学位论文全文数据库》重要的组成部分,主要收录北京大学应届和往届毕业研究生的学位论文。近年，北京大学博硕士学位论文库主要依靠给予学位论文著作权拥有者现金和读书卡的方式，获取学位论文使用授权。

3.4 我国学位论文管理的现状分析

3.4.1 国内外学位论文管理体制和服务方式的比较

通过对国内外学位论文管理和服务体系的调研，发现相关国家或地区在学位论文呈缴收藏的法律法规制定、制度建设、运行机制、服务方式层次、电子化推进计划、版权解决方案等方面有不同的做法，各有优缺点，值得我

---

① 陈智峰,陈无风.共识背后的分歧——研究生学位论文的著作权刍议[J].学位与研究生教育, 2008 (12): 51-55

国在重新设计和完善国家学位论文服务体系方案时进行参考和借鉴。

3.4.1.1 法律法规

国外学位论文国家层面或国家范围的管理体系及法律法规建设情况主要分为三大类。一类是如德国、葡萄牙和韩国等在国家法定送存法（Legal Deposit Law）或相关的法规中明确指出和规定学位论文必须全部呈缴到指定的学位论文国家法定寄存和收藏机构，作为国家信息资源和文献储备，执行全民信息平等获取的国家使命。另一类如加拿大、澳大利亚、日本等国家，虽然国家法定送存法（Legal Deposit Law）没有规定学位论文必须寄存到指定机构，但是为了有效保存学位论文，提高其使用价值，纷纷以国家为主导，建立国家层面的学位论文服务计划或电子学位论文计划，广泛吸收大学、科研机构加入计划，开展国家范围的学位论文集中收集和数据库建设工作。第三类如美国、英国等国家，由于历史原因和国内法律体系的复杂性，没有法定的学位论文呈缴管理制度，但国家图书馆为了更好地完成国家文化遗产长期保存的使命，正确行使信息公开获取和全民共享的职责，主动开展学位论文的收集、加工和服务工作。

从上述三类国外学位论文管理的国家立法情况分析，第一类的国家立法是学位论文体系建设最理想、最科学合理的模式，从体系的顶层用法律法规的方式进行明确规定，指定学位论文永久收藏和保存机构，建立长期稳定的学位论文收集保存渠道，形成极其完整的资源保存。此类模式的优点是权威性强，资源完整性有保障，操作简单，责任明确，监控有力，能够为学位论文管理的后续法规政策、管理办法的出台和执行提供依据，极大地简化了学位论文管理中的一系列工作程序，降低了体系的建立和推动难度，清除不必要的障碍。其他两类模式虽然能够在学位论文的参与机构和收集数量上达到一定的规模，覆盖一定的范围，但由于属于自愿参与，用协议和责任约束学位论文的呈缴和服务行为，因此不能保证通过此类计划和收集行为，建立起完整齐全的学位论文资源体系和稳定规范的管理体系。学位论文国家计划或学位论文的自主收集无论如何无法替代学位论文的国家法定寄存作用和效果，在收集范围的完整程度、收集数量的齐全性、学位论文使用的开放程度等方面都会留有很大的缺陷和遗憾。

我国学位论文的管理制度目前采用国务院学位办和相关部门联合发文，以文件的形式要求和约束学位论文产出单位将学位论文报送到指定机构的方式，没有国家明确的学位论文呈缴法律。

我国学位论文的法定收藏体系从 20 世纪 60 年代以来一直采用部委红头文件的形式进行推动和约束，至 1986 年，已经先后五次下达有关法定呈缴和收藏规定，最后一次下达的规定至今已有 20 多年，始终没有进行重申和完善，随着学位论文产出数量的飞速上涨，原有规定已经不能满足当今电子化发展的需求。而且原有文件只能算作部门级的规定，离用法律形式建立国家学位论文服务体系的模式还相差甚远，政策实施的严肃性和权威性目前已受到严重挑战，可操作性和执行力度也严重滞后，造成目前法定收藏单位对学位论文收集范围不全面、数量不完整、时效性差、稳定性和连续性不足、争议不断等诸多问题，究其根源主要是缺少国家立法来保证学位论文体系的正常发展。

3.4.1.2　学位论文呈缴与收藏

在颁布学位论文法定寄存法的德国、葡萄牙、韩国等国家，均指定唯一一家机构作为学位论文的法定收藏机构，而且指定的都是国家图书馆。我国台湾地区法定寄存法指定的学位论文收藏机构是台湾图书馆。在一些未实行学位论文法定寄存法的国家，其实施的国家学位论文计划中一般也指定一家机构作为学位论文的指定收藏机构。

而我国目前规定的学位论文收藏机构有三家，分别是国家图书馆负责收藏博士学位论文，中国科学技术信息研究所负责收藏自然科学领域硕士及以上学位论文，中国社会科学院图书馆负责收藏社会科学领域硕士及以上学位论文。

在法定收藏或自主收集学位论文的载体形态方面，目前绝大部分国家均为纸质版，美国国会图书馆也鼓励和收集缩微版学位论文。但是，随着信息技术的发展和普及，目前国外有很多大学等学位论文产出机构都开始采用先进技术，建立或正在尝试建立本单位学位论文的网上收集和发布系统，自动收集学位论文的元数据和全文数据，产生了越来越多的原生数字化学位论文资源。可以预计，未来无论是国家法定收藏机构还是自主收藏机构，都会逐步开始收集数字化学位论文。

我国三家学位论文法定收藏单位目前规定仅收集纸质版学位论文，但有些学位论文产出单位出于各种原因只呈缴电子版学位论文，有些单位在呈缴纸质版学位论文的同时，自愿地以软盘、光盘等形式交送电子版学位论文。

显而易见，一个国家只指定一家机构作为学位论文法定寄存和收藏单位是科学合理、简单易行的做法。单一机构的学位论文法定收藏能够充分体现国家学位论文集中保存制度，强化学位论文资源的国家管理，明确学位论文的管理职责和权限，简化学位论文呈缴的程序并缩短呈缴流程，减少学位论文呈缴单位的工作量，有利于学位论文的统一保存保护，同时也有助于学位论文的规范加工、集成发布、统一服务和整体的开发利用。

由于历史原因，我国的学位论文由三家法定收藏单位分工收集保存，增加了学位论文产出单位的负担，也增加了国家学位论文法定收藏的协调、管理和监督的难度。但是，我国学位论文法定收藏三足鼎立的局面存在已久，各家经过几十年的积累已收藏了数量巨大的纸质版学位论文，投入了巨大的人力、物力和财力，具有了丰富的学位论文管理和服务经验，拥有固定的用户群体。如果不顾这些现实，理想地参考国外的做法，硬性地改变目前的法定收藏格局，将学位论文的法定收藏单位由三家变成一家，会对现在基本稳定的学位论文法定收藏制度、收集渠道、资源格局、服务模式造成不必要的冲击，也不利于学位论文资源的连续性建设和原有资源的安全保存及使用，造成资源、数据、服务、系统的割裂，置国家学位论文体系于混乱和断裂的危险之中。

3.4.1.3 学位论文收藏的管理运行机制

国外学位论文法定收藏的管理和运行机制方面的公开信息很少，对此方面进行比较研究难度较大。国外学位论文法定收藏机构都是由国家图书馆承担，例如德国、葡萄牙、韩国等国家。在没有实行学位论文法定收藏制度而是实施学位论文的国家层面计划或自主收集的国家中，一般也是由图书馆或大学承担主要的工作任务并得到政府的经费支持。例如：澳大利亚数字论文计划由联邦教育、培训和青年事务部提供资助，《加拿大论文计划》和《加拿大电子论文计划》由国家图书馆负责，日本的学位论文 NDL-OPAC 系统是由日本国会图书馆建立和运行。因此，可以说国外学位论文的收缴、保存和服务是作为国家公益事业来进行管理和运行的。作为非营利性机构的国家图书馆代表国家行使学位论文法定收藏、战略保存和公开服务的职责，承担学位论文的收缴、加工和有效利用的工作，而国家也向法定收藏单位提供法律法规、全额经费等方面的支持，这是国家管理和运行学位论文法定收藏的必然之路。

我国承担学位论文法定收藏任务的三家机构均为国家事业单位，在管理上纳入政府部门的管理渠道，在经费上可以得到国家的支持，在业务上作为公益事业运作，基本上能够解决学位论文服务体系的"温饱问题"。但由于各单位在学位论文法定收藏方面没有专门固定的经费渠道和单独的预算管理额度，长期以来经费投入严重不足。由于学位论文数量的快速增长和经费的匮乏，致使各单位在学位论文的完整收缴、良好保存、公益服务、开发利用、宣传推介等方面存在许多困难。

3.4.1.4 电子化计划与平台系统

随着因特网的兴起和发展，为了推动国家/地区层面的学位论文服务体系的建立，国外政府部门都相继资助或实施了相应的电子化学位论文计划。例如：2002年，日本国会图书馆启动了NDL-OPAC系统；葡萄牙国家图书馆启动了DiTeD计划——数字硕博士论文计划；加拿大国家图书馆启动了电子论文计划，支持加拿大学位论文的电子出版；澳大利亚出台了澳大利亚数字论文计划，由联邦教育、培训和青年事务部提供资助；英国成立了大学学位论文在线集团（UTOG）。这些计划和系统的实施，作为一种扩充研究的电子手段，推动了学位论文资源的集成和服务，起到了良好的示范和推进作用，提高了学位论文的使用访问量，降低了收集和服务成本。

而我国近年来，只是在局部系统内推行电子化学位论文计划。清华大学图书馆牵头负责的CALIS学位论文体系，研制了学位论文提交平台，尝试DRM技术应用。中国科学院系统筹划建立了学位论文电子化计划。而在国家层面上还没有电子化学位论文计划，三家法定学位论文集中收藏单位都还沿用传统纸质本收集的渠道和服务方式，都没有建立论文提交、验收和发布平台系统。

3.4.1.5 服务层次和方式方面

学位论文服务分为公益服务和商业化服务两种类型，国外在最大限度地发挥公益性服务效用的同时，一方面推动学位论文产出单位间联盟共享计划的实现，另一方面鼓励商业机构参与学位论文资源的集成和开发。

作为世界上典型的网络版商业型论文数据库，PQDT 以其完善的服务流程、强大的检索功能、细致的法律保障及为用户量身定做的高质量服务受到世界上广大图书馆用户的欢迎。从 2001 年开始，在文摘库的基础上，ProQuest 公司开发了电子版的论文全文服务方式，向 160 余个国家和地区提供印刷本、缩微制品、CD-ROM 以及 Web 方式联机等诸多信息服务。服务方式多种多样，如传统邮购方式、出版发布服务、目录提供服务、副本提供服务、相应的指导服务（免费电话咨询），对大多数论文能提供内容完整的纸质版或缩微平片形式的论文原文副本。可以为用户量身定做，按其专业图书馆的收藏方针来选择专门学科的论文供订户收藏。根据读者指定的选择标准，将相关内容的论文信息自动发送给读者。此外，从 ProQuest 公司收到手稿至出版发布的时间通常只要 2 个月。自 2000 年起，所有收录在内的论文标题（Title）都有国际标准书号（ISBN），以便统一管理。该公司还是美国国会图书馆指定的收藏全美国博硕士论文的分馆，行使国家学位论文的收集典藏功能；也是加拿大国家图书馆指定的收藏全加拿大博硕士论文的机构。

而我国目前虽然已经出现了如三家法定收藏单位的公益性服务、CALIS 的联盟式服务及商业公司的商业化服务，但是服务的方式却仍显单一，主要还是以传统的到馆借阅和复制为主，全文网络服务的集成度还不高，特别是为用户量身定做的增值服务基本上还是空白。

3.4.1.6 学位论文著作权授予办法

国外对于学位论文的著作权归属问题界定得比较明确，不存在任何争议，明确规定著作权归作者而非学位论文产出单位所有，受著作权法的保护。尽管学位论文往往是在有关的专家、教授特别是导师的指导下完成的，但学位论文只能是个人作品，与职务作品、法人作品和委托作品不同，专家、教授和导师只是提出参考性的建议，并没有参与实质性的创作，不能算做合作作者。而学位论文的元数据等二次文献数据则没有著作权方面的问题。

国外学位论文授权途径有多种，目前比较常见的有以下两种模式：

（1）学位论文收集使用方与每一位作者签署授权使用协议。

（2）学校等单位与下属每一位作者签署授权使用协议，再由学校作为代理与学位论文收集使用方签署相关协议。

版权问题解决方式从学位论文数据库运作方式角度分为商业模式和非商业模式。商业模式的代表为 ProQuest 公司，非商业模式的代表为 NDLTD 和英国大英图书馆。

ProQuest 公司 1999 年与美国版权局和美国国会图书馆签署协议，有权收集并与美国版权局一起存放论文。协议对整个流程都做了详细的规定，学校等机构在取得学生授权后，可以整体和 ProQuest 签订协议，学校也可建立自己的论文库，集成资源。

NDLTD 与学生签订非专属授权协议，其拥有保存和使用电子学位论文元数据的权利，包括使用这些元数据进行非商业目的的检索权利；协议分为 3 种：论文在全球范围内免费开放、只允许联盟成员访问、只允许联盟成员访问指定内容。

英国的博士论文作为非正式出版物受版权、设计和专利法案保护，该法案禁止在没有版权人同意的情况下发表论文中的任何重要部分的内容。学位论文的版权属于作者，但当研究过程开始时，在研究者和授予机构之间这种所有权可以通过书面协议进行明确的或是承诺部分的转让。大英图书馆要求作者与其签订协议，内容主要有在需要时允许其拷贝博士论文，并把它们出借或出售给个人或图书馆，大英图书馆提供的拷贝与原作品一样受法案的同等保护；大英图书馆向作者提供销售利润的 10% 作为版税，每年支付一次。①

在国内，由于制度背景的复杂性和法律法规的滞后和不严密，解决学位论文在服务和开发利用过程中涉及的著作权问题比较复杂和敏感。对学位论文的著作权归属问题也一直存在争议，主要不同意见是在中国特色的教育体制下，学位论文的著作权所包含的版权、网络传播权和使用权等权益是否可以归双方共同所有。目前，我国学位论文在服务过程中按照国家著作权法中规定的合理使用原则进行操作，但很多时候执行不力。而在学位论文的开发

---

① 张学福,孟连生.论国家博硕士学位论文数字资源保障体系建设[J].中国图书馆学报,2005(5):66–69

利用和产业化运作过程中，一般是开发方采取与各个学位论文产出单位分别洽谈本单位整体学位论文使用授权许可的方式，而不是从作者个人获得使用授权，相当于单位集中代理学位论文作者的使用许可。而实际上学位论文产出单位并不一定从作者处获得了这种代理授权，采取的是模糊处理的办法，并不严谨和慎重，各方的权益并不能得到充分的保障，无法实现多赢的局面。

3.4.2 我国学位论文管理与服务存在的问题

在学位论文管理和服务的过程中，制度设计、体系建设、政策法规环境的完善是国家学位论文收缴、保存和服务体系建设的根本基础。多年来，有关管理部门、学位授予单位和保存单位对学位论文的呈缴制度、收藏原则、管理规范、传播方式、传播手段、发表权、传播权等进行了一系列的研究探讨、管理和实践。但由于相关政策文件的法律权威性和执行力度不够，同时随着我国改革开放的深入，高等教育体制和科技体制发生了很大的变革，使国家层面上对学位论文的统一管理和服务遇到了诸多的问题和困难。主要包括[①②]：

（1）学位论文管理的集中度不够高

目前，国家学位论文法定收藏实行中国科学技术信息研究所、国家图书馆和中国社会科学院图书馆三家机构"分工分藏"的政策，即按文理分工，又有博硕之分。但三家机构之间的分工界限和范围无法得到严格控制，收藏的学位论文有交叉和重复现象，而又没有进行集成共享，进行国家层面整体学位论文资源的系统整合、统一揭示、安全保存和集成服务。除上述三家单位外，还有其他系统和商业单位也收集学位论文，这容易形成业务资源的浪费和相互之间的不良竞争。因此，学位论文资源收藏体系的集中度有待进一步提高。

（2）学位论文的呈缴制度不完善

现今采用的国务院学位办文件发布日期较早，规定不够详尽，特别是与学位论文产出数量激增、信息技术的发展和网络普及的发展现状不相适应，对各单位应在什么时间内，以何种方式将应届硕士、博士毕业生的论文留存

---

① 贺德方,曾建勋,张敏.中国学位论文收集与服务系统的构建[J].情报学报,2009, 28(4):634-640
② 贺德方,姜爱蓉,曾建勋,等.国家学位论文资源管理现状及其对策研究[J].情报学报,2006, 25(5):531-539

和呈缴，呈缴的形式与份数，学位论文的分类呈缴（涉及学科、专业划分等问题），留存收藏单位应该及时做哪些必要的处理工作（涉及论文数据编目、分类、保存、流通）等缺乏详细的规定。迫切需要进一步明确学位论文呈缴制度的存在依据，加强制度和法规的权威性，使学位论文的呈缴规定成为动态的规范，较好地适应中国科技创新体制、中国学位授予制度以及中国研究生培养机制不断改革、递进的形势。

（3）学位论文收藏的完整性存在缺陷

经过调查发现，国家学位论文三家法定收藏单位对各自负责的领域范围之内的学位论文收缴的完整性都存在着不同程度的缺陷，收集的齐全率最高也没有超过90%，低的甚至只达到40%～50%，没有做到应收尽收。虽然国家法定收藏的学位论文资源体系毫无争议是国内最权威、规模最大、相对最完整的资源体系，但是由于完整性的缺陷，无法作为国家学位论文的长期战略保存体系，不能很好地承担学位论文安全保存和有效保障的国家使命和功能。

（4）国家学位论文的安全保存受到一定威胁

由于学位论文资源在各家法定机构的物理保存条件、资源组织和描述、资源的标识和揭示、文献的使用频率和方式方面存在差异，不但使学位论文的纸质版资源的保护与保存受到一定影响，而且使学位论文的数据安全受到很大威胁。数字资源整合和集成的滞后和先天不足，为今后学位论文的数字化管理和知识化服务留下隐患。

（5）学位论文资源的检索和使用缺乏方便性

分散的学位论文收藏和管理体系也为学位论文的服务和利用带来了不便。一方面是各个机构的学位论文信息发布和检索系统相互独立，功能不一致，揭示程度不同，没有相互连接，缺乏互操作性，造成用户在查找学位论文时需要分别了解和掌握不同的资源体系和检索系统，给学位论文的查询、甄别和选择带来很大困难，与用户为中心的一站式检索服务理念格格不入。另一方面，各家收藏机构对学位论文的借阅和使用的限制做法不一致，有的机构对学位论文的复制利用完全放开，有的则只允许进行前16页的复制，有的机构则干脆不对外服务，造成学位论文的资源发现和资源使用标准不一致，给用户造成很大困惑。可以说学位论文的分散管理对用户使用人为造成了很大

| 3 我国学位论文资源管理状况与分析

的不便。

（6）学位论文标准不一，缺乏集成揭示

目前，《CALIS高校学位论文全文数据库》数据规范在DC基本元素基础上，在元素修饰词方面作了一些扩展，主要增加了2个元素，一个是Degree元素，用来描述与学位相关的信息，如学位名称、学位授予单位等；另一个元素是Location，用来描述馆藏地。国家图书馆的学位论文文摘数据库采用CNMARC作为著录标准。中国科学技术信息研究所的中国学位论文数据库（文摘版）采用CCFC格式作为著录标准。中国社会科学院图书馆建立的学位论文馆藏题录数据库采用CNMARC格式作为著录标准[①]。国家科技图书文献中心学位论文数据库的格式设计以DC为基础设计了元数据格式进行存贮管理[②]。中国科学院在学位论文数据库的格式设计方面遵循NSTL的标准。CADAL在学位论文数据库的格式设计方面以DC元数据为基础，并作了一定程度的扩展，主要增加了3个元素："Copyright Owner"，用来描述学位论文的版权所有者；"Create Centre"，用来描述电子学位论文的加工单位，其实质上是一个管理元素；"Location"，用来描述学位论文的馆藏机构[③]。

可见，各系统、各机构采用的元数据标准未完全统一，一些机构的学位论文元数据加工不规范。我国的大多数博硕士学位论文由高等学校系统产出，元数据揭示不够。中国科学技术信息研究所、中国科学院文献情报中心等虽然元数据揭示较好，但在全国范围的集成揭示元数据系统没有形成，用户不能有效地获知有哪些学位论文符合其信息需求。我国虽然已经建立了多个学位论文文摘、全文数据库，但各家书目文摘、全文数据库标准不统一，相互间无法直接进行互操作，不便于学位论文资源的共享。

（7）学位论文的知识产权问题难以统一解决

博硕士学位论文一般不在正式刊物上发表或经出版社出版，但它同样具有版权，《中华人民共和国学位条例暂行实施办法》等文件明确规定了学位论文的所有权。目前收缴的学位论文密级确定和解密制度不规范，适用范围和版权归属不明确，没有统一的法律解释和相关规则。而学位论文资源的分散

---

① 贺德方,姜爱蓉,曾建勋,等.国家学位论文资源管理现状及其对策研究[J].情报学报,2006,25(5):531-539
② 张建勇.文献数据库数据加工规范[M].知识产权出版社,2009
③ 王莉.基于XML的学位论文元数据交换标准研究[J].现代图书情报技术,2007(6):66-69

管理、各自为政、互不协调，使学位论文服务中知识产权问题雪上加霜。此外，网络条件下的资源共享打破了以往纸质版学位论文一对一的借阅服务格局，既要最大限度地广泛利用学位论文资源，又要有效地保护知识产权，限制用户自由利用和违规传播。因此，如何在不违反知识产权的前提下，开展学位论文共享活动，是当下需要认真研究的问题。

（8）国家层面上的学位论文统一管理和数字化服务工作进展缓慢

目前，学位论文的分散和垄断的管理状态不适应新形势对学位论文的广泛需求。一些学位论文提交、存储、检索、传递系统彼此独立，查找和使用学位论文全文仍旧十分不易，学位论文的管理和服务处于一种相对封闭和分散的状态。近年来学位论文的年产出量虽然随着研究生的扩招而俱增，然而，学位论文的重复收集和资源争夺、行政渠道弱化和商业行为介入招致的资源流失、资源部分缺失，也造成学位论文保存体系的缺陷和漏洞日益严重，并威胁到学位论文的国家战略保存、安全管理和公共服务。

4 我国学位论文资源管理框架研究

博硕士学位论文是国家的战略信息资源之一,国家学位论文管理体系是国家信息基础结构建设中的一个不可缺少的重要组成部分。在国家科技图书文献中心已初具规模,国家科技文献信息资源与服务平台已规划建设的现今,我国一直没有建立起国家层面的学位论文管理体系,没有出台国家层面的学位论文资源收藏保存制度和学位论文合理利用机制。这种状况与学位论文的重要性以及科技创新活动对它的迫切需求极不相称,改变我国学位论文收集不全且共享利用率低的局面,尽快建立起国家学位论文管理体系成为一项必要和迫切的任务。

4.1 我国学位论文资源管理的思路与原则

4.1.1 我国学位论文资源管理的总体思路

在调研国际上学位论文资源发展趋势,分析我国学位论文资源管理现状和条件,展望未来发展对学位论文资源需求的基础上,提出国家学位论文资源管理的总体思路是:统一认识、广泛联合、总体布局、虚拟集中、优势集成、规范运作、共建共享。首先要出台相关的法规政策统一认识,广泛联合各部委系统、各大图书情报机构和学位论文的产出单位共同参与建设。盘活学位论文资源的存量,持续稳定地扩大增量。在全国范围内统筹建立起学位论文资源的共建共享体系(论文收集、加工和保存);学位论文信息的公益性服务体系(目录检索+文摘);学位论文全文的非营利性服务和商业性服务相结合的保障体系。依托具有资源优势或者技术优势的机构建立"国家学位论文中心",作为对学位论文进行长期战略保存的保障基地。依托学位论文的产出单位和现存的三家法定收藏单位,建立起元数据集中检索,全文分布获取、分级保障的学位论文公共服务平台。并对已存在的、分布异构的学位论文系统的资源进行整合，实现最大程度的资源集成与共享。

国家学位论文资源管理的基本框架见图4-1，主要由学位论文管理体系和标准规范体系、学位论文资源布局和收集加工体系、学位论文服务体系构成。其中，管理体系和标准规范体系属于管理机制范畴，资源布局和收集加工体系是在合理布局和保存的基础上，由收集平台、整合加工基地构成，服务体系由集中揭示平台、分布保障系统构成。

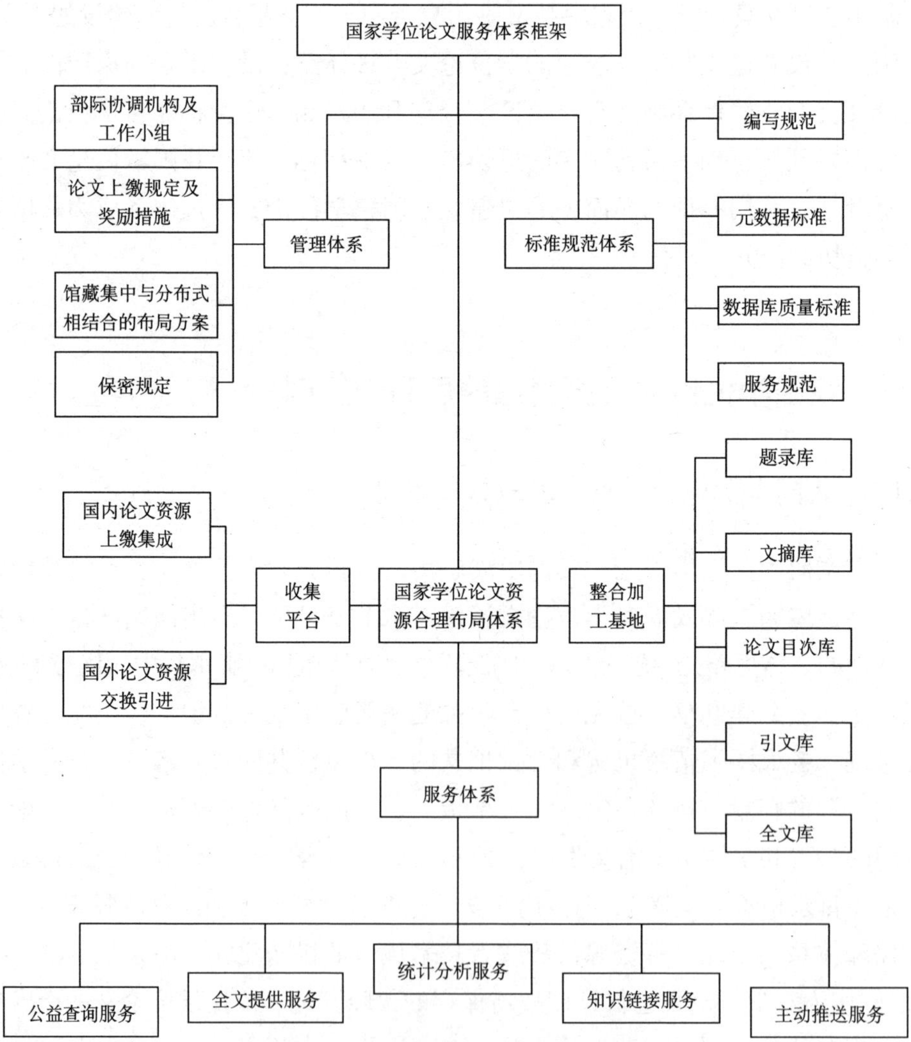

图4-1 国家学位论文资源管理框架

4.1.2 我国学位论文资源管理的原则

（1）国情原则

国内外成功经验表明，在网络环境下，采用统一政策、统一标准、统一规范等措施后，实现物理资源分布式收藏、数字化资源集中整合，通过网络对外服务的新模式，可以更有效地进行交流利用。我国学位论文资源管理框架要充分考虑到已有的三家法定收藏单位的历史现状和国内学位论文产出单位的发展状况，符合我国学位论文管理现状和历史沿革。充分利用已有基础与优势，发挥已有资源的效益，从国家整体利益出发，将历史与现实联系起来，充分尊重各类物理文献资源的分布现状，维持现有的学位论文收藏和服务格局，保持现有格局的延续性和完整性，优势互补和开放联合，调动各方面的积极性，实现网络环境下的共建共享。

（2）规范原则

学位论文资源管理要坚持执行统一的标准规范，建立完善的学位论文资源整合与集成服务实施的标准体系，如统一的用户界面、数据格式、数据库建设规则、信息交换协议、馆际互借协议等；数据加工处理采用各种国际标准、国内标准，以确保资源共享，基于网络的资源整合及集成服务取决于信息技术的应用，其基本要求，一是技术的应用与信息技术和网络的发展同步；二是实施统一的技术标准。因此，在技术战略构建上，必然要求采用通用的标准化技术，实现整合和服务技术的优选组合，同时力求实施动态的标准化战略，对新技术的应用留有空间。要制订统一的管理和服务办法，如用户权限管理、馆际互借和文献传递规则、成本核算办法、经费结算办法等；还要制订评价考核措施，以切实保障各方面的权益，保证系统有序运行。

（3）效益原则

学位论文资源管理需要以服务用户为最高原则，进行宏观战略规划和微观业务管理。将通用平台和面向用户的平台接口解决好，使整合的资源能够通过具体的信息服务单位得以面向用户的重组，形成以用户为导向的学位论文的资源整合与集成服务机制，为学位论文共享服务提供空间。目前，基于网络的垂直门户网站、信息推送、数据挖掘、知识重组、智能代理、虚拟数据库服务和基于用户体验的信息构建服务，应在学位论文资源整合与集成服务基础上发展。在战略上，应将服务业务的拓展与资源建设相协调，以此推动面向用户的集成化信息服务的发展，实现各相关机构所拥有的学位论文资源的开放交流、虚拟集成、完整揭示和联合服务，降低资源采集、加工和服务的经济成本。在满足当前学位论文资源获取需要的同时，保障学位论文的长期、方便、可靠和稳定地利用，提高全国范围内学位论文资源的战略储备以及公众获取的社会效益。

（4）整体化原则

学位论文资源整合与服务必须打破部门的限制，构建社会化学位论文资源整合与服务组织，实现跨系统的资源共建共享，以网络技术平台的使用和专门性信息资源与服务网络融合为基础，构建支持国家可持续发展的集成服务平台，解决各系统的互联和协同服务问题。

（5）利益均衡原则

学位论文的资源整合利用和服务组织的社会化使用，必然涉及国家安全、公众利益。实现学位论文共享中的权益保护，涉及图书情报服务机构、资源提供者、组织者、用户以及公益性服务以外的网络信息服务商、开发商的权益。保证信息安全，是构建学位论文整合与集成服务的关键，需要有效的法规、行政管理和社会化监督作保证，创造良好的社会环境。①

4.2 我国学位论文资源管理的格局

4.2.1 我国学位论文资源的总体目标

国家学位论文资源管理是国家科技文献资源建设与共享服务平台的重要保障。国家学位论文资源管理的总体目标是构架国家学位论文的收集加工、整合集成和共享服务的总体框架，使我国目前"分散无序"的学位论文资源以及"各自为阵"的学位论文服务全面纳入到国家整体规划的服务体系中；拓宽学位论文采集的渠道，提高学位论文传播利用的水平，形成整体保障优势和保障能力；建立起集中检索、分布获取、分级保障的国家学位论文服务

---

① 贺德方.国家学位论文资源共享体系研究[J].情报学报, 2007(3):435–441

网络，满足社会发展对学位论文资源整体性和多层次的信息需求。

总体目标下的分项目标包括三个方面：

（1）为国家学位论文资源的收集加工和组织管理构建良好的政策环境。包括重新确认国家关于纸质版论文呈交的相关文件，针对电子版学位论文发布新的管理办法和呈缴制度。

（2）为学位论文资源的传播服务和整合利用构建有效的运作模式。探索学位论文公共服务和共享服务的机制，形成一个整体布局、技术先进、高效稳定、安全可靠、多层次、多功能、基于网络的学位论文服务体系，广泛服务于科技创新和研究生培养。

（3）研究制订学位论文收集、加工、保存的相关标准规范和操作程序。为学位论文的编写制订标准规范和实用模板，为学位论文数字化加工和网络收集确定体系框架和技术标准。实现学位论文的数字化或网络化收集和学位论文数字资源的集中式长期战略保存。

4.2.2 我国学位论文资源的主要功能

为了实现国家学位论文资源管理的总体目标，在进行体系框架设计时，重点突出学位论文资源的集成与整合，多途径、全方位的信息检索，相关数据和信息的统计分析和综合评价。

（1）学位论文资源的集成整合功能

长期以来，绝大部分的学位论文都是以纸质版方式保存，由于缺乏有效的管理制度和运行机制，纸质版学位论文未能得以完整收藏，提供的服务也非常有限。近十几年来，虽然有一些机构团体开始建立学位论文文摘索引和书目信息数据库，但大多数是从自身的需要出发，只限于收集本系统和本单位的学位论文信息。用户检索查询之后，仍然不能直接提取或在线阅读全文。最近几年，一些高等院校和学术机构开始建立学位论文的全文数据库，但基本上只面对本单位用户提供服务。因此，从整体上来看，目前我国学位论文的收藏和服务基本上依然是靠传统手工方式，效率低，工作量大，导致对外提供的服务内容、服务范围、服务对象有限。国家学位论文资源管理需在国家战略发展的层面上统筹规划学位论文资源的整体布局，加快学位论文电子化、网络化步伐。既要考虑到"原生"电子版学位论文的网络提交方式，也要兼顾到纸质版学位论文的数字化回溯收集方式,还要实现对现存学位论文服务系统资源的集成整合。形成学位论文规范有效的成果积累机制,保证学位论文档案的完整性和连续性,进而保障教学和研究的延续性和循序渐进性。

(2)学位论文成果的查询利用功能

我国的博硕士学位论文除少数正式发表或出版外,绝大多数不出版,不易也未能被广泛交流和利用,是一次文献中传播最受限制的资料之一。而学位论文又恰是研究人员选择研究方向和确定研究选题的首选参阅文献。国家学位论文资源管理及其共享机制的形成,将会极大地推进学位论文的广泛利用。随着电子化学位论文系统的逐步建立,我国各大型学位论文收藏单位和学位授予单位大都建立了学位论文题录或文摘型数据库,将这些分散于各单位的学位论文元数据集中整合,剔除重复、冗余和劣质的信息,建立学位论文的元数据仓储与登记系统,提供一个统一的、包含多种检索方法和途径的用户界面,通过NSTL等公共服务平台,面向社会提供即时、完整的学位论文目录查询和资源发现服务,实现对分布、异构的学位论文信息的整合检索和揭示,避免用户在不同的信息空间来回切换,将极大地提高用户的使用兴趣和使用效率。这样既为学位论文战略集成储备构建了良好平台,又为学位论文资源的公共获知开辟了一条绿色通道。

(3)学位论文数据的分析监控功能

研究生的培养质量既是一个学校人才培养质量的标志,也是学校科学研究水平和创新能力的标志,而学位论文是研究生培养质量和学校研究水平的综合集中反映。对学位论文的检验和评价是衡量研究生培养质量的最基本的"监控"手段。在对学位论文元数据信息进行集成整合后,依据一定的需要或目的,对数字资源系统中的数据对象进行文献统计、分析和评估,对其功能结构及内涵关系进行融合、类聚和重组,重新结合为一个新的数字资源体系。一方面可以加快重点学科专业的知识导航服务,另一方面,按行业、地区、单位和学科进行综合性分析,可及时了解学位论文产出状况,获得研究生培养过程中科研发展的状况报告,供有关管理部门决策时参考。这样有利于形成学位论文质量的监控体系,检验和评价学位论文的真实性和学术创新性,倡导诚信务实的科学精神,提高科学研究的原始性创新能力。

4.2.3　我国学位论文资源的配置管理

从总体上看,国家学位论文资源管理框架应该以发展和需求为导向,体现国家意志的整体布局和长远规划,推动"分散无序"的学位论文资源按照统一的"标准规范"进行收集与整合,形成国家战略信息资源。我国学位论文资源的存量、分布状况、资源形态及其价值优势决定了迫切需要统一规划学位论文资源的总体布局。建议按照学位论文的物理形态和数字形态、元数据和对象数据进行分别部署和分布储藏,通过社会信息化"基础平台"收集上缴,在国家集中收藏的层面上分门别类地进行组织整理,形成题录、文摘、论文目次、引文和全文等深度不同的学位论文资源体系,支撑国家学位论文资源的存量盘活、延续积累、动态更新、有效利用以及开放式服务。

4.2.3.1　学位论文资源的整体收藏布局

国家学位论文资源收藏布局应建立在资源合理组织、分布收藏和集中保存的基础上。考虑到我国已经形成的国家三家法定收藏单位的历史现状,建议采取以集中收藏为主,分布存储为辅的国家学位论文整体布局方案(见图4-2),以保持国家收藏和服务工作的延续性、系统性和完整性。在国家层面上,以目前三家法定收藏单位为重点,在国家规定的领域内集中收集纸质版学位论文和电子版学位论文,形成集中收藏和服务中心;组成"国家学位论文中心",整体收藏全国范围内数字化的学位论文全文,承担电子版学位论文长期战略保存的重任。在高等学校或研究院所层面上,按部委系统或区域联盟组建分中心,辐射到全国有研究生培养资格的机构。从基层的高校或者研究机构收集纸质版学位论文和电子版学位论文,形成基层单位的收藏和服务平台。

学位论文资源分实体资源(纸质版论文)和数字资源(数据库),数字资源又分为元数据和对象数据,可分别进行加工处理和收集。针对学位论文实体资源,重申国家已有的管理文件,继续上缴三家法定收藏单位保存并由其负责进行数字化回溯加工。推荐学位论文产出机构在本地保存纸质版论文,逐步过渡到用电子版论文替代纸质版论文。针对学位论文数字资源,需要发布新的国家管理文件,建立起基于网络的学位论文呈缴制度。学位论文的产出机构在本地建立学位论文提交与发布系统,也可按部委系统或者地区联盟建立学位论文提交与发布子平台，有效地保障研究生在毕业之前能及时地将"原生"的电子版学位论文全文和元数据提交到培养单位。三家法定收藏单位采用数字图书馆互操作技术在规定的领域内自动收集论文元数据和通过网络文件传输技术批量收集论文全文。无论是数字化回溯的全文，还是自动收集的学位论文全文和元数据，由三家法定收藏单位批量提交到"国家学位论文中心"。

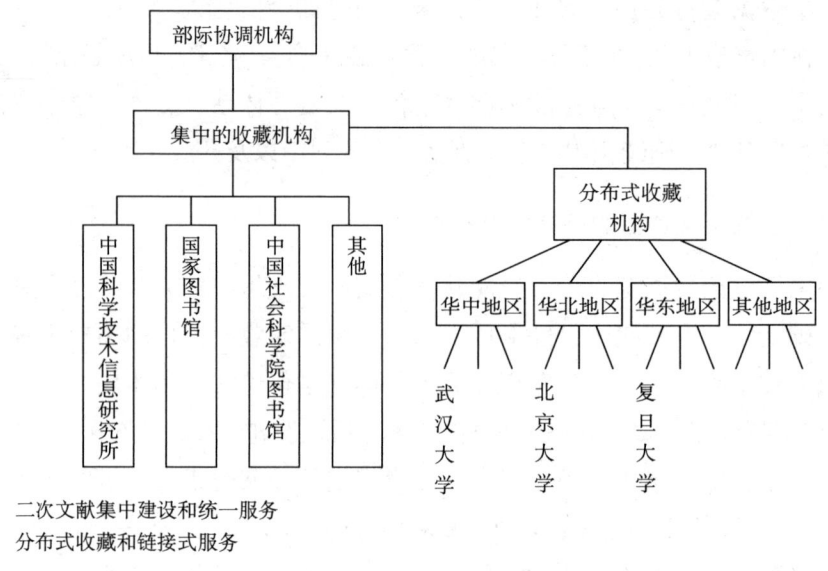

图 4-2　国家学位论文整体布局方案示意图

"国家学位论文中心"的建设可以采用依附于 NSTL 的模式，即相当于学位论文国家收藏中心不再单独建立机构。也可以依附于三家法定收藏单位之一。"国家学位论文中心"以学位论文资源长期战略保存为主要任务，提供国家层面公益性服务，运行费用由国家投资。

采用自下而上、分层收集、物理分布、逻辑统一的学位论文资源的收藏模式，在整体上形成集中收藏与分布存储的资源格局。这样的格局为提供元数据的集中检索服务和全文的分布保障服务创造有利条件，也为学位论文的集中收藏和长期战略保存奠定良好基础。①

4.2.3.2 学位论文资源的采集与整合

学位论文资源的采集与整合涉及的单位很多，需要从国家大局出发，制订科学合理的采集与整合方案。借助新信息技术手段，开发实用的应用软件，提高采集与整合学位论文信息的处理效率。

学位论文采集方式应坚持多种渠道并举，采取按国家规定上缴、个人自愿提交和单位共建共享三种方式结合进行。对于国家计划内培养的研究生学位论文全文，按规定上缴国家馆藏（三家法定收藏单位），作为国家拥有的学位论文资产，统一进行深层次的规范化加工处理，向上则纳入国家学位论文中心收藏，向下提供网络化的学位论文公益性保障服务；对于社会公益、事业单位拥有的学位论文资源，采用政府扶持、政策激励等方式，引导这些单位按照统一的标准规范加工处理所拥有的学位论文资源，在提交一份到国家学位论文中心收藏的同时，以参与或链接方式加入到我国学位论文资源共享系统中提供服务。对于非国家计划内培养的研究生学位论文，采取倡导开放使用和经济手段结合的办法，鼓励其上缴国家馆藏，进而纳入国家学位论文中心收藏，统一由我国学位论文资源共享系统提供服务。

学位论文整合方式坚持新技术导向，在国家层面上建立统一的学位论文注册、登记、上传和信息发布操作程序，遵循国内外数字图书馆相关标准，制订和开发规范化的学位论文编写格式和元数据标记的模板，在学位论文产出单位建立本地论文提交和发布系统，从学位论文产出的源头进行数据层面的整合，形成社会化、制度化、网络化的学位论文上缴通道。重视建立索引、文摘、论文目次和引文等二次文献的提交途径和整合平台，形成集中、全面、完整的学位论文二次文献资源揭示和组织体系。

4.2.4 我国学位论文资源的服务模式

与集中和分布相结合的资源收藏布局相对应，国家学位论文服务需要依照"共建共享、集成整合、分布服务、开放联合"的原则，满足不同读者群、

---

① 赵阳,周杰.国家学位论文资源状况调研与分析[J].情报杂志, 2006, 25(6):105-107

不同需求层次、不同需求方式等多方位的需求，在遵循知识产权和国家法规政策的前提下进行建设。对于二次文献（目录、题录、文摘等）以集中式、公益性服务为主，对一次文献（全文）以集中和分散相结合的非营利保障服务为主。整个服务体系采用开放结构，力求建成一个可集成、可定制、可互操作、支持用户在网络环境下可方便搜索、获取和利用学位论文信息的服务模式。

4.2.4.1　学位论文二次文献的共享服务

学位论文二次文献服务以"共建共享、公益服务"为指导思想，鼓励学位论文的产出单位、部委系统、区域联盟和大型文献情报机构建立本地、本系统的学位论文提交与发布系统，这个层面的系统均提供学位论文二次文献公益性的网络检索服务。由国家学位论文中心在收藏学位论文全文的基础上，承担或者委托其他机构建立完整的国家学位论文二次文献的公共服务平台，提供公益性的网络检索服务。依托公共服务平台，建立学位论文的元数据仓储与登记系统，实现对分布、异构的学位论文信息的整合检索和揭示，实现个性化和特色化的信息定制和推送服务等。通过本地系统、部委系统或区域联盟子系统以及国家学位论文中心的公共服务平台，构成一个分级保障的国家学位论文信息服务网络，面向社会提供即时、完整的学位论文目录查询和资源发现服务。基于国家中心的公共服务平台建立起学位论文资源的信息门户，实现用户的统一认证管理，包括对网络用户进行登记注册、权限认证、身份验证等，利用基于策略的用户管理系统，实现对用户使用情况的统计，进一步明确读者对学位论文需求的变化。

4.2.4.2　学位论文一次文献的保障服务

学位论文一次文献服务以"分布收藏、联合保障"为指导思想，基层的学位论文产出单位通过本地提交和发布系统为本单位或者同一联盟内的用户提供免费、公益性的全文网络浏览服务，对于我国学位论文资源共享系统的共建共享单位可以对等、互惠地提供学位论文全文的网络浏览服务。三家法定收藏单位在分工收藏学位论文全文的基础上，在国家规定的馆藏机构内部提供有权限控制的、公益性的全文浏览服务。对于国家规定的馆藏机构之外的用户获取学位论文全文，在个人学习、研究或教学的目的下，提供收取成本费用的、非营利的全文推送服务。①

一次文献的保障服务建立在二次文献的共享服务基础之上。用户在免费检索到需要的二次文献信息后，可以直接链接获取一次文献，通过开放链接技术，用户可以选择最适合的途径（免费或者收费）浏览学位论文全文。学位论文的一、二次文献服务都要严格遵守保密制度，有保密级别的学位论文在解密后才能对外提供服务。

4.2.4.3　学位论文信息的全方位整合链接

三家法定收藏单位在深化加工的基础上，建立联合的国家学位论文资源共享系统，提供跨平台的资源发现和开放链接检索，通过学位论文中论文与引文间的关联，各不同文献类型之间的作者、学科、单位等进行关联检索、知识链接、个性化定制、引文指标和增值信息服务，满足读者的高层次信息需求。进而采用知识本体技术对学位论文的内容进行组织和建模，在信息点之间建立复合关联，在分析知识要素的体系结构和展示方式的基础上，实现知识层面的聚类分析、有序组织、统计评价，使知识可链接、可关联、可展示。形成国家学位论文的知识网络和知识地图，建立用户可理解、可体验的知识服务界面。

4.2.5　我国学位论文资源的管理机制②

实现学位论文资源的整体收集和广泛服务，将促使其潜在的科学价值、社会价值和经济价值得到最大限度的发挥和增值，减少国家为同一目标重复投入，实现投资的最大效益。学位论文资源的高效利用，意味着国家对科技投入的增值。因此，要保证学位论文资源管理的有序建设与持续发展，需要重视管理体制和管理模式的构建，制订统一的标准规范和应用平台，建立健全共享的机制，创建资源合理布局和共享利用的新秩序。

---

① 陈传夫,刘婧,孙凯.学位论文开发利用中的知识产权风险与对策[J].图书与情报,2008 (4): 8–11,23
② 贺德方.国家学位论文服务体系研究[J].情报学报,2004(6):701–702

4.2.5.1 管理组织和机构

国家学位论文资源管理需要国家整体规划，从政府加强管理、跨部门协调实施的角度出发，分层面优化组织和布局。首先要重视确立协调领导与隶属关系以及管理权限划分等方面的制度和方法；其次要在组织结构设置上要尽量减少层次，增强统一协调的效能。

学位论文管理协调机构分为三层：

第一层为国家学位论文建设部际领导小组，是国家宏观决策层。由科技部、教育部等有关政府部门的领导联合组成，负责制定学位论文资源建设的发展战略和大政方针。

第二层为国家学位论文建设理事会，是学位论文国家中心的领导决策机构，由来自实体机构或组织的负责人联合组成。理事会对学位论文资源管理和服务给予指导、调控和监督。

第三层为国家学位论文中心，中心主任由理事会聘任，主要任务有两方面：(1)负责国家学位论文的资源管理，向成员单位下达理事会的决议、向理事会上传建设中出现的重大问题，促进和协调成员单位任务的具体实施；(2)负责国家学位论文中心的日常工作和公共服务平台的运行。在国家学位论文建设理事会层面下根据需要设立若干专业委员会，对相关方面的方案和规划进行论证和重大决策提供咨询。

4.2.5.2 政策与制度保障机制

学位论文资源管理涉及多方面的社会关系，需要建立健全相关政策与制度来规范学位论文收集、加工与共享的活动，理顺学位论文收藏与服务过程中的各种社会关系。

根据我国目前学位论文资源管理的现状，需要就学位论文资源共享制定一系列规章制度，例如：国家整体规划与协调管理的原则、学位论文馆藏收缴方面的管理制度、学位论文发布策略及其收费机制、学位论文服务体系建设规范、管理体制与组织机构的设定、部门间学位论文共享范围的分工与数据交换的义务、学位论文的知识产权保护与违法责任、学位论文管理的激励奖励措施、学位论文密级认定、共享服务评价与监督措施等。

4.2.5.3 运行保障与绩效评估机制

持续稳定的经费投入是维持资源管理与服务秩序的必要条件。对国家财政支持的公益性事业，可以通过核拨建设经费保证学位论文资源管理与服务的正常运行，并且建立经费随学位论文数量的增长逐年增加的联动机制，形成学位论文预算额度管理体系和财政经费单列渠道。随着经济、社会的发展，对一部分有产业化前景的，也可以逐步实现以商业运作模式支持学位论文的共享服务。对学位论文服务机构共享绩效的评价需要从服务能力与共享度，资源使用的科学、经济和社会效能，以及节支效益三个方面入手评估。

4.2.5.4 分类分级共享机制

学位论文资源存在无偿共享与有偿共享依存互动的两种运行方式，存在公益性服务和商业性服务两种模式，按照谁投资谁受益、谁创造谁受益的原则，实行分类分级共享的机制。

学位论文资源因其加工程度及其所表征的具体内容不同，用户的使用目的不同，学位论文的效用价值也有不同的体现，必然导致多样性的服务策略。因此，不仅要保证学位论文面向全社会的共享，而且要在确保国家安全和尊重相关知识产权的前提下，不同类别、级别，不同授权的学位论文采用不同的发布策略，形成良好的共享秩序。公益性学位论文服务，需要在版权要求框架内遵循合理使用原则进行文献复制和传递，或者获得作者在特定范围内的免费使用授权；商业性学位论文服务，需要建立行业自律规则，要求开发学位论文全文资源的机构与各学位授予单位和个人签订相关授权使用服务协议，获得作者授权，并给予作者版费补偿和一些优惠待遇。

学位论文共享的分级还需要从国家安全出发，确定学位论文的密级，并界定用户的范围及其索取方式，形成依照国家保密规定的保密论文监管机制。

4.3 我国推进学位论文管理的对策

4.3.1 建立国家学位论文管理机制的建议

学位论文作为一种重要的学位教育和科学研究参考资料越来越受到世界范围内的广泛关注和高度重视。为此，各国纷纷成立学位论文电子化提交和网络化服务的相关协调和指导机构推动本国电子学位论文的利用。世界上开展学位论文资源整合、共建共享和统一服务的成功案例之一是NDLTD。该系统采取建立统一的学位论文元数据集中服务系统平台，面向大学、图书馆、教师和研究生开展公益性的联合目录查询等服务。参建成员机构分散收藏学位论文，并根据本机构的情况开展服务。国内文献资源整合、共建共享和统一服务的成功案例之一是国家科技图书文献中心。该中心采取理事会领导下的中心主任负责制，根据国家发展的需要，收藏和开发科技文献信息资源，建立统一的系统平台，面向全国进行文献信息服务，为促进政府科学决策、科学技术研究、人才培养、高新技术产业发展提供服务。实践证明，通过理事会领导下的中心主任负责制的管理机制，能够在国家有限经费投入的情况下，充分体现国家意志，最大限度地整合国家信息资源，有效地提升信息服务效率和服务水平，最大限度的发挥资金的使用效益。

为了充分利用学位论文这种重要文献资源，为我国学位教育和科技事业营造一个良好的创新环境，有必要专门成立我国学位论文管理的协调和指导机构，组成国家学位论文资源管理理事会（图4-3）。理事会下设国家学位论文中心，该中心为虚拟机构。理事会是中心的决策机关，中心是理事会的具体办事机构。中心下设学位论文资源管理专业委员会、技术和标准化专业委员会和信息服务专业委员会，对学位论文资源管理进行专业咨询指导。

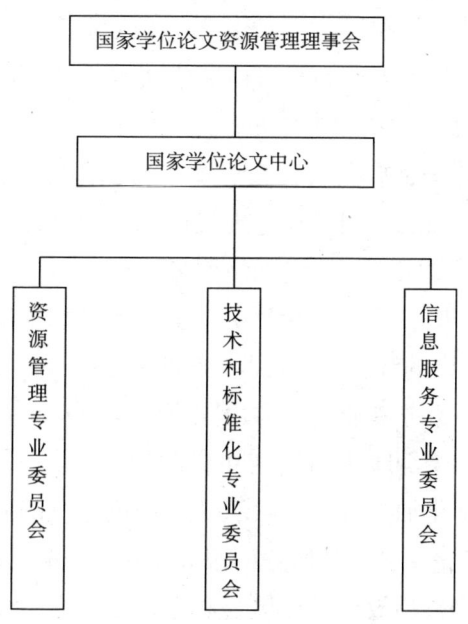

图 4-3 国家学位论文资源管理理事会图示

（1）国家学位论文资源管理的组织结构和工作职责

国家学位论文资源管理理事会由与学位论文相关的主要部门主管领导、三个国家法定收藏单位领导、各系统有关专家和著名科学家 11～13 人组成。工作职责是：确定学位论文资源管理的任务目标和战略规划；确定运行机制和投入分配办法；研究和落实国家经费投入、审批经费预算方案、监督经费使用、评估和考核经费使用效果；聘任、解聘、考核中心主任；等等。

国家学位论文中心由主任 1 名，副主任 1 名，工作人员 4～6 名组成。主任由各有关部门推荐或社会招聘产生，理事会聘任。工作职责是执行理事会各项决定，起草经费预算方案，制订年度工作计划，组织制订中心的规章制度，组织专业委员会开展学位论文的收集、加工和服务工作，以及理事会交办的其他工作。

学位论文资源管理专业委员会由三家法定收藏单位和各系统的文献专家 9～11 人组成。工作职责是在中心主任的领导下协调学位授予单位、国家法定收藏单位和学位论文作者之间的关系，确定知识产权问题解决方案，研究国家学位论文战略收藏体系资源布局，制订与学位论文元数据和数字化全文收集流程有关的章程。确保学位论文国家战略收藏的科学性、安全性和完整性。

学位论文标准与技术专业委员会由三家法定收藏单位和各系统的计算机网络技术专家9～11人组成。工作职责是在中心主任的领导下，制订与学位论文元数据和数字化全文收集、保存、加工与利用相关的技术和格式标准。组织研究解决数字资源的长期保存等现代信息服务过程中出现的重大技术问题。组织建设和维护国家学位论文网络服务平台，组织提出元数据收集、保存和利用技术解决方案，元数据与数字化全文链接技术解决方案，保证国家学位论文网络服务平台的综合性、集成性和安全性。

学位论文加工与服务专业委员会由三家法定收藏单位和各系统的文献专家9～11人组成。工作职责是在中心主任的领导下，按照制定的学位论文元数据加工和全文数字化加工标准，组织开展学位论文的元数据加工和全文数字化加工；确定学位论文公益性服务的服务模式、服务规范和有关收费标准；对学位论文公益性服务的效果进行监督和考评；整合各种学位论文资源，开展个性化、深层次信息服务。

（2）国家学位论文资源管理的运行机制

严格的管理章程和制度是国家学位论文资源管理正常运行的有效保障：制订国家学位论文资源管理理事会章程，理事会按照规定程序进行议事和决策；制订国家学位论文中心章程，中心按照章程组织各专业委员会开展工作，完成规定的各项任务，执行理事会的各项决定；制订专业委员会工作规则，各专业委员会在中心主任的领导下对资源收集、加工和服务工作的程序、标准和质量制订规章制度，使各项工作规范有序高效。

学位论文资源管理机构为虚拟机构，由于中心的工作是在由各方面代表组成的理事会的领导和监督下开展的，在经费分配和使用方面，要从全局出发，做到公正、合理；在信息资源方面，需要整合三个国家法定收藏单位的信息资源，使得国家学位论文收藏体系趋于完整；在信息服务方面，完整的信息资源有利于促进各专业领域，特别是交叉学科的学位教育和科学研究，有利于国家从整体上提高信息服务水平，避免零散、多次投资可能造成的重复、浪费和低效。

（3）国家学位论文资源管理的制度建设

学位论文的有关管理和政策规定是确保国家学位论文资源管理持续发展

的根本手段和基础保障，是建立完善学位论文服务体系、解决一系列困难和问题的有效途径。我国在出版物的法定寄存特别是学位论文法定寄存方面的法律目前还比较薄弱，甚至可以说仍处在空白阶段，这为通过立法解决学位论文的法定寄存提供了良好的时机和空间。因此，我国在设计国家学位论文资源管理框架体系过程中应该本着高起点、前瞻性、战略性的原则，按照跨越式发展、一步到位的思路，在重申、修改、完善现有学位论文呈缴规定的部门文件基础上，选择适当时机，建立学位论文法定寄存的相关法律，为国家学位论文资源建设与服务的可持续发展奠定基础。

为了规范国家学位论文资源管理和运行，除了制订国家学位论文资源管理理事会章程、国家学位论文中心章程和专业委员会工作规则等工作制度外，还应制订一系列收缴、加工、服务方面的共享制度，保证资源管理的规范、有序、高效的运行。例如：制订《经费管理办法》，将经费与任务挂钩，经费由专家咨询和理事会审批，加强监督检查，并接受社会的监督和审计部门的审计；制订《学位论文元数据和编写格式标准》，开发标准化的电子版学位论文编写模板，通过编写模板使用，统一学位论文的原生数据和元数据；制订《学位论文原生数据和元数据提交程序和服务准则》，对学位论文集原生数据和元数据的集中采集工作有关各方的工作职责做出具体规定，对成员机构的网络服务人员配置、服务时间、数据维护、服务管理和收费等做出具体规定；制订《网络服务系统管理条例》，对网络系统、服务系统软件、数据库建设和用户服务中网络系统部门工作人员的职责做出具体规定。

（4）国家学位论文资源管理的经费投入

为了推动我国电子学位论文的收集、加工和利用，作为社会公益性事业，建议政府加大对国家学位论文网络化系统的建设性财政拨款。建设经费主要包括用于支付国家学位论文网络服务平台系统的硬件设备和软件购置的前期投入经费，用于原生数据和元数据标准化及其相关软件开发、推广和维护，用于学位论文及其数据库采集与整合，以及用于系统运行和维护的各项经费。经费按照各单位学位论文收集、加工整合和服务等方面的成效及在整个管理框架和服务体系中所做出的贡献来进行考核分配，并接受社会监督。

4.3.2 改进国家学位论文收藏和呈缴制度的建议

学位论文资源的收藏和呈缴制度是否完善，直接决定学位论文能否及时收集，能否收集齐全，最终将决定国家学位论文的战略储备和服务质量。

现今学位论文的收缴方式、方法和环境条件都发生了很大变化，而三家法定收藏单位仍沿用原有的纸质版论文的收藏方式、呈缴方式和管理制度，在某些方面已无法适应新的发展环境的要求，在一定程度上影响了学位授予单位向国家法定收藏单位报送论文的积极性，导致在国家层面上无法收集齐全学位论文，最终将导致国家重要学术资源的流失。为保证国家法定收藏单位顺利、流畅地收缴论文，建立完善的国家学位论文收藏体系，为国家进行科研领域布局时提供基础数据，为学位论文的高质量服务提供基础，促进国家科技文献资源体系的建设和完善，对国家学位论文收藏和呈缴制度建议如下[①]：

（1）沿用原有的国家学位论文收藏体系，在不断完善纸质版论文收藏体系的基础上，建立国家电子版学位论文收藏体系。考虑到我国已经形成的三家法定收藏单位的历史和现有基础，建议采取以集中收藏为主，分布收藏为辅的国家学位论文收藏体系。在国家层面上，继续沿用原有的国家学位论文收藏布局，仍由三家法定收藏单位集中收集纸质版学位论文和电子版学位论文，以保持国家收藏和服务工作的延续性、系统性和完整性。在现阶段，宜采用电子版学位论文收藏、呈缴和纸质版学位论文收藏、呈缴并行的方式，待条件成熟后，可逐渐取消纸质版学位论文收藏和呈缴方式，以节省资金，提高服务质量。

（2）考虑到改变学位论文法定收藏三家并存状态的难度、风险和成本，建议国家应该保持法定收藏的现有格局，采取加强管理、统一协调、促进联合、推广标准、集成系统等手段，使三家法定收藏机构能够协同工作、相互合作、共建共享，提高国家学位论文体系和资源在政策执行、管理模式、收缴力度、数字化加工、资源发布、服务机制、开发利用方面的标准化和统一化程度，使其虽然在机构上分布，但在管理、业务和技术层面上逐渐相互融合，相互依托，互联互通。在此基础上，设立学位论文元数据国家虚拟收藏中心。国

---

① 赵阳,周杰.国家学位论文资源状况调研与分析[J].情报杂志,2006(6):105-107

家中心首先规范集中三家法定收藏单位的学位论文元数据,同时整合CALIS、中国科学院等有关系统信息保障机构的数字化学位论文资源,形成国家虚拟的学位论文数字图书馆,并进一步集成各重点高校和单位的学位论文元数据,集中保存全国的电子版学位论文资源,创建国家级博硕士学位论文联合目录体系。国家学位论文中心的建设有两种方案:一是国家收藏中心依附于NSTL的模式,即相当于学位论文国家收藏中心不再单独建立平台,并采用现有的NSTL的运作模式;二是国家中心依附于三家法定收藏单位之一的模式。

(3)建议国家相关管理机构重新发文,重申并完善国家学位论文法定呈缴制度的严肃性和权威性,明确呈缴论文单位名称、详细通信地址、数量、介质、完成时间及其他具体要求,确保学位论文呈缴单位依法向国家法定收藏单位呈缴论文,保证论文的收全率;考虑到电子版学位论文在呈缴、收藏、保存和服务等方面的特点和存在的优势,建议文件中同时增加基于网络的电子版学位论文的相关呈缴程序,对收缴方式、流程、渠道、格式、国家和呈缴方以及著者间的责权利关系等进行统一的规定,同时建立规范化的国家级电子版论文收缴制度、报送流程。

(4)建议国家统一开发电子学位论文呈缴平台和系统,也可按部委系统或者地区联盟建立学位论文呈缴系统,有效地保障研究生在毕业之前能及时地将"原生"的电子版学位论文全文提交到培养单位。三家法定收藏单位采用数字图书馆互操作技术在规定的范围内自动批量收集电子版论文全文。可先在小范围内选择试点单位测试与完善呈缴平台和流程,逐渐积累经验和扩大试点范围,并逐渐扩大收缴范围和收缴单位的数量;降低学位论文的收缴成本,缓解由纸质版论文数量激增引起的工作量加大和经费紧张的压力。无论是数字化回溯的全文,还是自动收集的学位论文全文和元数据,由三家法定收藏单位批量提交到国家学位论文中心。采用自下而上、分层收集、物理分布、逻辑统一的学位论文资源的收藏体系,在整体上形成集中收藏与分布存储的资源格局,为提供元数据的集中检索服务和全文的分布保障服务创造有利条件,也为学位论文的集中收藏和长期战略保存奠定良好基础。

(5)在开发电子学位论文呈缴系统和平台的同时,国家应制订电子版学位论文呈缴过程中的相关标准和规范,方便数据交换,提高服务质量。规范论文收集流程,制订论文收集过程中的各种规范,例如论文写作格式、全文文件格式、电子版论文写作格式和提交格式、全文保存格式、数据交换格式、相关技术标准规范等，推荐呈缴单位执行，方便数据交换，以保证论文产出单位及时、准确地提交标准统一的电子版论文全文。

（6）在国家制订和颁布新的学位论文收缴条例后，应加大资金投入，加强监督和激励措施。多年来，各学位授予单位克服各种人力和经费的困难，长期不懈地坚持主动报送学位论文，非常难能可贵。建议国家拨出专门经费一方面对负责收缴收藏工作的单位和个人给予劳动补偿，另一方面对在学位论文呈缴工作中做出突出贡献的学位授予单位和个人定期给予表彰和奖励。可成立由管理专家、图书馆学专家、情报学专家和科学家组成的评审委员进行评审，评审指标包括：论文报送的及时性、连续性、完整性、齐全度；报送程序规范性；电子文档的完整性；编排格式规范性；借阅利用情况等。对先进单位颁发奖牌，为先进个人颁发证书和奖金。对不按国家法律法规规定及时报送学位论文的单位，以通报等方式进行批评或处以其他行政处罚。

（7）明确并不断完善学位论文保密和解密制度。理论上，学位论文密级一般应按照国家科学技术委员会和国家保密局发布的《科学技术保密规定》确定，分为绝密级、机密级、秘密级和公开四种保密级别，对于需要保密的学位论文，应采取特别措施，在保密期间不能进行使用和传递。但在实际操作中，各论文产出单位对确定论文密级的尺度把握不好，管理和规章制度不到位，限制和制约了学位论文的流通使用。因此，建议国家相关机构重申并明确学位论文保密和解密制度。

4.3.3 推进国家学位论文电子化示范系统的建议

信息技术和网络技术的发展使学位论文电子化成为大势所趋，实现了学位论文资源整合和共享，极大地推动了学位论文的传播和使用。美国、英国、德国、加拿大、澳大利亚、日本、韩国等国家都在积极开展本国的学位论文电子化项目，借助技术手段实现学位论文电子资源的收集和服务。其中，运行较早、发展较快的 NDLTD 的 ETD 和 ProQuest 的 PQDT 已成为国际协作的电子化学位论文项目，其管理模式和成功经验成为各国研究和仿效的对象。学位论文的电子化计划正进入一个快速发展的关键时期。

（1）学位论文电子化示范系统的基本内容

随着我国学位制度的逐步完善，我国研究生教育规模不断扩大，全国每年新增博硕士论文10多万篇。面对学位论文电子化潮流，我国学位论文数字化、电子化建设方面，也进行了不少探索和投入。自2000年起，国内一些高校陆续开发和建立了本校的"学位论文网上提交和发布系统"，用来收藏本校的电子版学位论文全文并向本校师生提供服务；中国科学技术信息研究所、国家图书馆、中国社会科学院图书馆三家法定收藏单位在对建立馆藏学位论文文摘数据库的基础上，近年来也开始了学位论文全文回溯加工、电子版学位论文收集等尝试，并建立了相应的全文数据库；CALIS及中国科学院文献情报中心分别在高校系统和中国科学院系统建立学位论文集中检索平台，实现系统内部的学位论文资源的共建共享；一些数据库公司采取商业化模式，也开始涉足开发学位论文数据库。

我国学位论文数字化的开展一定程度上打破了论文收藏地域的限制，满足了不同用户的多元信息需求。但由于缺乏有效的协作及统一的标准保障，我国学位论文电子化还存在重复建设、层次较低的问题。因此，在现有的学位论文印本收藏机制基础上，建立国家学位论文电子资源集中收藏机制，是在新的技术发展环境下保存中文特色战略资源的重要举措。而通过研制统一论文格式和元数据的学位论文编写模板，并通过远程提交电子化学位论文是国家电子化学位论文收藏体系的前提和基础。通过建立电子学位论文提交平台，实现学位论文"原生"电子版的提交和数据自动采集，可将电子版学位论文中的作者信息、书目信息、文摘等直接生成二次文献数据库，为国家节约大量数据库建库经费投入和人力投入，实现学位论文收集、加工、服务整个生命周期的最优化管理；电子版学位论文数据库及平台建设为进一步学位论文知识库的建立及开放链接打下基础。在这个过程中，通过建立电子化示范系统，在条件较好的单位试行，积累经验，不断完善，以便向全国推广，是实现电子化学位论文国家收藏的最优手段。

学位论文电子化示范系统通过建立学位论文的远程提交系统进行电子数据采集，实现学位论文网上提交与数据采集相结合的系统功能。目前，科技部已经设立电子化学位论文示范系统项目研究课题,该项目将在参考和借鉴目前国内外已有的研究成果基础上,确定学位论文元数据集,并通过制订学位论文编写格式标准及开发论文编写模板,实现学位论文网上提交、验收、整合标引和统计发布。学位论文提交表单遵循《学位论文编写格式规范》标准。学位论文提交表单中填写的信息可通过系统程序指定到数据库元数据的相应内容中,因此,数据著录标引的工作重点是资源格式、权限管理、主题信息以及全文链接等提交表单中没有的内容[①]。

(2)在完善国家呈缴制度的基础上,建立与之相适应的管理运行机制

为保证能够收集齐全学位授予单位的所有论文,建议电子化学位论文系统与国家电子版学位论文收藏体系同步运行,建议国家有关部门重申国家学位论文法定收缴制度的严肃性和权威性,针对新时期学位论文收缴和服务中出现的新情况,对收缴方式、流程、渠道、格式,以及国家和校方与著者间的责权利关系等进行统一的规定,建立起电子版学位论文呈缴制度,开发规范化的国家级电子版论文呈缴报送的网络技术平台,建立国家学位论文收缴通道。

同时,建立与市场体制相适应的电子化学位论文管理机制。由政府主管部门协调,形成由国家法定收藏单位和各学位授予单位共同组成的理事会制度。政府在推动电子化学位论文系统的建立与推广中发挥引领作用,突破我国现有的、行政的、系统的、行业的组织框架,建立国家级的收藏与公益服务中心,在此基础上建立互惠互利的联合运行机制,发挥各有关单位的自身力量,协调不同行业之间的利益和职责,寻求在现有组织框架基础上,发展电子化学位论文的采集服务共同体。

(3)在统一授权的前提下,推进学位论文的电子出版和利用

学位论文全文的利用率与论文提交者的授权方式、时间和范围紧密相关。电子化学位论文系统提供全文服务,必须在合理保护学位论文著作权人的权益,正确处理学位论文的复制权和信息网络传播权的前提下进行开发和服务。然而,如果与每一位作者签署授权使用协议,对于一个信息服务组织来说,必然要花费大量的人力、物力,效率很低,成本很高。目前,国内外的绝大

---

① 王雁,凌毅,李晨英,等.学位论文全文数据库建设与探索[J].现代图书情报技术,2003(4):70-73

多数大学都要求毕业生在论文答辩后，将其学位论文通过电子版或纸质版形式提交给大学的档案馆或图书馆进行保存，并规定学位论文提交的格式、方法和相关要求。为了合理使用收集到的论文，学校一般会提供格式合同，提供学位论文的使用方法、期限等可选择性条款，向著者取得使用学位论文的许可。按商业性和公益性使用性质，一般分为付费许可或免费许可。商业性使用给付报酬，非商业性使用仅提供前16/24页全文浏览服务或在论文提交若干年后，在校园网上允许读者浏览并下载全文。

据调查，目前我国已经有37.9%的单位在缴送学位论文的同时，通过协议取得了纸质版和电子版论文的授权使用许可。建议国家按照学位论文服务使用的不同性质，如公益性服务、同盟性服务和商业性服务研究制订统一的使用授权条款，并明确许可使用的时间、地域和用途，付酬标准和方法，违约责任等。在论文呈缴采集过程中，同时进行作者授权使用许可工作，通过学位授予单位与作者签署学位论文授权使用协议，统一解决学位论文全文使用过程中的版权问题。

由于学位授予单位与作者有密切接触的便利优势，建议给予大型学位授予单位"著作权集体管理组织"的地位，行使"著作权代理"职能。代表作者与作品的主要传播者商谈授权使用作品并向其发放使用作品的许可证。与学位授予单位签订学位论文使用许可协议，有利于许可费用的结算，保护著作权人的合法权益，同时也照顾到论文资源服务者的利益，提高学位论文资源的利用效率，有利于促进科学文化事业的发展。

5 我国学位论文资源共享系统建设

5.1 我国学位论文资源共享系统建设的背景

5.1.1 我国学位论文资源共享系统建设的必要性

(1) 实现学位论文资源的战略储备

博硕士学位论文作为非公开出版物，具有较高的学术研究价值和使用价值，经过20多年的积累已成为国家的一种重要资源，需要从国家战略的角度考虑这类资源的整体建设。通过建立统一的、国家层面的学位论文元数据共享系统，将进一步提高学位论文的虚拟集中度，实现学位论文资源的分布保存和联合，加强分散资源的整体性和协调性，有利于学位论文的有序收集和安全保存，有利于提升国家学位论文战略资源的完备性、权威性和保障性。

(2) 保障学位论文资源的安全有效

建立我国学位论文资源共享系统，集成分布的学位论文资源实体，优化资源结构，理顺资源关系，统筹协调，合理调度，有利于学位论文资源的有序化和结构化，能够体现出国家对分散资源的统一控制、联合管理和协调作业。通过统一的管理标准和安全标准，能够保证学位论文存量资源的安全管理和增量资源的完整追加，确保学位论文的长期保存和长治久安。

(3) 协同强化学位论文的收集渠道

在国家法定学位论文收藏单位及相关大型收藏系统的基础上，建立国家学位论文元数据共享系统，可以解决原有法定收藏机构的环境生态，探索相互之间进行合作协调的创新模式，开拓国家所有的学位论文资源体之间的开放联合、统筹安排、共建共享、协同工作的新局面。系统形成后，由于资源的开放、信息的互联和利益的捆绑，将使学位论文的法定收集更加分工明确，界限清晰，责任到位，协调互动，有利于理顺学位论文渠道，规范收集行为，完善收集体系，使学位论文收集的法定制度和渠道建设事半功倍，高效运作，推动学位论文国家法定寄存体系的建设。

（4）提升学位论文的服务能力

我国学位论文资源共享系统的组建和运作，将清除学位论文资源封闭垄断的壁垒和服务割据的樊篱，通过标准化的数据、通用化的系统、规范化的流程提高资源和服务的整合度，在系统统一建设和协调管理之下，形成学位论文国家层面的资源优势、服务优势和集成优势，超越地域、行业、部门的分割，形成规模化效应和完整性保障。此举将大大提高学位论文资源和服务的集中度，实现各学科领域学位论文资源的整合与集成，形成学位论文一站式集成服务的业务模式和公共服务平台，为未来学位论文的数字化联合服务、知识化服务和个性化定制服务奠定基础。

（5）提高学位论文资源的利用效率

将分散的学位论文资源体系虚拟纳入学位论文资源共享系统，将改变各个资源体系独立服务运作、开放程度不一、使用方式不同的状况，对资源的开放、共享、交流和利用进行统一规范和约定，总体上将会扩大资源开放范围，提高资源开放级别，提升数据的共享程度，方便用户的检索和使用，促进和繁荣学位论文的交流和利用，最终将使相对封闭的、非正式出版的学位论文的利用率得到提高。学位论文是研究人员选择研究方向和确定论文题目的首选参阅文献，但由于学位论文的非公开出版特征，纸质版学位论文的流通范围狭小。学位论文资源共享系统可以帮助研究人员了解他人已通过学位论文完成的研究成果，避免选题重复，防止科研中走弯路，减少不必要的人力资源与投资浪费。

（6）构成学位论文产出与使用的良性循环

数据库的大部分用户是不同系统、不同单位中的博士和硕士研究生以及在校大学生和包括正在接受成人教育在内的各类社会人士。其中，很多人是学位论文的产出人员或潜在产出人员。数据库向这些用户提供其所需要的信息资源，一方面可以促进用户对其正在筹划或已经着手撰写的学位论文的认识，提高其论文的质量。另一方面，这些用户所完成的学位论文以及质量的提高，又反过来丰富了学位论文资源的内容，提高了数据库收藏论文的数量和质量，从而导致数据库地位提高，应用更加广泛。数据库和使用者之间的关系非常紧密,而且呈现出良性循环的趋势。这种相互促进、相互发展的关系,将成为学位论文全文数据库保持持久和稳定发展的重要基础。

5.1.2 我国学位论文资源共享系统建设的可行性

多年来通过对国家学位论文管理和服务体系的研究,为推进学位论文的共建共享储备了一定的理论基础和技术基础,而且目前的资源条件和业务条件也基本成熟,因此,组建我国学位论文资源共享系统已经成为统一学位论文管理、构建联合服务体系的切实可行的发展方向。

(1)学位论文联合共享具备一定的资源基础

经过30年国家学位论文的法定收藏体系建设,中国科学技术信息研究所、国家图书馆、中国社会科学院图书馆三家法定收藏单位目前已经累计收藏学位论文存量资源200万篇以上,并且以每年20余万篇的数量递增,已经成为国内规模最大、相对较完整的学位论文资源体系,并具备了制度化、可持续的发展前景。另外,CALIS、中国科学院等系统在原有基础上,依靠行政优势和渠道优势,对本系统产出的学位论文已经开始进行完整系统的收集和集中保存,形成了互为倚重、相互补充的学位论文资源国家公益布局,为构建国家层面的学位论文资源共享系统奠定了资源基础。学位论文国家资源的整合既是国家公共资源产品开放共享的要求,也是全社会平等获取信息、满足不断增长的学位论文文献需求的必然选择。由于具备了良好的资源基础和对资源的控制力,在联合共享过程中,对学位论文资源的开放、整合与重组、揭示与标识、定位与调度、服务控制等就成为相对简单易行的工作内容。

(2)学位论文服务体系初具规模

中国科学技术信息研究所的学位论文数字化开放服务,国家图书馆的学位论文检索和阅览服务,CALIS、中国科学院图书馆等面向本系统内部的学位论文限制性服务,已经形成我国学位论文集中服务的基本格局,商业性学位论文服务的兴起也成为公益性服务的良好补充。可以说我国学位论文公共服务的初级体系已经基本建成,学位论文的服务能力已经达到了一定规模,能够初步满足用户的基本需求。在此基础上,联合组建我国学位论文元数据共享体系,提供学位论文资源的分布管理、集成检索和联合保障,已有水到渠成的基础,特别是各机构现有的服务体系和服务能力,是未来学位论文用户传递和联合保障的终端渠道和基础平台。

（3）学位论文资源数字化工作普遍展开

随着计算机、网络、数据库等技术的普遍应用，学位论文资源的信息化、数字化工作普遍展开。各学位论文集中收藏单位在保存学位论文物理资源的同时，均开展了学位论文的元数据、编目数据、文摘数据以及学位论文的全文数字化加工和数字化学位论文的保存等工作，分阶段开发建设了学位论文的网上提交与收集、学位论文元数据加工和全文扫描、学位论文管理、学位论文检索和浏览等各类型计算机管理系统，形成了编目数据、元数据、全文对象等应用型数据库，学位论文资源的信息化程度已经达到相当的高度。这将为我国学位论文资源共享系统的元数据共享交换、信息系统的集成互操作、资源的联合发现和保障节省大量的前期投入。

（4）学位论文服务组织框架基本形成

学位论文作为非市场化的和独特的稀缺资源，在集中收藏的文献机构中占有举足轻重的地位，加之对学位论文管理和使用的特殊要求，一般都要进行区别对待、相对独立、政策特殊的单独管理和服务。在大多数的学位论文收藏机构，一般都设有专门的部门和人员负责学位论文管理，而且从收集、加工到服务各个业务环节基本完整。由于各机构之间的学位论文管理流程和工作内容基本相似，所以搭建学位论文统一的元数据共享框架具备了共同的基础。各机构现有的学位论文部门和人员将构成未来共享系统的基础机构资源和人才资源。

（5）学位论文服务体系的研究深入开展

近年来，中国科学技术信息研究所、中国科学院图书馆、中国社会科学院图书馆、CALIS管理中心等主要学位论文收藏机构以项目的形式联合开展了多项国家有关学位论文体系建设的调查研究课题，内容涉及我国学位论文的产出、保存、管理和服务现状，国外学位论文管理和服务状况，国家学位论文收集、加工和服务体系研究，学位论文体系的政策法规和标准规范以及数字化学位论文示范系统等。通过研究，对我国学位论文的资源现状、服务布局、管理体制、运作机制、政策法规等有了全面地了解和掌握，并构建了国家学位论文管理体系的长远目标和总体框架，提出了统一认识、广泛联合、总体布局、虚拟集中、优势集成、规范运作、共建共享的体系建设总体思路；

制定了共建共享、集中与分布结合、创新与实用结合、统一标准、规范运作、参与者优先优惠和继承持续发展的体系建设原则；初步规划依托学位论文的产出单位和现存的三家法定收藏单位，建立起元数据集中检索，全文分布获取、分级保障的学位论文公共服务平台。并对已存在的、分布异构的学位论文系统的资源进行整合，实现最大程度的资源集成与共享。在研究过程中，制定或开发了学位论文撰写标准、元数据标准、论文撰写模板、网络提交系统等实用化成果。

以上的研究成果可以成为我国学位论文资源共享系统组建的学术资源和基本依据。另外，通过多个研究项目的合作，也加强了主要收藏机构和人员之间的交流和沟通，促进相互了解和熟悉，为组建我国学位论文元数据共享体系、开展联合共享、进行学位论文资源整合和协同服务搭建了良好的业务网络。

（6）学位论文共享具备良好的技术环境

随着信息技术的飞速发展，网络技术、数据库技术、数字化技术日臻成熟，在元数据交换集成、系统开放连接和互操作、资源统一发现和定位过程中，已经具备了一定的技术基础，例如元数据技术，统一资源名称/唯一标识符/XML/RDF等资源描述技术，资源组织技术，OAI、OpenURL、Web Service等互操作技术。为我国学位论文资源共享系统的虚拟搭建、远程运作和时空协同创造了可用的技术条件和平台。

5.2 我国学位论文资源共享系统的基本设计

5.2.1 我国学位论文资源共享系统的建设目标

我国学位论文资源共享系统需要构架国家学位论文的元数据收集加工、整合集成和共享服务的总体框架，使我国目前"分散无序"的学位论文资源以及"各自为阵"的学位论文服务逐步纳入到国家整体规划的共享范畴；制订元数据集中整合和对象数据分布布局的具体操作方案，进行实际层面的沟通协作，依托现有国家级文献支撑服务网络平台，构建元数据整合集成、全文分布保障的共享体系。拓宽学位论文采集的渠道，提高学位论文传播利用的水平，形成整体保障优势和保障能力；建立起集中检索、分布获取、分级保障的国家学位论文服务网络，满足社会发展对学位论文资源整体性和多层次的信息需求。

建设目标是按照政府意志，以我国法定学位论文收藏单位为主体，联合大型的学位论文集中收集机构，吸收各学位论文产出收藏单位和个人，依托现有大型图书文献共建共享网络平台，以合同或协议为约定，以共建共享和开放互联为机制，以元数据交换集成和资源联合保障为模式，以数据、系统和服务为纽带，以标准规范和利益保障机制为基础，建立由有限成员单位组成的但是资源相对完整、业务相对紧密、机构松散耦合、服务开放合作的组织机构和联合体制。对系统的资源、平台、设施和服务进行虚拟整合和优化配置，进行制度化、标准化和规模化协调管理，建设国家学位论文资源的内部整合平台和公共服务系统平台，实现学位论文元数据的集成服务和全文资源的共享传递或链接。逐步实现在国家层面上学位论文资源的完整集成、统一发布、联合保障和互联互通，努力建立共建共管、协调互动、相互提高、相互促进的学位论文共享保障机制和长效运行机制。

我国学位论文资源共享系统需要达成多方面的共享，包括资源层面、技术层面、理念层面和服务层面等。应该包涵从采集、加工到集成、服务的一系列环节的共享。所以是一项长期的工程，应从"低起点起步"，从容易取得共识、易于操作、见效快的方面或环节着手，克服追求"高起步、大而全"的心理，采取分步实施的方针，逐步推进拓展成员及合作项目，发展完善后再逐步实现全方位联盟，最后实现共享的规模化发展。系统建设目标可以分为三个阶段目标：

首先，在大型馆藏单位间展开元数据资源的集中共享。我国几家大型学位论文收藏单位的技术条件、组织结构和文化背景，有着共同的特点，也较有认同感，易于协调和沟通，可以先期在这些单位间展开合作。这些单位都开展开放式公益服务，就元数据实施共享容易取得共识。对国家大型馆藏单位学位论文元数据进行集成整合，并在成员单位系统之共享平台中分别部署，用于公共服务，且按照统一的实施方案和服务规则，实施全文分布保障，联合进行原文请求服务。

其次，在整合大型馆藏单位学位论文元数据的基础上，逐步吸纳学位授予单位加入，建立我国学位论文资源共享系统。盘活学位论文资源的存量，持续稳定地扩大增量。形成覆盖全国的学位论文元数据资源集成共享，集中检索，全文分布、分级保障的局面，从而构建一个基本满足社会信息需求的学位资源保障体系。

再次，在对信息进行整合挖掘的基础上，进行增值服务，寻求通过网络进行协调采集和联合编目的可能性，并吸纳其他相关单位如商业机构、出版机构和个人参与建设。

5.2.2 我国学位论文资源共享系统的建设思路

我国学位论文资源共享系统应该以全国范围内的学位论文资源共享为核心，打破现有学位论文资源分散、封闭和垄断的状况，最大限度地集成虚拟资源及跨系统数据库，采用集中检索服务和分级分布联合保障相结合的方式，将公益服务和非营利服务相结合，构造统一的学位论文服务共享体系，有效调控增量资源，激活存量资源，最大限度地发挥学位论文资源的潜能。

我国学位论文资源共享系统建设是一项跨行业、跨部门、跨系统的合作，是国家学位论文体系建设的一项新生事物，必定会影响到原有的资源管理制度、业务流程、服务模式和信息开放与合作政策，需要各成员机构在观念和体制上有所变革。因此，要充分考虑到联合共享建设的复杂性和艰巨性，要进行目标分解和任务分工，由易到难，由表及里，由浅入深，从实际出发，分步骤、分阶段、分层次、有序地进行。体系建设要有前瞻性，有内在的可拓展性，确保其可持续发展和不断地扩张。

由于历史原因我国的博硕士学位论文法定收藏单位分布于三个系统中的三家单位（即中国科学技术信息研究所、国家图书馆、中国社会科学院图书馆），而目前我国学位论文的产出大户是高等学校系统和中国科学院系统。其中,中国科学技术信息研究所和中国科学院文献情报中心是NSTL的成员单位，CALIS为高等学校建立了学位论文数据库，国家图书馆属于公共图书馆系统，中国社会科学院图书馆隶属于社科院系统，可以说是属于不同的四个系统或联盟，隶属不同部门或行业，为保证学位论文资源共享系统建设，必须探索新的管理机制。

首先，采用综合型共建共享联盟形式。由前述少量的大型学位论文收藏和服务机构为基础，构建第一期联盟，采用理事（董事）会管理模式，打破系统条块分割的行政管理体制，推进各系统文献信息单位之间的合作与协调。在第一期联盟的基础上，拓展相关的成员单位，构建整个国家范围的学位论文资源共享系统。第一期联盟成员及后加入的部分成员可以采用协议联盟的管理机制，在主体成员间较好的贯彻共享管理机制，并兼容各种成员，便于构成比较大的联盟。

其次，坚持边建设边服务的原则，以系统建设逐步带动国家学位论文资源的整合和服务，以学位论文集成服务的效益不断促进和完善体系的建设，实现建设和服务并举、目标和效益兼顾、良性互动的有序建设局面。在分阶段推进我国学位论文资源共享系统建设的过程中，坚持先易后难，先局部后整体的原则，完成一部分，开放一部分。在开放每个部分时，必须先经过必要的测试以及一定时期的试用，最终才实现向社会全面开放。

再次，我国学位论文资源共享系统具有显著的公益性特征，博硕士学位论文服务应该在非营利基础上建立三层服务机制。第一层次是联盟编制联合目录，并在全国范围提供用户免费使用，在这个层次中，用户利用联合目录除可以获得相关元数据信息外，还应该在每条信息下面标出论文原文出处及提供原文传递的信息；第二层次是根据第一个层次提供的信息开展原文传递服务，联盟成员内部用户使用原文传递时联盟可以给予一定的优惠和互惠（如每年年终结算一次，由联盟计算其成员在1年中提供原文传递和使用原文传递情况，根据差额来决定是补偿还是上缴原文传递费用）；第三层次是争取版权所有者的授权，在用户利用联合目录过程中，直接在相关信息的下面提供全文链接。①

5.2.3 我国学位论文资源共享系统的总体框架

我国学位论文资源共享系统依托NSTL、CALIS等学位论文支撑服务系统，以国家大型收藏单位为主体，联合各学位论文授予单位，建立元数据集中整合、集中检索，全文分布式链接获取、分级保障的学位论文公共服务平台，并对已存在的、分布异构的学位论文资源进行整合，实现学位论文资源的集成和

---

① 张学福.我国博硕士学位论文资源共建共享机制构建[J].中国图书馆学报,2008(3):47–51

共享，使我国目前"分散无序"的学位论文资源以及"各自为阵"的学位论文服务逐步进入国家整体规划的共享范畴，满足社会发展对学位论文资源整体性和多层次的信息需求。

我国学位论文资源共享系统应在资源合理组织和分布收藏的基础上建立，从整体建设目标出发，由政府组织相关部门进行协调管理。其总体框架如图5-1所示，主要由管理层、共享联合层和资源层三个部分构成。

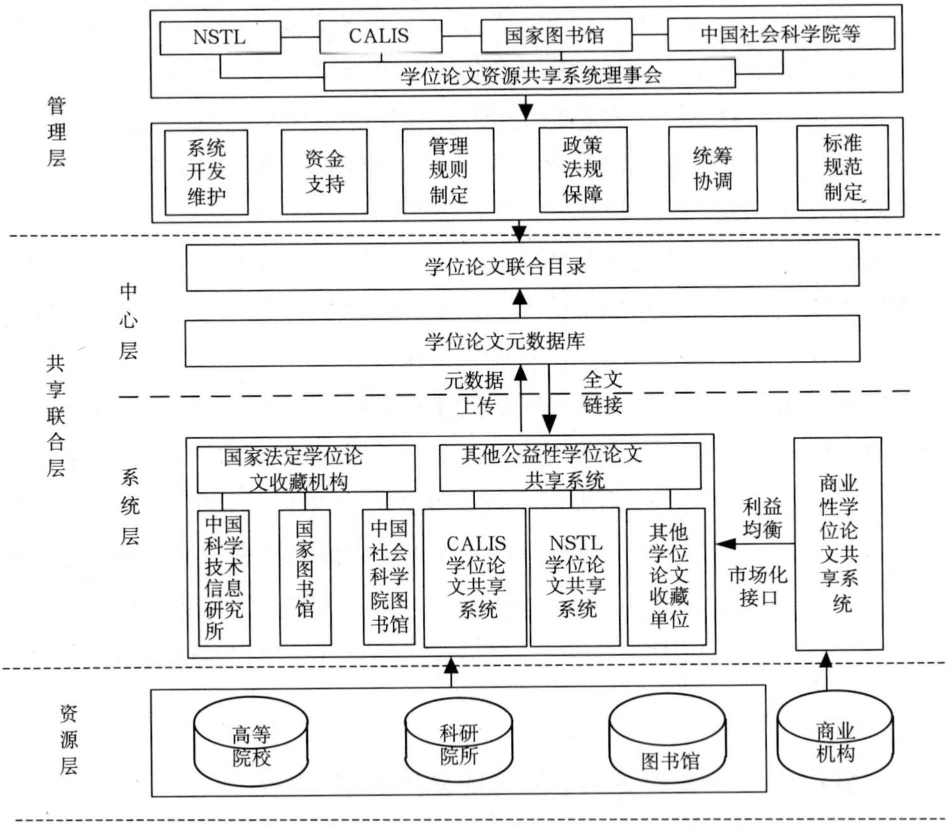

图 5-1 我国学位论文资源共享系统总体框架

5.2.3.1 管理层

当前，我国学位论文的管理工作从属于不同的政府主管部门，例如教育部负责高校的学位论文管理工作、科技部负责科技信息（情报）机构的学位论文管理工作、文化部负责图书馆的学位论文管理工作。这种分散化的政府管理使我国学位论文资源共建共享受到限制。从总体上看，国家学位论文管理方式应该以发展需求为导向，体现国家意志的整体布局和宏观规划，推动离散的"学位论文资源"按照统一的"标准规范"进行整合，形成战略信息资源。

随着我国《国家科技基础条件平台建设》项目的逐步实施，国家科技文献中心（NSTL）作为我国信息资源共建共享的基础设施，正在实现我国科技文献信息资源的战略重组和系统优化。学位论文的共享系统可借鉴NSTL的运行和管理机制，依托NSTL、CALIS等大型学位论文收藏与服务系统，组建"学位论文中心和共享理事会"对我国学位论文资源进行统筹管理，以此为前提，实现多部门协调和社会共建。

5.2.3.2 共享联合层

共享联合层是我国学位论文资源共享系统的核心组成部分。它由中心和系统两个层次构成。系统层主要负责所属范围内的学位论文资源的组织、开发和利用，然后通过跨平台、跨系统的学位资源集成整合操作，最终组成中心层的国家学位论文共享联合体系，为用户提供统一的服务接口。

（1）中心层共享

中心层共享主要负责收集各单位或机构的数字化学位论文资源，并提供数据加载、数据检验、信息检索、全文服务系统引导功能。中心层共享系统通过管理层制定的统一元数据加工标准、规范和格式，对各分中心共享系统内的学位论文元数据进行收集和整合，建立一个集中式的我国学位论文二次文献数据库，形成国家虚拟的学位论文数字图书馆，并进一步集成各重点高校和单位的学位论文元数据，集中保存全国的电子学位论文资源，创建国家级博士、硕士学位论文联合目录体系。然后以统一的用户服务接口，采取多种灵活有效的服务方式和模式，实现"一站式"内容获取和信息集成服务。分别满足不同领域、不同地区、不同层次用户的信息需求，从而支撑国家学位论文资源延续积累、动态更新、有效利用以及开放式服务。

（2）系统层共享

系统层共享主要是面向系统内特定用户和学科用户的需求，提供有针对性的服务。同时，将自己的元数据资源提供给中心层共享系统，进行学位论文资源的跨系统整合与集成，实现包括数据加工制作、数据上传以及原文服务等功能。

受我国学位论文共建共享历史和现状的影响，我国已经确立了中国科学技术信息研究所、国家图书馆和中国社会科学院图书馆三家单位为国家法定的学位论文收藏机构。随着因特网的发展和普及，一些部门和系统也开始建立内部的学位论文数据库，并以公益性服务为主。在系统级共享层次中，主要依托这些已经建立并投入运作的国家公益性大型学位论文共享支撑服务平台，以三家法定收藏机构为主体，同时纳入部分有代表性的商业性学位论文资源共享系统，共同组成系统级共享平台。随着我国学位论文资源共建的不断发展，今后将有更多的系统级共享系统加入进来，如何协调各方的利益将是研究的重点。

中心层与系统层彼此分工协作，构成了分层协调的学位论文资源共享系统，在具体的运作形式上应采用逻辑上集中、物理上分布的模式，建立起元数据集成整合、集中检索，全文分布式链接获取、分级保障的学位论文共享服务平台。中心层共享系统将加工后的学位论文资源进行整合并装入中心服务器，面向全国提供服务。系统层共享系统则根据用户的需求，通过互联网实现双向交互，请求资源服务，更新本地学位论文资源库等。中心级共享系统通过资源发送响应各系统级共享系统的索取要求，动态生成结果返回下级平台系统。①

5.2.3.3 资源层

资源层主要指分布于各地区的高等院校、科研院所和图书馆的学位论文资源，还包括一些商业机构收藏的学位论文资源。目前，我国每年产出博士、硕士学位论文在39万篇以上。其中，绝大部分学位论文都采用了计算机录入、排版和打印，由此产生了大量的电子版学位论文（ETD）资源，形成了各类学位论文索引数据库、题录数据库、文摘数据库和全文数据库。推进学位论文的数字化共享是我国学位论文共享的战略基础。因此，各学位论文拥有或

---

① 胡潜,赵杨,张敏,等.学位论文共享联盟组建与开放式服务实现分析[J].情报理论与实践,2008,31(6): 880–884

5 我国学位论文资源共享系统建设

馆藏单位的首要任务是完成纸质版学位论文的电子化转换工作，并采用DOC、PDF等常用格式进行保存。其次，是加强对各类学位论文数据库的建设和完善，一方面要以现有单位或部门的学位论文资源为基础，对多年积累的、分散的学位论文资源进行整理和整合，通过标准化、规范化手段加工建库；另一方面要对新增资源进行整理和整合，通过标准化加工管理手段，保证数据的可用性和完整性。在此基础上，由不同的学位论文系统及共享平台对这些分布异构资源进行初步汇集和集成，在不同范围内为特定用户提供各类共享服务，同时为中央级共享奠定基础。

5.2.4 我国学位论文资源共享系统的主要任务

我国学位论文资源共享系统建设需要从我国学位论文发展的现实情况出发，制订一套行之有效的学位资源联合共享的管理办法，建立较为完善的学位论文信息元数据收集、加工、检索、传递与服务体系。

（1）资源描述和组织

学位论文的元数据是描述分布收藏的学位论文资源基本特征及其相互关系的主要方法，为资源的发现、辨析、定位和提取提供一整套的技术方法。通过统一的元数据方案的标记，应该实现用尽可能少的元数据元素较为准确地描述尽可能多的原始数据或主题内容的功能以及对资源内容进行非线性、联想型、智能化知识组织的功能，以便于对学位论文数字信息和资源本体的发现、存储、管理和检索利用。基于元数据的资源描述和组织可以从不同角度、不同层次描述原始信息，扩大对资源类型的支持，从本质上解释如何读取、翻译和内在化其他数据，提供多维检索，有助于异构资源的共享和整合。元数据方案对学位论文资源的描述能力和语义组织程度直接决定了公共服务平台的基本功能和总体性能。

（2）元数据的共享交换规则制订

制订元数据共享交换规则，使成员单位开放本单位学位论文元数据资源的集成整合权限，允许元数据被异地、同构或异构系统整合。制订学位论文元数据标准和元素核心集，作为资源描述和发现的基础。成员单位按元数据标准对本单位的增量元数据和存量元数据进行加工、标识和转换，采用公共的元数据转换模板将元数据映射为符合标准的元数据文件。采用 XML 作为元数据交换文件格式，实现元数据的共享交换。建立元数据共享交换的传输、接收和检验工作机制，形成稳定、规范的元数据交换工作程序，确保元数据共享的基础。

（3）元数据的集成整合

将分布的、跨系统的学位论文元数据进行集成整合，是实现元数据集中服务和学位论文联合保障的基础。元数据的集成整合需要以资源整合和能力建设为主线，将现存雄厚的、较为分散的学位论文元数据进行梳理整合，对各种来源的元数据进行查重、合并、规范、校验、聚类、重组，形成聚合的学位论文元数据体系，建立集中的元数据数据库系统，实现元数据的统一管理、检索和资源定位。

（4）元数据集成检索平台和元数据库建设

学位论文元数据的集中检索服务是我国学位论文资源共享系统的基本服务功能，也是资源管理、资源发现和资源调度的主要手段。元数据的检索服务以开放、公益、同步和指引为目标，采取公共服务、免费检索和自由获取的服务策略，通过网络手段开放元数据资源，建立元数据和其定位资源的同步更新和相互链接机制，引导用户对资源的发现和获取。元数据的检索需要实现关键词检索、分类浏览等功能，为内部的资源管理和外部的学位论文获取提供有效便捷的查询手段。要实现学位论文集中检索服务，必须进行元数据集中检索平台建设，在该平台中依托各成员单位提交的元数据，以及对这些元数据进行相应处理后形成的元数据库提供相应的服务。

学位论文资源的集成揭示是集成整合和联合服务的基础，包括对学位论文存量资源的整体转换、重新组织、统一标识和规范封装，对增量资源的标准化加工、定期汇总、同步更新和统一揭示。资源的集成揭示是对学位论文资源共享管理、有序调度、合理布局、联合发布、标准化控制、实时监控的有力手段。由元数据集成检索平台负责资源方向的定位，保证在异构的动态系统中资源定位和资源分配的有效性。建立资源定位的标识机制和检索机制，规范成员单位资源唯一标识符和核心元数据描述，保证资源定位的正确性。

在集中整合元数据的基础上，进行系统的整理、甄别、认定，确定同类学位论文的基本知识元及其逻辑关系，提供跨系统的资源发现和知识管理平台，通过学位论文的内容、要素、权重等多种角度进行比较分析，采用新的知识组织方式来建立学位论文评价指标，实现学位论文信息之间的引文关联，不同文献类型之间的作者、学科、单位等内容的关联检索，引文指标和增值信息服务。进而采用知识本体（Ontology）技术对学位论文的内容进行组织和建模，在信息点之间建立复合关联，形成国家学位论文的知识网络和知识地图，满足读者获取知识信息的需求。

（5）全文服务平台和全文数据库建设

学位论文虚拟资源的定位是整体资源管理的重要内容，网络环境下跨部门、跨系统的异构资源定位需要解决单一的管理控制、统一的所有权政策、资源的异构性、资源的动态性和多重访问机制等问题。整个系统的资源包括学位论文异构资源、本地管理系统和独立的资源使用策略和政策，应通过使用集中式政策与基于多数一致的分散式政策进行协调和管理，对集中的元数据资源采取统一的资源传输、管理和应用政策，对于分布的学位论文资源，需要采取稳定的、趋同的资源获取和联合保障政策。通过全文服务平台来实现系统资源定位，全文服务平台包括各成员单位的原文传递平台和通过开放链接机制实现的电子全文服务平台两部分。电子全文服务平台依托于各个成员单位的学位论文全文数据库建设。

（6）学位论文服务联合保障

我国学位论文资源共享系统应采取协调同步、共同保障的学位论文服务方针，建立服务资源统一管理、虚拟联合、协调运作、优势互补的服务管理和保障机制。建立学位论文联合服务共享平台，提供网络化、全天候资源检索服务，实现学位论文资源的同步服务和联合保障，发挥各成员单位学位论文资源的综合优势，挖掘潜在的服务能力和用户需求，充分发布和调度现有的服务资源，形成服务合力，提高学位论文的保障程度。建立学位论文资源的集中查询、同步请求、网络存取和联合传递机制和功能，形成学位论文馆际互借、全文传递、网络化服务并举的服务格局。以服务促进学位论文资源数字化建设，以数字化建设带动和引导学位论文联合服务的发展，形成以全文传递为主，数字化服务为辅的初级学位论文联合保障体系，逐步向学位论文资源的元数据自动收割、对象指引和全文获取的目标递进。有效提高用户对学位论文资源的可获知能力和可获得能力。

5.3 我国学位论文资源共享系统的管理

5.3.1 共享管理体系

我国学位论文资源共享系统采用自愿参与、联合协作、平等互利的原则进行组织。根据虚拟联合和业务协同的需要，其组织结构应该强化顶层设计、制度设计和标准化建设，以各类制度作为业务协作和资源开放的保障，以规范标准作为业务联合和共享的纽带，建立学位论文资源共享系统长期可靠的组织机构保障。

5.3.1.1 共享模式

鉴于联合建设学位论文资源共享系统的全方位、大范围、跨行业、单品种的现实需求和特点，充分考虑我国学位论文资源的分布积累、分散服务的历史和现状，考虑国家教育体制、国家科技体制和国家信息政策的现实条件，建议采取并列分布的共享联盟的业务合作模式。主要原因是：

（1）由于目前国内学位论文的集中收藏机构数量有限，但又分跨科技、教育等不同行业，业务联系有限，行政约束薄弱，要进行跨部门、横向的联合共享建设，无法依靠现存的行政、财政等刚性渠道进行整合，因而必须以开放合作为主导，平等互惠为基础，统领资源共建共享。

（2）考虑到联合共享的目标成员单位数目不多，所跨行业也仅限科技、教育部门和社会科学院系统，行业属性共同点居多，联系相对密切，在联合共享的初始阶段，只需要联合科技部、中国科学院、中国社会科学院、教育部等所属的几家机构，即可基本实现国内学位论文的全面整合和共享，因此，联合组建的难度不大。

（3）学位论文资源共建共享的目标应该着重大范围、全覆盖，在整合资源的规模、范围、保障率方面需要有所突破和创新，因此，单单的行业或区域内的联合无法满足系统建设的需要，横向的开放联合是必然的选择。

（4）系统组建和业务协作仅涉及学位论文这一单一的资源品种，业务连接模式相对简单和集中，资源主体明确。

（5）共享系统不设实体机构，成员单位地位平等，权益相同，以开放合作、优势互补、互惠互利的原则进行合作和共享，有益于调动成员单位的参与热情，发挥合作的主动性，增强资源的开放性和投入，保障联合的自主性，有效保护各方的正当权益。

（6）学位论文资源管理和服务在国内有较长期的实践历程，初步形成了一定的政策约束环境，建立了一系列的内外部规章制度，采用了许多约定俗成的通用做法。共同的理念和业务积累是跨部门合作的推动基础，可以使平等的成员单位在合作目标、业务合作模型、合作制度和体系、沟通交流、平台搭建等方面更容易达成共识，清除分布共享建设存在的障碍。

（7）系统的组建应该以不影响成员单位原有的学位论文收集渠道、独立的资源保存管理体系和行业目标用户服务模式为前提，以扩展、增值、交流、开放为目标，形成各具特色、互通有无、优势互补的资源和服务虚拟联合与整合共享的工作局面，实现国家利益和用户利益的最大化。并列分布的资源共建共享模式可以最大程度的降低对成员单位资源独立性和原有业务的影响。

（8）这种模式丝毫不改变成员单位的行政体制和运行机制，平等互助，互惠互利，运作简单，可操作性强，易于实现和后续运营，能够平和的解决共建共享的体制性难题。而且现代化的信息技术和网络应用，也为机构的独立运行和业务的紧密合作提供了良好的技术环境。

5.3.1.2 共享成员的确定

我国博硕士学位论文产出、收藏单位比较分散，论文产出单位包括高等学校、科研机构等，高等学校分布在全国范围，科研机构包括中国科学院系统、中国社会科学院系统、各部委下属科研机构、各省（市、自治区）所属科研机构、军事科研机构（院校）、港澳台科研机构（院校）等。论文法定收藏单位包括中国科学技术信息研究所、国家图书馆和中国社会科学院图书馆，均分布在北京。由于学位论文自身的特点，这些产出和法定单位都收藏学位论文，也就都是学位论文服务的提供者，构建全国性学位论文元数据共享系统应该把所有这些成员都包括进来。但这样构建的联盟比较大，一次构建成功的可能性较小，因此可以采用分步走的策略。第一步以现有国家法定收藏单位和NSTL成员单位、CALIS为主构建，在此基础上，逐步把其他单位纳入进来，形成完整的中国博硕士学位论文元数据共享系统。

第一步之所以选择现有国家法定收藏单位和 NSTL 成员单位、CALIS 作为联盟成员，是基于如下考虑：

（1）现有法定收藏单位中国科学技术信息研究所、国家图书馆和中国社会科学院图书馆从《中华人民共和国学位条例暂行实施办法》等文件颁布起就开始收集各学位授予单位呈缴的学位论文，积累了 200 多万的印本学位论文，前两家单位已经建立了文摘数据库和部分全文数据库。中国社会科学院图书馆也进行了文摘数据库建设工作。这些文摘数据库和全文数据库为学位论文的集成揭示和服务打下了坚实的基础。

（2）NSTL 成员作为第一批成员，它除了包括中国科学技术信息研究所外，还包括中国科学院文献情报中心、中国农业科学院图书馆、中国医学科学院图书馆等，它们收藏了科学院系统、农科院系统、医科院系统等产出的学位论文，同时这些机构与相应系统的学位授予机构关系密切，有助于解决学位论文的版权问题，它们也不同程度地建立了学位论文文摘数据库。另外，更为重要的一点是 NSTL 经过 6 年多的建设运营，证明它所采取的虚拟管理模式是可行的，各个成员单位在该模式下运行良好，这种共建共享的管理模式为建立我国学位论文资源共享系统提供了借鉴。

（3）把 CALIS 作为第一批成员，是因为 CALIS 作为高校的一个图书馆联盟，集成了"211 工程"院校和部分非"211 工程"院校的学位论文文摘信息，具有较好的学位论文文摘数据库基础，同时 CALIS 以联盟形式运作，联盟管理机构与成员之间协作机制已经形成。另外，高等学校是学位论文的主要产出群体，可为进一步与著作权人解决版权问题打下基础。

通过上述分析可以看出，第一批成员单位发展目标为国家图书馆、中国科学技术信息研究所、中国社会科学院图书馆等国家法定学位论文收藏机构，以及中国科学院图书馆、CALIS 系统等学位论文的行业集中收藏机构，这些单位各项基础条件都比较好，同处一个地区，都是国家或部门级的学位论文收集和资源保存机构，拥有丰富、完整、系统的学位论文资源积累和法定收集渠道，具备海量学位论文资源的组织、描述、存储、发布和服务的能力和经验，具有完备的学位论文资源管理和服务的技术储备和人员队伍，在我国学位论文的收藏和服务方面有较强的实力和较高的知名度。可以快速构筑起资源覆盖完整、收集渠道稳定、业务和专业化人才聚集、服务设施和手段齐全的学位论文协同管理的组织架构。当然，国内其他学位论文的收藏单位也可以结合自己的资源特点和行业优势，选择适当时机，以符合自身条件的恰当方式、在不同业务层次上加入学位论文资源共享系统，共同参与国家学位论文资源集中发布和联合保障的建设工作。在系统的建设过程中，要充分利用已有的学位论文存量资源、行政收集渠道资源、信息化加工和服务基础设施资源以及相应的人员队伍和服务经验，降低建设的周期和成本，加快建设进程。

5.3.1.3 共享组织形式

从国外学位论文共建共享的组织模式和我国学位论文资源管理状况来看，我国学位论文共享的组织管理，可以先从容易取得共识的环节上着手，本着自愿参与原则，以基于协议或备忘录的形式，形成各种事实上的合作组织，逐步从松散联合型发展到紧密结合型。

随着我国《国家科技基础条件平台建设》项目的逐步实施，NSTL作为我国信息资源共建共享的基础设施，正在实现我国科技文献资源的战略重组和系统优化，在一个技术标准统一、资源建设分工合理、服务提供完善、组织协调良好的社会大平台上发挥资源共建共享的整体效应。所以，我国学位论文资源共享系统可以借鉴动态联盟的共享方式，将NSTL作为盟主之一进行构建，由NSTL代理包括国家法定收藏单位在内的各学位论文收藏机构的资源。一个拥有学位论文资源的机构可以根据自身资源和优势，加入到系统之中，共享自身学位论文资源，共享自身采集渠道和加工技术。参与成员的主体地位平等，参与程度由成员自主决定，参与利益由成员分享。成员机构之间以两两对等的一系列正式协议进行约束，明确成员之间责权利关系，清晰资源的产权归属。

我国学位论文资源共享系统也可以采取联盟理事会制度，所有成员单位均是共享系统的理事单位，对系统的事务具有平等的发言权和表决权。由成员单位相关领导组成的学位论文资源共享系统理事会，作为最高决策机构和成员单位的权力代表机构，负责系统建设的目标设定、战略规划、中长期发展计划、宏观决策、政策制定、经费预算、总体协调、监督和评价考核等工作。同时，学位论文资源共享系统应采取专业化的管理方式，成立专家委员会，作为系统运作的专家咨询机构。专家委员会由成员单位的相关专家和系统之外的文献、信息技术、标准规范等方面的领域专家组成，主要负责共享制度、共享规范、元数据收割与交换、信息联合发布、资源保障、资源数字化、信息技术的决策和选择。由国家学位论文中心负责执行理事会的各项决定，制订年度工作计划，组织制订学位论文元数据共享系统的规章制度，开展学位论文元数据的共享集成和联合保障服务，指导和协调成员单位完成本地学位论文资源建设以及其他日常工作。

我国学位论文中心下设学位论文元数据与技术工作组和学位论文联合服务工作组，由依托单位负责条件、人员的配备和日常工作运行管理，并吸纳成员单位相关工作人员参与。学位论文元数据与技术工作组负责成员单位之间的学位论文元数据共享建设和元数据的技术整合，包括学位论文元数据的收割、交换、更新、转换、规范、质量控制、安全存储、工作机制维护、数据监控、共享协调等以及元数据共享平台、学位论文公共服务平台、数据处理、数字化建设等方面的技术支持。学位论文联合服务工作组主要负责学位论文服务协同、联合服务协调与监督、服务制度和服务规范应用、知识产权问题处理、用户反馈处理、服务效果评估、个性化和知识化服务研究等。

图 5-2 为我国学位论文资源共享系统组织管理结构。

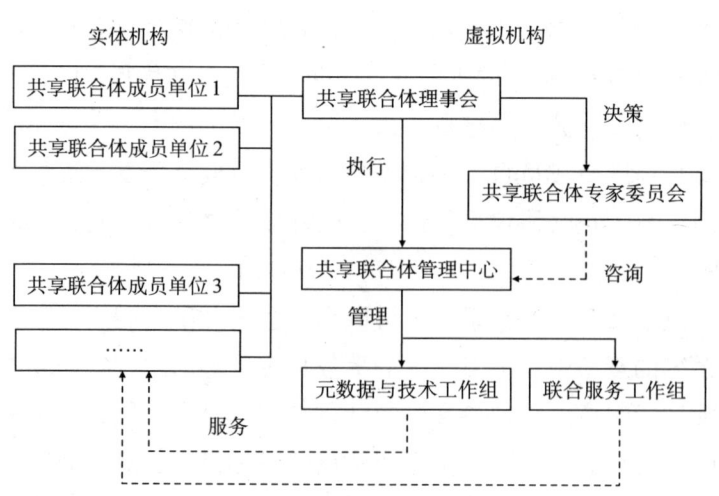

图 5-2　我国学位论文资源共享系统组织管理结构

| 5 我国学位论文资源共享系统建设

现阶段,我国学位论文资源共享系统的组织管理可采用动态联盟的模式(图 5-3)进行规划运作,充分发挥不同收藏机构在各自领域里的核心能力,促进我国学位论文资源共享系统的快速发展。动态联盟是由两个或两个以上的机构基于网络化分布式的动态组织模式,一般由一个组织作为盟主与其他若干盟员相结合形成系统,联盟中的某个合作单元可以根据自己的能力作为一个子盟主进一步向下扩展,组成二级、三级的共享子系统,直至扩展到每一最终合作者均为实际存在的组织单元为止。这种体系结构是由盟主代理与若干层级的共享子系统的资源和服务。

动态联盟的特点可归纳为:

◎ 组成动态联盟的成员机构应能在各自领域提供自己的核心能力;

◎ 各联盟机构具有更强的相互信任和依赖性;

◎ 运用高新信息网络技术保证联盟机构进行协同运作;

◎ 为迎合某一市场机会而联结在一起;

◎ 联盟成员处于不断变化之中,符合联盟成员条件的论文收藏机构(系统)可随时加入进来,因而以这种模式形成的共享联合体具有组织无边界的特性。可见,动态联盟具有灵活性、反应快速性的突出优点,符合目前的经济、信息和服务全球化趋势,能使共享联合体快速响应用户的需求。

在动态联盟中,我国法定的三家学位论文收藏机构和几家大型学位论文服务系统(CALIS、NSTL 等)处于核心位置,在技术安排、组织结构上形成了共享核心系统。这些单位开展开放式公益服务,它们之间的协调对国家大型馆藏单位学位论文元数据的整合至关重要,可以在成员单位共享平台中按照统一的实施方案和服务规则,实施学位论文分布保障。在整合我国大型公益性馆藏单位和系统学位论文元数据的基础上,动态联盟可以逐步扩展,吸纳学位授予单位(高校、科研院所)和地方图书馆作为底层联盟成员加入联盟,同时在高校或科研院所集中的地区组建分中心,辐射全国。以盘活学位论文资源存量,持续稳定地扩大增量,实现覆盖全国的学位论文元数据资源集成共享、集中检索和分级保障。

同时,在对学位论文资源进行整合挖掘的基础上,动态联盟进行增值服务,通过网络进行学位论文资源的协调采集和联合编目,适当吸纳商业机构

129

参与资源共享建设。另外，其他一些拥有学位论文资源的机构也可以根据自身资源和服务优势，申请加入共享联盟，共享学位论文资源、采集和加工技术，最终实现整个共享联合体的协同运作与可持续性发展。

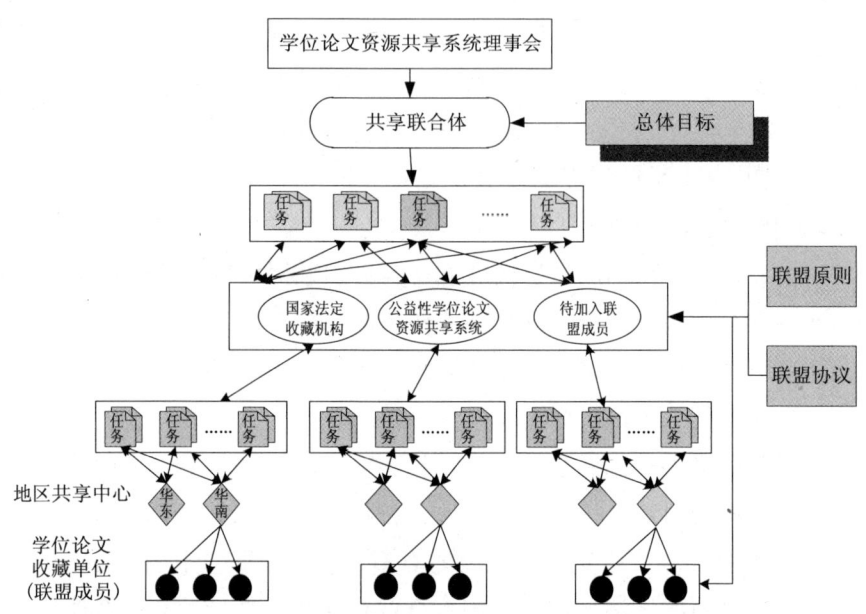

图5-3 我国学位论文资源共享系统的动态联盟组织模式

5.3.1.4 共享运行机制

学位论文资源共享系统是一种联合的、分布的、开放型的资源集成和服务体系，以机构虚拟联盟和业务紧密合作为特点。系统组织管理需要成员单位以公益为主、用户至上、精诚合作和协同建设为出发点，以国家学位论文收藏与服务的政策法规为依据，以学位论文元数据集成检索和资源联合保障服务为基础，以标准规范为业务工作的纽带，共同完成系统的组建和持续运作。

（1）政策法规

充分掌握和运用有关的学位论文法定收藏、公共资源开放利用、公共服务产品提供、信息公开和平等获取制度等方面的国家法规和政策，将其作为学位论文资源共享系统开放资源和联合服务的法律基础和保障，在遵守国家

5 我国学位论文资源共享系统建设

政策法规总体框架的前提下,研究和明确学位论文资源管理与使用中涉及的知识产权等法律法规界定不清和处于空白的模糊方面,根据我国学位论文资源建设、服务需要制订一系列相应的政策制度,积极探索学位论文这一重要而独特的文献信息资源全面开放使用的有效途径,承担学位论文公开服务和社会化服务的重任。在对国家相关政策法规的认识和执行问题上,成员单位应该研究协商,共同探讨,求同存异,逐步接近,力争达到统一的认识和一致的执行力度。

(2)信任关系

我国学位论文资源共享系统建设首先必须统一认识。当前,我国学位论文资源建设和服务中,普遍存在着条块分割、各自为政、垄断封闭的现象。各单位相互间缺乏合作与协调精神,相互攀比,竞相求全。这种传统落后的思想观念严重阻碍着学位论文资源社会化共享的发展,必须首先予以打破。学位论文资源的拥有单位必须牢固树立开放合作的共享观念,真正认识到资源的共建共享才是网络时代推进资源发展和物尽其用的唯一正确道路。

资源共享是参建各方在面向不确定的未来所表现出的彼此间的信赖。相互信任关系贯穿共享全过程之中,需要长期的努力培养。需要通过一套经常性的、持续的内部评估审核分析体系,对每个成员单位的过去、现在和将来等一系列要素进行综合评估,以建立可靠的相互信任关系,做到与共享的目标和属性相吻合、相适应,确保整个学位论文资源共享系统形成协同效应。需要通过管理培训、鼓励非正式接触、提高行为和策略的透明度等措施,建立有效的沟通平台,确保各种信息在成员间的沟通与传播,促进相互知识的增长,形成学习的新优势。成员需要有良好的决策、评估和监督程序;要在平等协商的基础上制订出共享体系的发展规划和工作目标,要尊重游戏规则,遵守契约规定,同甘共苦,相互监督。努力消除彼此的隔阂,建立一套阻止相互欺骗和停止机会主义行为的规范机制。对于损人利己的机会主义倾向和行为,要及时采取对策,或按协议规定对其进行仲裁。确保成员间互相理解,从合作方的角度去分析对方行为或立场,充分尊重对方的观点。对于协议未作规定而共享过程中出现的新问题,要进行谈判、协商解决。

(3)管理制度

我国学位论文资源共享系统的有序、持续的建设运行,最重要的是形成体制化和制度化的基础保证。其中，联合共享章程则是这一系列规章制度中的顶层制度，是规范其他规章制度的元制度。联合共享章程的主要内容应该包括我国学位论文资源共享系统的建设内容、组建方式、组织结构、成员单位加入退出办法、各方责权利约定等。

在跨行业、跨部门的建设和运行背景下，严格的管理制度是维系系统共建共管、保证成员单位各司其职，顺利实现业务发展目标的有效手段。联合共享需要在联合共享章程的原则下，制订完备的理事会章程、元数据共享章程、学位论文联合服务章程以及元数据制作和交换条例、学位论文统一服务条例等相关规章制度，例如电子学位论文收集、加工、保存、服务的工作流程，学位论文元数据收集与集成方式和更新制度，学位论文描述元数据规范及著录规则、加工规范，学位论文服务规则包括服务层次、服务对象与服务功能分析、学位论文数字版权管理和长期保存制度等，保证联合共享的资源与数据安全和稳定与持久的运行。

成员单位的学位论文资源管理和服务受本单位和共享系统理事会的双重指导，应该着眼未来，顾全大局，齐心协力，坚决贯彻落实理事会的决议，服从管理中心的统一管理，积极配合工作组的日常工作，严格遵守联合共享规章制度，认真执行联合共享的标准规范和业务程序，主动服从理事会的宏观管理、协调和监督，使共享系统的建设和运行纳入组织化、结构化的轨道。

（4）经费支持机制

文献资源共享活动既是一种社会公众服务活动，也是社会经济活动的一个组成部分，需要建立一种利益平衡机制，使参与成员能够依据他们资源的投入和贡献，获得相应的利益。

我国学位论文资源共享系统共享各成员单位原有的学位论文资源、数据、业务、人力和基础设施，便会对原有相关业务造成一定影响，因此需要各方从各个角度进行持续稳定的经费补充投入。我国学位论文资源共享系统和成员单位的经费支持和投入机制由经费自我支持机制和业务收入分配机制两部分组成。经费自我支持机制指学位论文资源共享系统的公益事业性成员单位本着自我筹集、自我建设、资源共享、经费共用的原则，在充分共享原有经费和各种资源的基础上，利用自身的行政和业务经费来源，自筹一部分系统运行业务所需要的额外经费，体现学位论文资源共享系统建设的公益性和国家意志。同时，力争不断地从政府部门获取各种专项支持经费，以项目合作和业务共建的形式分配给成员单位，形成有效的经费补充机制。业务收入分配机制是指依据成员单位元数据共享比例、联合服务数量等因素，将学位论文资源共享系统的学位论文元数据有偿使用、资源联合服务等方面的业务收入在成员单位之间按比例进行分配，形成学位论文资源共享系统建设经费的市场支持机制。上述多种经费支持机制和方式，将构成我国学位论文资源共享系统稳定可靠的经费支撑和保障。

为了推动我国电子学位论文的共享，作为社会公益性事业，应充分发挥各级政府、主管部门的指导和协调作用，最大限度地争取政府的资金支持，并改进经费的分配和拨付方式。建设经费可以分为资产拨款和运作拨款。资产拨款主要用于支付国家学位论文网络服务平台中软硬件的前期投入，用于学位论文及其数据库采集与整合经费；运作拨款主要用于系统运行维护和共享事业管理的各项经费。经费按照各单位学位论文收集、加工整合和服务等方面的成效及在整个系统中所做出的贡献来进行考核分配，并接受社会监督。

5.3.2 共享业务流程

我国学位论文资源共享系统的业务流程如图 5-4 所示，学位论文共享成员一方面按协议采集学位论文的电子版，另一方面加快学位论文纸质版数字化回溯加工，按规范的学位论文元数据标准进行深层次的加工和整合，形成学位论文联合知识库，通过学位论文信息门户向用户提供全方位的服务。

我国学位论文资源共享系统的核心任务是实现分布的学位论文元数据的集成共享、开放检索和学位论文资源的统一服务和联合保障，需要基于公共服务平台，采用开放结构，力求建立起学位论文资源的信息门户，形成一个可集成、可定制、可互操作、支持用户在网络环境下可方便搜索、获取和利用学位论文的信息服务体系。实现用户的统一认证管理，包括对网络用户进行登记注册、权限认证、身份验证等，利用基于策略的用户管理系统，实现对用户使用情况的统计，满足不同读者群、不同层次、不同方式等多方位的需要。服务方式可分为学位论文二次文献的集中公益服务、一次文献的分布保障服务、论文信息的监测评价服务等方式。

我国学位论文资源共享系统提供的服务类型包括查询检索、浏览、原文传递、馆际互借等。学位论文资源共享系统提供我国学位论文信息统一检索服务，提供包括论文题名、作者、导师、学位、学位授予年、学位授予单位、研究专业、研究方向、论文主题、分类号、馆藏单位及全文在内的多个检索入口，体现个性需求；提供不同字段之间检索词的逻辑组配检索；提供不同学位授予单位或馆藏单位的定位选择；如果用户通过检索系统发现感兴趣的论文，可以向论文信息服务机构提请全文请求的业务。系统提供一站式服务，检索结果根据用户的身份不同自动连接到对应的服务系统中，免去用户在两个系统间切换，重复检索的操作，提高服务水平。

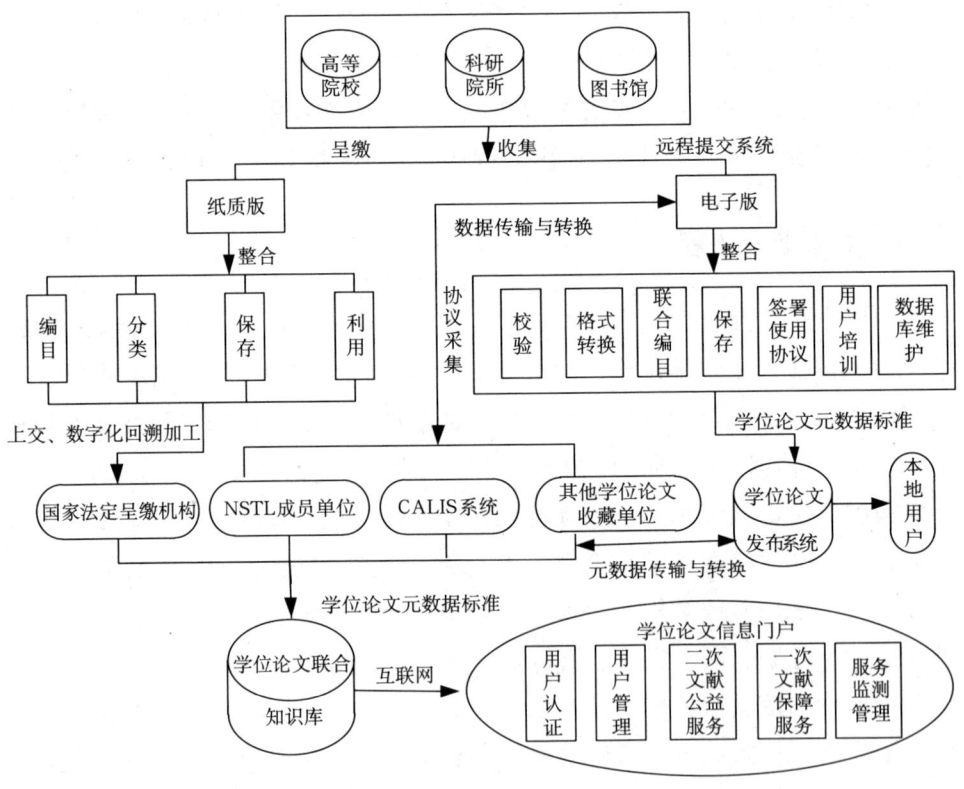

图 5-4 我国学位论文资源共享系统的业务组织流程

5.3.3 标准规范体系

由于目前我国各系统各部委采用的学位论文收集与服务系统彼此独立，元数据标准也未完全统一，不便于在全国范围内检索各机构的学位论文资源，在数据共享和交换上也存在困难，无法进行有机整合、全面集成、综合检测，无法形成统一的国家层面的学位论文资源共享系统，也无法统一向社会用户提供学位论文的查询、文摘索引的浏览、最新文献报道、全文提供和传递等配套服务。所以，加强学位论文标准规范的修订和编制，建立与其相统一的电子化应用操作模板和系统，是推动学位论文规范化、电子化和共享服务的关键步骤。

标准规范缺位或得不到有效执行，会给学位论文资源共享系统合作运行带来巨大的困难和障碍。制订和遵守学位论文保存、加工和服务方面的一系列的标准规范是共建共享的基础之一。学位论文资源共享系统需要在学位论文编写格式规范、学位论文网络采集格式和标准、描述元数据和管理元数据标准，包括学位论文核心元数据、元数据交换格式、元数据映射、元数据保存和管理、元数据检索服务标准、学位论文信息的组织与存储标准、互操作检索和开放链接协议标准、学位全文传递、服务收费、信息的权限管理和数据安全控制管理等方面制订和推出一系列的业务标准和规范，并得到成员单位的共同遵守，统一各方面的业务行为，有效凝聚和整合分布的资源、数据和服务能力。

自2000年起，在CALIS的统一部署下，国内重点高校陆续开发和建立了"高校学位论文网上提交和发布系统"，用来收藏本校的电子版学位论文全文和向高校师生提供服务；2006年中国科学院建立了CAS-ETD项目，开始对分布在全国24个城市的培养机构，进行学位论文网上提交，对系统网络用户开放文摘浏览。2006年中国科学技术信息研究所完成了《电子化学位论文示范系统》项目，制订学位论文编写格式标准，开发论文编写模板，可以实现学位论文网上提交、验收、整合标引和统计发布[1]。

通过研制统一论文格式和元数据的学位论文编写模板，建立电子学位论文提交平台，实现学位论文"原生"电子版的提交和数据自动采集，可实现

---

① 贺德方.国家学位论文资源共享体系研究[J].情报学报,2007,26(3):435-441

学位论文收集、加工、服务整个生命周期的最优化管理；降低学位论文的收缴成本，缓解由纸质版论文数量激增引起的工作量加大和经费紧张的压力。同时，可将电子版学位论文中的作者信息、书目信息、文摘等直接生成二次文献数据库，为国家节约大量数据库建库经费投入和人力投入，也为学位论文知识库的建立及开放链接打下基础。

5.3.3.1 国外学位论文相关标准规范现状

目前，国外主要的学位论文资源共享系统，在收藏规范方面，86%都是采用PDF格式存储电子版学位论议的，只有PQDT同时还使用TIFF格式进行存储。在数据提交格式方面，无论是集中共享模式还是分布共享模式都突出了元数据标准和互操作协议的一致利用。目前，国际上学位论文资源共享系统使用的元数据标准有DC、RFC-1807、IJANL、MARC、CAS等，互操作标准主要有OAI、Z39.50、Dienst等[①]。美国和欧盟一些国家很早就开始致力于标准的研究制订，目的是长期稳定地生成高质量的DC元数据和智能化地完成分布式学位论文资源的跨平台共享。NDLTD是目前共享标准和规范制订最完善的系统，已成为其他国家学位论文共享体系构建的参考范本。在标准化建设方面，澳大利亚ADT系统结合本国实际，开发适宜本国具体情况的技术标准，实现了与各个高校图书馆的OPAC系统兼容，保证了ADT数据库持续、稳定、健康地发展，支持了全国性分布式数据库的建设。ADT项目采用的技术标准数量少而且简单，能够确保长期稳定地生成高质量的DC元数据，同时，技术标准对环境软硬件要求不严格，使用灵活。澳大利亚的标准化推进具有代表性，在很大程度上体现了学位论文标准化的发展方向[②]。

5.3.3.2 我国学位论文相关标准规范现状

《中国学位论文收集与服务系统建设》课题组进行的国家学位论文资源状况调查问卷表明，只有46.3%的单位遵循国家学位论文编写标准，38.9%的单位制订了本单位学位论文格式标准。例如湖南大学、西安交通大学、东南大学等在参考学位论文编写格式及参考文献等国家标准的基础上，制订了本校

---

① 姚蓉,方怡,辛欣.网络环境下国家图书馆学位论文资源建设构想[J].国家图书馆学刊,2012(3):65-69,93
② 赵杨,胡潜,张敏.国内外学位论文共享服务发展趋势与对策分析[J].情报资料工作,2008(4):68-72

学位论文撰写规范。东北林业大学研究生院制订了将学位论文 Word 文件转换成 PDF 文件及论文目录制作流程，编制了学位论文模板。13.4% 的单位使用行业或系统内定标准。1% 的单位没有遵循任何学位论文编写格式标准。因此，结合形势发展要求修订学位论文编写格式标准，对于规范学位论文资源建设有重要意义。使学位论文编写既充分适应学位论文学术特点，又满足电子化学位论文的内容识别及结构化描述。

我国学位论文相关标准除编写格式外，还涉及著录、检索等多种信息与文献处理及服务标准。例如组织、揭示信息的元数据标准、数据格式标准、唯一标识符标准、信息共享和互操作协议标准、网络化服务规范等。无论从学位论文的管理、采集，还是从进一步的对学位论文加工、计量角度来讲，制订统一的收藏规范和数据提交格式都是科学、顺畅地获取学位论文所必须的。因此，建立与学位论文编写格式及元数据格式相统一的编写格式模板，并进一步建立电子化远程提交系统，必将促进学位论文学术规范化、数据电子化和共享服务。在学位论文编写模板和提交、验收、整合加工、发布系统平台开发调试完成后，需在重点单位进行《学位论文编写格式规范》标准宣贯，随后在全国范围内进行论文编写模板和电子化平台的应用培训和推广。

5.3.3.3　我国学位论文资源共享系统标准规范体系

我国学位论文资源共享系统标准规范体系的具体内容应涵盖学位论文的整个生命周期，在学位论文的撰写、提交发布、描述、统计、服务等各个阶段都应遵循统一的标准规范，以实现异构、分布的资源对象之间有效的发现与共享。学位论文资源共享系统标准规范体系主要包括以下具体内容（图 5-5）。

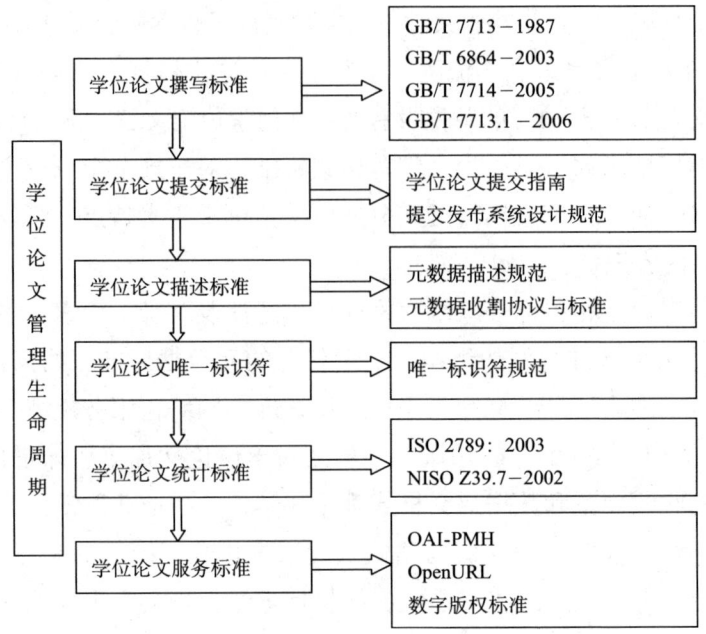

图 5-5 我国学位论文资源共享系统标准规范体系

（1）学位论文撰写国家标准的制定与修订

目前，各学位论文共享单位遵守的学位论文国家标准包括 GB/T 7713—1987《科学技术报告、学位论文和学术论文的编写格式》、GB/T 6864—2003《中华人民共和国学位代码》、GB/T 7714—2005《文后参考文献著录规则》等。这些国家标准都是在 1987 年制定的标准基础之上修订实施的。随着信息技术的迅猛发展，文献信息呈现出数字化利用趋势，对文献识别及描述等要求日益加强，现行标准已不能满足当前要求。因此，2006 年进行了学位论文编写规范的修订，遵循共同参与的开放机制，着重知识产权与科学道德的原则，并邀请学位管理单位、学位论文编写单位、学位论文加工收藏单位共同参与，使修订后的标准既有利于学位论文编写，又有利于学位论文信息的收集、存储、加工、检索、交流和传播，具有学位本身的特性和可操作性，并与相关标准和规定相融合和协调一致。2006 年正式出版 GB/T 7713.1—2006《学位论文编写规则》，与原有的 GB/T 7713—1987 标准相比主要的变化有[①]：

◎ 新的国标将原标准中的学位论文的编写格式单独列为一个标准，并将标准名称改为《学位论文编写规则》，修改了相应的英文名称；
◎ 增加了第 2 章"规范性引用文件"；
◎ 在第 3 章中，将原标准中与学位论文编写格式无关的术语和定义去掉，增加了"封面"、"题名页"、"摘要"、"摘要页"、"目次"、"目次页"、"注释"、"文献类型"、"文献载体"等定义；
◎ 将第 4 章"编写格式"改为第 5 章"组成部分"和第 6 章"编排格式"，并为了利于学位论文的加工处理，增加了学位论文数据元项，根据需要对部分内容作了相应调整；
◎ 增加了部分附录及参考文献；
◎ 按照 GB/T 1.1—2000 对原标准的格式、编排进行了重新调整。

（2）研制学位论文提交与网上发布标准规范

为满足学位论文的交流和共享，除在编写格式中定义学位论文的内容格式，如前置部分、主体部分、后置部分等基本内容外，还应定义学位论文的元数据、全文数据格式及数字化显示（DTD、XML 文档，XSL）等内容，供撰写者参考，制定学位论文编写格式系统模板，同时，编制所有学位论文收集与服务单位共同遵循的《数字化学位论文网上提交指南》，让各单位和个人通过编写格式模块既能完成学位论文的编写，又能通过一定的平台和软件提交电子化学位论文。借鉴国外 ETD 模型的成功经验，创建适合我国发展的 ETD 模型，开发电子化学位论文示范系统，理顺电子化学位论文的提交、存储、检索和发布的工作流程。

目前，CALIS 开发了 IDL 学位论文提交与发布系统，该系统分为论文提交与检索、论文制作与管理、论文回溯及服务器端四个子系统，其中，论文提交子系统的功能为论文提交、论文验证和论文检索，论文制作与管理子系统实现的功能为学生管理、账户管理、论文制作、论文库备份、日志管理、统计等，论文回溯子系统的功能为标引加工、资源制作、批量提交等，服

---

① GB/T 7713.1—2006《学位论文编写规则》[EB/OL].[2013-07-12] . http://202.196.208.111/picture/article/22/d0/14/3bcb2611465b9e5eb386fe1f9ede/7bc7183a-af64-4f43-abe8-938e40e0ee77.pdf

务器端的功能为提供 OAI 服务与服务接口模块标准，包括 METS 交换模块、CALIS-OID 本地解析模块、IDL-DRM 同步接口、CALIS 用户认证接口模块等。可见，在学位论文提交与网上发布系统设计的过程中，必须遵循现有的各种资源发布与网络服务的相关标准。

（3）制定学位论文元数据描述标准

学位论文元数据对电子化学位论文的内容及结构描述、存储、检索发布、选择、定位、管理、统计评估具有重要作用，因此，应制定统一、规范、科学的学位论文元数据标准。目前，NDLTD 的 ETD-MS 和我国的学位论文相关元数据标准，主要考虑学位论文特点，参照 DC 元数据而制定的描述性元数据标准。随着我国学位论文资源共享系统的建立，不仅应有描述学位论文资源本身的元数据，还应对形成、管理、维护和使用学位论文的人、流程和系统进行描述；相应地，除了学位论文描述性元数据外，还应包括业务流程元数据、管理元数据、获取元数据等。每类元数据都可以在学位论文形成过程中自动生成以及论文提交后补充、审校。

制定和实行元数据核心标准。学位论文元数据标准是分布式学位论文资源描述和组织的技术手段，是元数据共享建设的依据和规范，是元数据共享机制和制度化建设的基础条件。根据清华大学图书馆、中国科学院文献情报中心、中国科学技术信息研究所提供的学位论文库元数据格式，进行对比研究，发现各单位的学位论文元素基本都能和 DC 元素形成较好的映射关系，因此，共享系统在 DC 元素集的基础上，确定了题名、作者、主题、描述、导师、日期、资源类型、资源格式、资源标识等 13 个元素组成的学位论文描述元数据交换集。

在此基础上制定了元数据共享章程，落实元数据的共享方案和共享行动，实现成员单位元数据共享和互操作的制度化与规章化。元数据共享章程内容涉及学位论文元数据开放声明、使用和互操作权限、元数据的标准化创建和转换、元数据交换和收割、元数据质量规范和控制、元数据整合存储、元数据的集成发布和公共检索服务等。

学位论文元数据集中建设单位通过 OAI-PHM 协议自动收集汇总分布在各参建单位/系统的学位论文元数据并提供服务，通过 OpenURL 链接到各参建单位/系统的论文全文。全文访问权限由各参建单位/系统控制。系统建设涉及的标准规范尽量采用国内外已有的通用标准（如 OAI-PMH、OpenURL 等）①。

（4）制定电子学位论文唯一标识符标准

在国内外的电子化学位论文系统中，为了更好地实现学位论文资源的集成管理和定位，规定了学位论文唯一标识符体系，一般分配每篇学位论文一个独立标识，由数字、字母、数字字母混合集等组成。唯一标识符和元数据一样，都是学位论文内容检索和知识服务的重要工具。每一篇电子版学位论文可以看成是一个数字对象，为每一个数字对象分配一个全球唯一的、持久的标识符符合数字图书馆的发展趋势。这样做的好处有：①能够唯一和持久地标识数字资源，标识符不会因为资源所在系统、存储方式、位置的改变而发生变化，便于资源的管理；②能够将因特网上的同一种数字资源集中；③有利于实现数字资源的开放链接。事实上，目前我国还没有统一的数字学位论文唯一标识符，各单位一般都自行定义。由于中国科学院、CALIS 和中国科学技术信息研究所三家单位的学位论文数据存在一定的重复，在资源整合过程中应考虑赋予学位论文统一的唯一标识符。

学位论文唯一标识符规范的制定可以由项目牵头单位统一规定一个命名规则，并可向 OAI Registry Server 申请并登记，例如：可统一规定使用"学校代码"作为 Namespace-identifier。Local-identifier 可使用"学生学号"来确定。为每个参建单位都有一个唯一的学校代码，在每所学校内的每个学号所对应的学位论文也是唯一的,用此命名规则能够唯一标识《CALIS 学位论文全文数据库》系统内的每个学位论文数字对象。为此，要求各个学位论文收集与服务单位均采用该规则命名学位论文资源对象②。

（5）学位论文的数字版权标准

学位论文的共享系统应通过利益平衡机制，平衡权利人和社会公众之间的利益关系。电子化学位论文服务中，通过网络其传播范围空前扩大，被非法下载、拷贝的风险大大增加。因此，应在遵循国家相关法律的基础上，运用信息技术手段，如数字媒体版权管理（DRM）技术对学位论文数字资源进

---

① 贺德方,曾建勋,张敏.中国学位论文收集与服务系统的构建[J].情报学报,2009,28(4):634-640
② 赵阳,姜爱蓉.学位论文网上提交和发布系统比较研究[J].大学图书馆学,2004(3):36-40

行保护。通过 DRM 技术对学位论文全文进行加密，限制复制、打印、拷贝操作，离线阅读作者只能在合法的机器上阅读全文。国际上数字版权标准比较有影响的有：MPEG 标准 IPMP、数字媒体计划 DMP 等。

（6）制定学位论文知识服务标准

学位论文知识服务的相关标准是学位论文知识资源高度共享实现技术中的关键性内容，其主要内容包括学位论文数据库质量监测体系和校验标准，数据库结构、互操作、检索和服务规范等。

由于 Z39.50 的复杂性，代表更低门槛的 OAI 收割协议被广泛应用于电子化学位论文系统中，学位论文资源共享系统按照 OAI-PMH 协议向元数据集中建设单位提交元数据信息，所提交数据必须包括元数据集中建设单位制订的统一的元数据标准中的必选字段信息。由于 OAI 只是一个元数据层面的互操作协议，要实现检索、原文链接等还要与其他协议规范配合，如 OpenURL 开放链接标准协议（开放环境下信息传递的规范化语法）的使用。

6 学位论文元数据公益共享方案

元数据,就是"描述数据的数据"或"关于数据的结构化数据",是帮助查找、存取、使用和管理信息资源的信息,用来描述信息资源本身的内容特征和其他特征的数据,其目的是加强对信息资源的发现、识别、开发、组织和评价,而且对相关的信息资源进行选择、定位、调用,追踪资源在使用过程中的变化,实现信息资源的整合、有效管理和长期保存。

元数据是信息组织和处理的基本元素,为各种形态的数字化信息单元和资源集合提供规范普遍的描述基准和方法,在数字图书馆发展中正发挥着日益重要的作用。随着数字信息环境本身的发展,信息内容、信息系统、信息过程都已聚合于同一数字空间,元数据不仅进一步发挥其在规范描述基础上支持对各层次信息内容的发现和检索的作用,而且正成为联结、协调、整合和控制各个层次,乃至整个信息服务体系的工具和纽带,成为分布、开放和集成的数字图书馆的基础。

6.1 学位论文元数据整合概述

6.1.1 学位论文元数据的主要功能

作为元数据描述对象的"数据",可以是任意层次的数据对象,例如传统的图书、期刊、文件等内容对象,图书馆、网站、数据库等内容对象资源集合,分类表、叙词表、语义网络等资源集合知识组织机制,使用控制、个性化定制、知识产权管理、长期保存等基于资源集合的信息管理机制。元数据就是对这些数据对象规范描述所形成的数据集合,通过计算机可读的开放语言来标记这些元数据,就能在系统间发现、交换、转换和理解相应的数字对象,支持系统间互操作。元数据的主要功能包括:

（1）资源描述功能

对学位论文纸质版和数字化资源的内容和外观特征进行描述和识别，其对资源单元进行详细、全面的著录描述，涵盖资源内容、载体、形态、位置、制作方法等。描述元数据的功能能够全面揭示学位论文资源内容，实现资源发现和获取的一致性。

（2）资源保存功能

对分布的学位论文资源的保存状态、载体、格式、完整性、地点、技术、环境等信息进行系统描述元数据，以便学位论文资源存储的虚拟整合、完整描述和联合调度，实现资源的协调、安全、规范的保存和互操作。

（3）资源管理功能

指对学位论文资源管理机制的规范、开放的描述，主要是对资源的创建者、拥有者、管理和使用权限、知识产权、保密状态、使用方法、调用规则、元数据合作进行全面描述，用于维护和管理资源以及对集中的元数据进行分类管理，发挥其在资源及其处理利用中选择评鉴、使用控制、权益管理、动态定制、隐私保护、资源长期保存方面的作用，实现学位论文资源在我国学位论文资源共享系统中的有序分布、合理流动和服务传递。

（4）资源检索和定位功能

通过元数据的整合和集成发布，建立元数据公共检索平台，通过资源馆藏机制和唯一标识符机制，实现元数据和资源对象的定位与链接；通过联机获取、全文传递等服务方式，实现元数据的资源发现和定位功能。

6.1.2　学位论文元数据整合的案例分析

利用计算机和网络创建、生成、存储及传播的数字资源具有与生俱来的分布性和异构性，面对用户应用中日益紧迫的集成和整合需求，国内外都在寻求集成整合数字资源的方法和途径。跟踪近几年国内外数字图书馆建设合作项目的发展，最容易达成共识和最先入手开始的合作通常是建立合作机构拥有资源的元数据仓储。下面重点介绍几个国内外比较有代表性的元数据整合案例。

（1）美国的 OCLC 联机编目中心

美国联机计算机图书馆中心（Online Computer Library Center，OCLC）创

6 学位论文元数据公益共享方案

建于 1967 年，总部在美国俄亥俄州都柏林，是世界上最大的提供网络文献信息服务的机构。OCLC 是一个面向图书馆、非营利性的组织，以推动更多的人检索世界范围内的信息、实现资源共享并减少信息费用为主要目的。OCLC 主要提供以计算机为基础的联合编目、参考咨询、资源共享和保存服务等。

OCLC 实行会员制度，OCLC 的会员馆可从宏观上监管 OCLC 章程的规定、经营的策略以及发展的方向。OCLC 监管体制由 OCLC 会员馆、会员委员会和理事会由下至上组成。OCLC 会员馆是那些承诺将其采购的所有西文书通过 OCLC 编目系统进行编目、将馆藏投入 OCLC 数据库的图书馆。OCLC 会员馆通过选举会员委员会的代表来行使监管 OCLC 的权力。这些代表来自各种类型的会员图书馆，代表着自己图书馆所在区域的会员馆的利益，任期 3 年。会员委员会赋予代表以下主要责任[①]：

①鼓励并帮助 OCLC 实施一切有利于会员馆的操作项目、计划或协作；
②疏通会员馆与 OCLC 之间的信息流通渠道；
③选出 6 个图书馆员代表到 OCLC 理事会任理事；
④批准或否决理事会提出的 OCLC 公司章程和管理条例的修改案；
⑤从事为会员馆服务的其他有关工作。

OCLC 理事会是监管 OCLC 的最高权力机构，其权力类似美国大学理事会的权力，由会员委员会选出，任期为 6 年。理事会的大多数成员来自图书馆或相关行业，以确保会员馆在监管机制中起主导作用。这一机制从根本上改变了用户和 OCLC 的关系，使会员馆获得一种归属感，一种"当家做主"的感觉。

当成员馆编目人员对新采购的图书联机编目时，首先检索 OCLC 联机联合编目数据库（WorldCat）。若有需要的记录，便将其下载到本地数据库，即临摹编目；若无需要的记录，便编写一条新记录上传到 WorldCat，即原始编目。OCLC 分配给每个用户图书馆一个代号，图书馆不管是下载还是上传记录，均附带图书馆代号，设置到 OCLC 数据库，成为馆藏代号；该代号又与 NAD（名称地址录）数据库中对应图书馆的详细信息连接起来。上述编目过程有两大益处：第一是临摹编目，不仅解决了语言、专业知识等方面的问题，而且缩短了编目流程，节省了人力财力。第二是资源共享，在 OCLC 数据库中查到

---

① 欧阳少春. OCLC 成功之路[J]. 图书与情报, 2002 (2):8–12

附带馆藏代号的编目数据,便能马上知道该编目数据所代表的一次性文献哪家 OCLC 用户图书馆藏有,进而进行馆际互借。[①] 通过这种元数据整合和协作,有效地实现了资源共享和馆际互借。

OCLC 通过手动或自动方法消除各种重复记录,纠正错误,保证联合目录数据库的质量。所有的编目成员机构都能够帮助确保 WorldCat 主记录的质量。最小级别的升级功能允许这些图书馆添加和修改低于完整级别的主记录的所有可编辑字段,并将它们升级到完整级别或低于完整级别的状态。OCLC 通过促进和采用国际标准,在成员机构那里执行自己的计划,参与其他质量计划,如 PCC 合作编目计划、CONSER 合作联机连续出版物计划、USNP 美国新闻计划等,实现对数据质量进行有效控制。

(2)美国的 NDLTD 博硕士学位论文数字图书馆

NDLTD 为用户提供免费检索和浏览服务,用户首先检索元数据库,然后通过 OpenURL 技术访问分布在各个学校的论文全文。全文的服务由论文提供单位提供,是否提供全文,是否收费,均由论文提供单位决定(根据作者的要求,NDLTD 文摘数据库链接到的部分全文分为无限制下载、有限制下载、不能下载几种方式)。NDLTD 的目标是创建一个由包括 NDLTD 成员单位和其他组织提供的博硕士学位论文组成的全球联合目录,以此提供一个查找电子版博硕士论文的统一入口。参与 NDLTD 的各成员单位自己拥有电子版的论文,但是要向联合目录提供统一的元数据。使用联合查询系统时,用户只需提交一次检索词,就可以同时检索众多电子版博硕士学位论文项目组成员单位的站点。该联合目录支持多语种联合检索。该联合目录,也起到促进电子学位论文相关研究的作用。

大学、大学的院系、大学联盟、图书馆和社团等组织和机构可以申请成为 NDLTD 成员机构。NDLTD 成员机构有权得到关于建设电子学位论文数据库的指导和帮助,NDLTD 成员机构有义务为推广电子学位论文而努力,有义务为 NDLTD 联合目录提供元数据以供检索。NDLTD 成员申请表格主要包括对自己组织的介绍、自己组织中学位论文电子化的开展情况、联系人信息、协议和注释等四部分。

---

① 欧阳少春. OCLC成功之路[J]. 图书与情报, 2002 (2):8–12

6 学位论文元数据公益共享方案

采用"各成员单位在本地建立自己的学位论文全文数据库、通过 OAI 协议集中元数据"的分布建库模式。该项目开发了一套"学位论文远程提交和发布检索系统"供成员单位使用。系统采用 UNIX 平台，数据库采用 MySQL，开发语言为 Perl。NDLTD 成员单位也可自行开发"学位论文远程提交和发布检索系统"，但必须遵循 NDLTD 制订的统一元数据格式和标准规范，必须支持 OAI 协议。NDLTD 作为 OAI 协议的服务提供方，定期通过 OAI 协议向各成员单位收集元数据，并通过因特网在全球范围内提供元数据的免费检索服务。用户在检索命中记录后，通过 OpenURL 技术链接访问分布在各地的学位论文全文。

NDLTD 制订了基本 DC 的元数据规范 ETD-MS，供参建单位遵守，因其组织松散，对成员单位的数据质量没有严格的控制。

（3）中国的 CALIS 联合目录

CALIS 联合目录是 CALIS 自建数据库项目之一。目的是建立多语种书刊联合目录数据库和联机合作编目、资源共享系统，为全国高校的教学科研提供书、刊文献资源网络公共查询，支持高校图书馆系统的联机合作编目，为成员馆之间实现馆藏资源共享、馆际互借和文献传递奠定基础。①可实现如联合目录查询、广播式检索、联机合作编目、数据批处理上载、规范控制及全域更新、协调采购和馆际互借等功能。

项目由管理中心负责管理，管理中心联合目录项目工作组主持建设，管理中心和地区中心所在图书馆负责对数据库的运行维护，全国高校协作共建。联合目录项目管理组负责项目的全面管理工作。项目管理组下设工作组，负责日常业务工作的运行；地区中心负责对本地区联合目录数据库的运行维护，负责本地区数据管理，参与产品发行工作，成立本地区协作委员会，组织本地区的业务培训活动；图书馆履行其用户类型的职责，严格按联合目录数据库建设的业务规范提供数据，积极参与联机合作编目活动。

CALIS 联合目录数据库采用集中式数据库结构，在 CALIS 管理中心和地区中心建立 8 个联合目录数据库，通过"增量复制"技术使 8 个联合目录数

---

① 联合目录数据库建设项目实施方案（简要版）[EB/OL].[2013-07-12]. http://project.calis.edu.cn/calis/lhml/lhml.asp?fid=FA0301&class=1

147

据库中的书目记录保持同步,最大程度地保障联机编目应用和馆际互借应用在高效便捷实时的环境中进行。地区图书馆一般通过对本地区的联合目录数据库的检索进行联机编目或请求提供馆际互借。采用这种模式,能利用较短的时间,建立以联机合作编目和馆际互借为目的资源共享体系,并在此基础上,把其他资源服务整合在一起,用户进入8个中心的任何一中心,都能查到相同的信息,逐步建成全国高校的数字图书馆系统。①

为有效地保证数据库的建设、运行和维护,成立了质量控制组。质量控制组由全国高校的编目专家组成。其职责是:审定数据库建设质量;审定项目实施所涉及的相关技术标准、协议和规范规则的执行情况;接受联机合作编目的咨询工作等。为保证数据的永久性,为将来实现目录检索和文献传递一条龙服务,项目建设中,遵循如文献著录标准、机读目录格式、代码标准、汉语拼音标准(中文罗马字母拼写法 ISO-7098)、分类与主题规则、信息检索标准(ANSI/NISO Z39.50)网络通信协议(TCP/IP)、字符集标准、馆际互借标准(ISO 10160/61)、"保障体系"联合目录数据库建设等有关规范化原则。

(4)中国的 CALIS 学位论文数据库项目

《CALIS 学位论文数据库建设》项目是国家计委立项并拨款建设的高校文献信息保障系统(CALIS)的一个自建数据库子项目,由清华大学图书馆负责牵头、组织建设。以"合作建设、资源共享"为目的,集中收集高校范围内的博士、硕士学位论文资源,为高校范围内的读者通过网络共享学位论文信息提供途径和保障,推动高校教学、科研水平的交流与提高,对后继的教学和科研活动提供参考。《CALIS 学位论文数据库建设》项目分为两个阶段:第一阶段(1999—2002年),《CALIS 学位论文文摘数据库》的建设。通过 FTP 方式集中收集分散在各高校的文摘数据,"按照统一的数据格式和建库规范,采用统一的软件,各高校共同制作数据,集中建库,开展服务",采用"分散加工、集中建库"的运作模式。第二阶段(2003年至今),《CALIS 学位论文全文数据库》的建设。采用"元数据集中建库、论文全文分散建库"模式,在技术方案上采用与国际接轨、开放、先进的主流技术,通过自动收割技术,实现元数据和论文前16页的自动收割,通过开放链接技术,实现通过元数据

---

① 谢琴芳,白新萍.书目资源的共建、共知和共享——CALIS联合目录数据库建设思路[J].大学图书馆学报,1999,17(2):6-8

6 学位论文元数据公益共享方案

链接到参建馆本地系统的论文全文。

在 CALIS 全国工程文献信息中心管委会领导下，成立了由项目牵头单位（清华大学图书馆）、项目参建单位代表组成的项目管理小组，负责整个项目的组织、协调等工作。为保证尽量全面地收集高校范围内的学位论文资源，项目确定所有"211 工程"院校均可申请参加，也欢迎非"211 工程"院校申请参加。通过填写《成员单位基本信息登记表》和签订《CALIS 高校学位论文全文数据库建设协议书》的形式确定参建单位的义务、责任和权利。参加本项目的学校需要满足的基本条件包括：有丰富的学位论文资源；同意并遵守本项目规定的实施方案、管理办法和标准规范；具备项目建设需要的工作人员和设备条件；建立有符合 OAI 接口的本地学位论文提交系统和网上服务系统（具备认证、结算功能）；同意在遵守知识产权的前提下提供学位论文的网上共享利用。参建单位需指派专人负责本校学位论文库的建设工作，其主要任务是：组织指导本单位人员建立、实施"学位论文网上提交系统"和"学位论文全文检索系统"；及时验收、审核本校研究生学位论文的全文和元数据，保证其质量；保障本地的论文提交和发布系统连续地正常工作，及时通过网络发布本馆审查合格的论文信息；提供 OAI 数据收割的接口，供 Service Provider（清华大学图书馆）定期收割元数据；及时向项目管理组和实施组反映工作中出现的问题。

采用"元数据集中 / 全文分散"的收集模式，通过 OAI 协议和 METS 标准自动收割分散在各校的学位论文元数据和论文前 16 页并集中建库，用户可以免费查询分布式系统中的电子版博硕士论文，并可免费获得论文的题录、详细摘要、论文前 16 页及部分授权的学位论文可获取全文。用户首先检索元数据库，找到感兴趣的论文后，通过 OpenURL 技术访问分布在各个单位的论文全文。全文的服务由论文提供单位提供，是否提供全文，是否收费，均由论文提供单位决定。其版权解决方法是学生提交论文时，对自己的论文以电子形式访问的公开程度进行选择，不同的选择代表不同的授权权限。优点是与学生签订非专属授权协议解决版权问题，可以免费使用部分学位论文全文。缺点是不能保证所有撰写非保密论文的学生自愿签订非专属授权协议，授权的学位论文全文数量有限。

项目采取多种措施，严格控制收割的学位论文数据质量。制订《学位论文描述性元数据规范》、《学位论文本地系统描述元数据规范相关著录规则》、学位论文提交系统核心表单、《学位论文元数据 XML Schema》等相关数据质量控制规范和标准,开发学位论文本地数据质量检查模块等,供成员单位遵守和执行。

通过以上的介绍和案例分析,元数据整合在不同国家或不同项目中已得到广泛应用和认同,通过元数据整合的方式建立的一些实际系统也被广泛使用。在进行元数据整合过程中,需要考虑到数据质量或技术标准规范的制订与实施、数据质量控制、具体的组织实施流程、成员单位的管理等多个问题。

6.1.3 学位论文元数据整合的作用和意义

长期以来,我国绝大部分的学位论文都是以纸质版方式保存,由于缺乏有效的管理制度和运行机制,纸质版学位论文未能得以完整收藏,提供的服务也非常有限。近十几年来,虽然一些机构团体开始建立学位论文文摘索引和书目信息数据库,但大多数是从自身的需要出发,只限于收集本系统和本单位的学位论文信息。用户检索查询之后,仍然不能直接提取或在线阅读全文。最近几年,一些高等院校和学术机构开始建立学位论文的全文数据库,但基本上只面对本单位用户提供服务。因此,从整体上来看,目前我国学位论文的收藏和服务基本上依然是靠传统手工方式,效率低,工作量大,导致对外提供的服务内容、服务范围、服务对象有限。这种局面和现状落后于其他国家学位论文建设的整体水平,与计算机网络技术高速发展状态下信息资源整体的整合和发展趋势很不相符,因此学位论文资源整合势在必行。通过学位论文资源的整合,在国家战略发展的层面上统筹规划学位论文资源的整体布局,加快学位论文电子化、网络化步伐。既考虑到"原生"电子版学位论文的网络提交方式,也兼顾到纸质版学位论文的数字化回溯收集方式,实现对现存学位论文服务系统资源的集成整合。形成学位论文规范有效的成果积累机制,保证学位论文档案的完整性和连续性,进而保障教学和研究的延续性和循序渐进性。

学位论文资源的整合需要考虑我国学位论文资源的特性、总体布局、涉及的相关标准、版权和资源发展现状等问题,应采取切实可行的有效措施分步骤地进行。根据"国家学位论文服务体系研究"的成果,国家学位论文的

6 学位论文元数据公益共享方案

服务框架设计应依照"共建共享、集成整合、分布服务、开放联合"的原则，满足不同读者群、不同需求层次、不同需求方式等多方位的需要，在遵循知识产权和国家法规政策的前提下进行建设。学位论文二次文献服务以"共建共享、公益服务"为指导思想，鼓励学位论文的产出单位、部委系统、区域联盟和大型文献情报机构建立本地、本系统的学位论文提交与发布系统，这个层面的系统均提供学位论文二次文献公益性的网络检索服务。学位论文一次文献服务以"分布收藏、联合保障"为指导思想，基层的学位论文的产出单位通过本地提交和发布系统为本单位或者同一联盟内的用户提供免费、公益性的全文网络浏览服务，对于国家学位论文服务体系的共建共享单位可以对等、互惠地提供学位论文全文的网络浏览服务。一次文献的保障服务建立在二次文献的共享服务基础之上。用户在免费检索到需要的二次文献信息后，可以通过开放链接技术直接链接到一次文献，用户可以选择最适合的途径（免费或者收费）浏览学位论文全文，或者提供馆际互借的方式，保障论文全文的获取需要。因此，学位论文二次文献（即元数据）整合和共享是实现国家层面上学位论文资源整合的基础和前提条件。实现学位论文资源元数据整合的作用和意义体现在：

（1）有利于学位论文资源的规范化描述

中国科学技术信息研究所、国家图书馆和中国社会科学院图书馆三家单位采用不同的标准进行学位论文元数据的加工和处理。同时，一些机构以联盟的方式联合进行学位论文资源的合作建设，例如 CALIS 高校范围内联合建立的学位论文数据库，目的是实现学位论文资源在一定范围内的整合和共享。一些学位论文产出单位也对自己本单位的学位论文资源进行一定程度的加工处理。虽然这些单位或联盟为我国学位论文资源建设贡献了力量，但是不同单位或系统之间采用不同的标准加工和处理数据，不方便用户的查询，也不便于数据的互操作。通过学位论文元数据整合，可实现不同单位或系统之间元数据的互操作，有利于对我国学位论文资源进行规范化的描述和处理。

（2）方便学位论文资源的集中发现和获取

通过学位论文元数据的整合，进而实现学位论文一次文献的获取保障，将带来诸多良好的效益。首先，有助于研究生确定论文的选题和研究方向，克服与他人研究课题的重复，防止研究工作的重复投入，减少不必要的人力与投资浪费。其次，由于学位论文的研究成果得到更广泛的关注，有助于遏制学术腐败，防止剽窃和抄袭现象，作者的研究成果得到了更好的保护。再次，由于扩大了共知共享的范围，增大了学位论文的著作权人将成果转化为现实生产力的机会，有助于加快学位论文的利用效率和服务水平。也可以通过知识产权保护体系的建立，为全文在线阅读及网络化服务提供保证，推动论文成果拥有者将成果转化为现实生产力。最后，由于学位论文面临被更多人了解和评价，促使导师更精心地给予指导，促使研究生更努力地完成高水平的学位论文。

（3）有助于实现学位论文数据的分析监控功能

研究生的培养质量既是一个学校人才培养质量的标志，也是学校科学研究水平和创新能力的标志，而学位论文是研究生培养质量和学校研究水平的综合集中反映。对学位论文的检验和评价是衡量研究生培养质量的最基本的"监控"手段，通过学位论文元数据的整合，进而实现学位论文一次文献的获取保障，有利于检验和评价学位论文的真实性和学术上的创新性，有利于倡导诚信务实的科学精神，提高科学研究的原始性创新能力。通过学位论文管理信息系统，按行业、地区、单位和学科进行数据统计和综合性分析，可以及时了解不同学科领域内的学位论文产出状况，获得在研究生培养过程中的整体科研发展的状况报告，提供有关管理部门决策参考。目前，我国已建的学位论文元数据库，除了国家层面上三家法定收藏单位建立的以各自收藏的学位论文为基础的元数据库外，多家单位或机构也以联盟的方式建立各具特色的学位论文元数据库，例如高校范围内各高校联合建立的CALIS学位论文数据库、中国科学院系统内建立的学位论文元数据库等，为学位论文的元数据共享和建设提供了基础和依据。

6.2 学位论文元数据整合思路

6.2.1 学位论文元数据整合框架

考虑到我国学位论文资源现有的建设情况、布局和现有基础，参考国家学位论文服务体系项目建立的"国家学位论文整体布局方案"（图4-2），我国学位论文元数据的整合应以整合已有的、全国性的、颇具规模的学位论文元数据库为主，整合产出单位自建的元数据库为辅，有计划地、有步骤地分阶段进行，尽可能在国家层面上整合和建立起一个比较全的学位论文元数据库，方便学位论文数据的集中查询和检索。在此基础上，建立起符合国情的学位论文一次文献保障服务机制。

目前，我国已有的几个颇具规模的全国性大型学位论文元数据库，收藏各有特色、各有侧重，将其整合为一个集中的元数据库，基本上能够涵盖我国产出的绝大多数学位论文资源。对无法整合的极少数学位论文资源，可采取整合产出单位自建的元数据库为辅的方法，或者采取多种措施，提高全国性学位论文元数据库的收全率，重视建立索引、文摘、论文目次和引文等二次文献的提交途径和整合平台，形成集中、全面、完整的学位论文二次文献资源揭示和服务体系。

6.2.2 学位论文元数据整合方法

元数据的整合有以下三种方式：

（1）基于建立联合目录数据库的方式整合元数据

联合目录数据库一般通过成员单位之间的协作来建立，通过制订相关规则约束成员单位之间的责权利，提供书目资源查询、联机合作编目及馆际互借等项服务，进而实现资源的共建共享。联合目录数据库建设因时间、地点、环境和技术条件的不同而采用不同的数据库模式。世界各国的联合目录和资源共享系统大体可以概括为以下三种模式：①

集中式(Centralised)：即由多个图书馆共建和维护同一个联合目录数据库，如美国华盛顿研究图书馆联盟。集中式模式集公共查询、联机合作编目和馆际互借功能于一体，方便管理，成本较低，但不适合大范围的区域合作。

分散式（Decent Ralised)：即由若干个图书馆组合成一个联合共享团体，每个图书馆独立维护各自的数据库，可以通过Z39.50网关广播式检索，根据需要共同购买和维护一个数据源库，形成一个虚拟合作编目中心，如香港的

---

① 谢琴芳,白新萍.书目资源的共建、共知和共享——CALIS联合目录数据库建设思路[J].大学图书馆学报,1999, 17(2):6–8

JULAC（Joint University Libraries Advisory Committee）。但分散式模式效率较集中式低，质量难以控制，总体人力、财力投资大。

群集式（Clustered）：即由多个图书馆共同维护一个联合目录数据库，若干个这样的联合目录数据库组成并行系统，形成更大范围内的合作共享体系，如美国的 GALILEO（Georgia Library Learning Online）、我国的 CALIS 联合目录系统等。这种模式适合大范围内的联合。

（2）基于 OAI-PMH 收割方式整合元数据

OAI-PMH（Open Archives Initiative Protocol for Metadata Harvesting，简称 OAI）是 1999 年为了解决电子期刊预印本（Preprint）的互操作和元数据收割（Metadata Harvesting）问题，由美国数字图书馆联盟（DLF）和网络信息联盟（CNF）等组织提出的一个应用框架。2000 年，OAI 协议的应用扩展到数字图书馆领域，目的是实现分散的、异构平台之间的元数据交换和共享，提高系统的互操作能力。遵循 OAI 协议的系统依据其任务的不同分为两类：数据提供者（Data Provider）和服务提供者（Service Provider）。数据提供者对来自服务提供者的请求做出响应，以 OAI 要求的格式（XML）向服务提供者提供元数据，服务提供者收割元数据，并基于元数据提供增值服务。OAI 协议推出以后，因其简单性、灵活性和平台无关性，得到了许多组织的支持和响应，一些比较有影响的数字图书馆项目（如 NDLTD、ARD、NSDL、OAIster、myOAI、CALIS 学位论文数据库、CALIS 特色数据库等）都使用 OAI 协议进行元数据的收割和整合。

基于 OAI-PMH 进行元数据整合的优势：①易于实现。OAI 采用 Internet 中最常用的 HTTP 协议作为基础平台，大大降低了 OAI 开发工作的难度；OAI-PMH 协议的规范和语法都很简单，只规定了有限几个核心功能。②具有开放性和灵活性。OAI-PMH 将参与互操作的各方分成 Data Provider 与 Service Provider，各个 Data Provider 或 Service Provider 可以自动控制向谁开放服务或从哪里获取元数据。③采用 HTTP 及 XML 之开放性标准。这使得 OAI 服务很容易与 Internet 相结合，从而便于信息的交互与共享；此外，OAI 采用 XML 来描述信息，具有规范、严格和自解释的特点，有利于信息的处理利用，并方便二次开发。

基于 OAI-PMH 进行元数据整合的不足：①与 Z39.50、NCSTR 等传统的

| 6 学位论文元数据公益共享方案

互操作协议相比，OAI 协议相对较弱，其主要应用范围是那些大规模、多节点、松耦合的数字图书馆网络，并不适合于一些规模比较小、节点数也比较少的网络。②通过 OAI 协议只能获取网络中其他数字图书馆馆藏资源的元数据，要获取原始馆藏资源，还需要其他协议的配合。OAI 并没有规定不同数字图书馆之间如何交换数字资源本身。③从网络实现上讲，OAI 是基于 HTTP 协议的，HTTP 协议是一种无状态、被动的协议，因此，HTTP 协议的许多缺陷自然也就成了 OAI 的缺陷。如在应用 OAI 协议进行互操作时，各个数字图书馆之间很难保持信息同步。④ OAI 协议本身对收割的元数据质量不做任何控制，对大数据量传输时的数据中断也不做任何规定和处理，适合于松耦合的数字图书馆和数据库之间聚合和整合数据。①

（3）基于元数据手工导出 /FTP 上传的方式整合元数据

该方式是按照规定的标准格式，参建单位的建库人员定期或不定期地手工从本地数据库中导出符合要求的学位论文数据，通过 FTP 等方式上传到指定的中心位置，中心系统的管理员对上传的数据进行集中校验、处理和入库操作。例如：CALIS 第一期《高校学位论文文摘数据库项目》采用该方式收集和整合参建单位的学位论文元数据，项目给各参建单位配发单机版的数据加工录入软件，数据加工完成后，各参建单位可有选择性地导出需要提交的数据，采用 FTP 方式向 CALIS 学位论文中心提交导出的数据。数据汇总到中心后，经过数据校对、处理等步骤后，集中入库并正式发布。

该方式的优势：对整个系统架构和性能要求比较低，数据加工、处理和传输等受网络环境和条件的制约小，数据质量相对来说容易控制。

该方式的缺点：数据导出、传输等工作需要手工操作，自动化程度低，人工投入比较大，效率低，数据发布和处理速度慢，有一定的时滞。

6.2.3 学位论文元数据整合技术路线

元数据的共享整合将面临各成员单位的分布、异构和自主的资源系统组成的现实系统环境，而元数据共享建设则要求对这些系统管理的元数据进行逻辑化甚至物理化的集成。为了形成有效的整合集成，可以要求资源系统采

---

① 董慧,丁波涛. OAI-MHP协议初探[J].图书情报知识, 2004(6):70-73

用标准的元数据格式、检索方式、检索记录调用机制、检索记录传输格式和传输协议,从而支持整合检索、开放链接和基于 Web 的集成使用[1],但这对于各成员单位已经存在的数据结构、检索方式、检索与调用协议、数据记录传输格式的资源系统和资源实体而言,是极其困难的。作为资源共享,最便捷有效的整合方法还是将数据资源的异构性用某种方式予以屏蔽或转换,从而支持集成操作。因此,需要寻求一种公共方法,在不改变成员单位异构系统和数据内在方式的情况下,将异构机制封装为一种可以标准表示、开放识别和共享利用的逻辑体系。

在联合共享成员单位之间系统、资源、应用的异构性中,操作系统、应用软件语言、数据库系统等的异构,更多的是内部机制的异构,对共享建设而言可以予以屏蔽。涉及元数据共享建设的异构主要包括编码格式、文件格式、对象组织结构、标识方式等学位论文资源对象结构的异构,学位论文元数据定义的异构,资源的检索逻辑、检索组织、检索协议等的异构。因此,对成员单位元数据的共享整合需要采取开放封装的方法,将元数据的异构转变为标准表示、开放识别和公共利用的方式。标准表示主要指将各种元数据集合的异构表示转换成一个能够被公共理解的、具有共同逻辑内容和公共表现形式的表示,解决它们逻辑上的异构性和形式上的异构性。开放识别是指封装结果能够被普遍地和自动地识别,支持方便地利用封装机制实现与异构系统的互操作。目前,比较明确的选择是基于 XML 的机制,遵循 XML 机制所规定的基本原则、标记方法、语义表示方法、扩展方式、转换机制等。由于 XML 语言的开放性和可解析性,共享利用要求开放封装的元数据文件可公共获得和可开放解析,可以通过对用 XML 描述的封装信息进行识别和解析,实现元数据的共享整合。

根据分布的学位论文元数据异构性层次,元数据的共享整合可能涉及数据语义内容、元数据标识、数据的编码表示等。对于元数据内容的封装整合,主要涉及对内容对象的编码方法、文件格式和标识方式进行标记,利用 XML 语言描述内容成分、组合结构和相应元数据对象。对于元数据内容异构性的开放封装,可采取以下方法:[2]

---

[1] 张晓林,李广建,曾蕾,等. 异构系统开放封装的技术分析与实现框架[J]. 情报理论与实践, 2003, 26(3):260-263
[2] 同[1]

（1）将异构系统的元数据格式转换为某种"标准"格式，例如 DC 元数据。被采用的标准元数据格式应在元素组成、元素语义定义和应用领域等方面有足够的普遍适应性，能够为元数据共享整合提供一个容易比照、语义转换比较容易的公共核心集，并支持未来的资源发现、集中检索和资源调用等集成操作服务。各个成员单位的资源系统应该建立本系统元数据格式与标准元数据格式的转换关系和实现模块。

（2）将本单位的元数据元素与某公共元数据字典相连接，通过该字典准确定义元素语义和元素关系，从而为那些理解该字典的系统提供支持，在此基础上将本地元数据转换为其他元数据格式。但此种方法目前在国内不具备相应的技术环境，操作难度很大。

（3）元数据本身指向自己的定义链，包括元素语义定义及所依据的语义体系、语义体系所依据的概念体系、概念体系所依据的上层概念体系。至少应该基于 XML Schema 定义元数据格式，基于 RDFS 定义元数据元素语义关系。这样的元数据可支持第三方对自己定义链的解析，实现元数据的开放整合。但这种方法目前还停留在理论探讨层面，实现起来实属不易。

鉴于我国学位论文资源共享系统自主管理、联合共享的建设方式和目前的技术与系统的成熟环境，建议元数据共享整合采用上述第一种方式，通过元数据的标准规范、转换映射、开放交流和集中整合，实现元数据的集成整合和统一检索。对于成员单位共享元数据的封装和交换形式，需要将用本地形式表示的元数据格式通过一个可以开放识别的标记方式表示。建议采用 XML 作为公共语言来定义和描述元数据文件，定义共享交换通用的 XML / DTD 或 XML Schema 描述方法，将成员单位内部格式元数据转换为用 XML 语言描述的元数据。

6.2.4 学位论文新老数据的融汇处理

6.2.4.1 学位论文老数据的处理办法

目前，我国的几大全国性的学位论文元数据库经过多年的积累，数据量已经颇具规模，要整合现有系统中的老数据，需要考虑如下问题：

（1）建立各系统学位论文元数据与核心元数据集之间的映射关系。元数据映射，是指从一种元数据格式的元素、语义和语法到另一种元数据格式元素、语义和语法的映射，是实现元数据互操作和格式转换较为常用的一种方法。元数据映射的基本技术有两种：一是一对一的映射，例如 DC 与 USMARC 的映射。这种技术的优点在于其能较好地保证映射的准确与精确，但不足之处也是显而易见的，即在元数据格式数量较多时，转换模板的数量也呈指数增长，所以此技术适用于使用面较窄的范围。二是通过中介格式进行转换，即选择一种格式作为映射中心，其他格式都向这一格式映射，从而大大降低了复杂性。参与映射的格式越多，这种技术的好处就越明显，然而其效率要受中介格式精细程度的影响，即被转换格式中许多特殊元素可能难以被囊括到中介格式中[①]。在元数据映射转换中，需要考虑源元数据与目标元数据中必备元素与可选元素的差异、可重复元素与不可重复元素的差异、子元素的差异等问题。具体采用何种映射技术，需要考虑学位论文系统中元数据的实际情况。

（2）建立好映射关系后，学位论文系统需提供数据导出工具。数据的导出有两种选择：一是开发数据导出接口，直接导出符合规范的数据，通过一定方式提交给中心系统；二是利用系统现有的导出功能，导出数据通过一定方式提交给中心系统，由中心系统进行数据的规范化处理。两种方式各有利弊，第一种方式对提交数据的系统提出较多要求，需要开发专门的数据导出接口；第二种方式对中心系统的性能要求较高，需要处理不同格式和类型的数据。

（3）中心系统的选择。中心系统可选择几大全国性的学位论文数据库中规模较大的、数据较为规范的一家，其他各家将数据提交到该系统中，或者重新开发一个中心系统，各家将数据提交到新的整合系统中。从节省资源和提高效率的角度，前一种方法较为可行。

（4）数据导出后，传输方式的选择。可采用自动或手动的方式将导出数据上传到中心系统。采用自动方式，需要中心系统和提交数据的系统开放数据监测和数据获取的程序，支持数据的自动收集、汇总和监测，对系统和网络的性能要求高，但工作效率相对来说会提高，人工投入少。采用手工方式，需要提交数据系统的管理员定期手工导出数据，通过 FTP 等方式上传到指定位置，中心系统的管理员定期将数据入库，提供检索服务，对系统和网络的

---

① 张敏.学科信息门户互操作机制的研究[D].武汉:华中师范大学,2005

性能相对来说要求不高,但需要较多的人工投入和参与。

(5)学位论文全文信息的揭示。在学位论文元数据中,最好能将描述学位论文全文的信息清楚地揭示出来(例如开放链接的地址或论文全文的馆藏位置),以方便后续的学位论文一次文献的保障服务,使用户在检索到需要的二次文献信息后,可以直接通过开放链接技术,链接到自己所需要的学位论文全文,或通过馆际互借系统,实现全文的借阅和获取。

(6)不符合核心集的不完整数据的处理。中心系统需要提供一定机制,对提交的不完整数据进行检测和处理,对系统可以批量自动处理的不完整数据,系统应提供批量处理功能,对系统不能批量自动处理的不完整数据,系统应提供一定的机制,通知提交单位进行在线修改或者远程修改合格后再提交。

(7)对源元数据与目标元数据中元素之间应用匹配差异的处理。包括四种情况:①必备元素与可选元素的差异:特别是源元数据中某元素为可选(可能缺省),但在目标元数据中为必备,解析规则就必须在转换过程中加入相应的必备数据。②可重复元素与不可重复元素的差异:特别是源元数据中某元素为可重复元素(可能多值),但在目标元数据中为不可重复元素,解析规则必须从源元数据的多个值中选择一个作为目标元数据的唯一值。③子元素差异:即源元数据中某元素拥有子元素,但目标数据对应元素无子元素,解析规则必须规定如何将源元数据的子元素内容组织成目标元数据元素内容。④元素层次错位:源元数据中有两个相同层次元素 A 和 B,但它们在目标元数据中的对应元素 X 和 Y 不在同一层次,这意味着 A 和 X 或者 B 和 Y 之间存在语义差异,解析规则必须规定如何处理语义差异。①

6.2.4.2 全国性学位论文元数据库中新数据的处理

对全国性学位论文元数据库中新增数据的处理,有两种方法:一是对提交数据的系统和中心系统不做改造,延用老数据的处理办法,进行数据整合和提交处理。二是改造现有的提交数据的系统和中心系统的部分模块,采用新的方式进行数据提交,如采用方法二,需要考虑如下问题:

---

① 申晓娟,高红.从元数据映射出发谈元数据互操作问题[J].国家图书馆学刊,2006,15(4):51-55

（1）新的元数据标准和核心集的部署和实施。新数据可采用新的元数据标准和核心集进行加工处理，这样可以免去中间的数据转换和处理流程，但需要对现有系统的数据库结构和数据提交和加工流程进行改造。还需要考虑与以前老数据的整合和归并等问题。

（2）改造现有的提交数据系统和中心系统的部分模块。除了改造现有的数据库结构和数据提交加工流程外，还需要改造和完善现有系统的部分功能模块，比如，可开发 OAI 数据收割模块，实现新数据的自动收割处理，开发数据质量检测模块，实现对数据质量的规范化控制等。

通过以上分析，方法二是很理想的做法，效率较高，但考虑到现有系统的实际状况，其实施部署工作量大、涉及的范围广，对现有系统和数据的改造和影响较大，需要较大的投入才能完成学位论文元数据整合的整体实施和部署。方法一需要投入一定的人力处理数据，但对现有的系统改动小，实施部署的难度相对来说比较小。具体采用何种方法进行新数据的处理，可从元数据整合实际的实施和部署情况、经费情况、系统建设情况等角度综合考虑。

6.3 学位论文元数据核心标准

学位论文元数据标准是分布式学位论文资源描述和组织的技术手段，是元数据共享建设的依据和规范，是元数据共享机制和制度化建设的基础条件。进行学位论文元数据整合和共享，从技术层面，首先要确定几大全国性学位论文元数据库需共同遵守的学位论文核心元数据集。

6.3.1 学位论文核心元数据集确定的原则

核心元素，是指几大全国性学位论文元数据库中通用的元素，通过核心元素可实现核心元素层次上的数据交换和互操作。核心元数据集的确定应遵循如下原则：

（1）核心元数据集的确定，应以有效地描述、查找、识别和获取学位论文资源为原则。描述指能充分地、细致地描述学位论文的内容和属性；查找指能从用户的角度出发，方便用户查找资源；识别指通过语种、物理格式等描述,让用户知道其检索到的学位论文能否满足其需求;获取指通过对论文权限、全文位置等信息的描述,让用户清楚如何获取学位论文资源。

(2)核心元数据集的确定,应考虑到学位论文全文位置、链接获取或馆藏位置等信息的揭示,为下一步的学位论文一次文献的保障和获取服务提供基础。在深化加工的基础上,建立国家学位论文资源整合系统,提供跨平台系统的资源发现和开放链接检索,实现学位论文信息之间的引文关联,与不同文献类型之间的作者、学科、单位等内容的关联检索、引文指标和增值信息服务,满足读者的高层次信息需求。进而建立起学位论文资源的信息门户,实现用户的统一认证管理,包括对网络用户进行登记注册、权限认证、身份验证等,利用基于策略的用户管理系统,实现对用户使用情况的统计,进一步明确读者对学位论文需求的变化。

(3)核心元数据集的确定,应尽量遵循现有的、通用的标准,兼容现有数据库中的数据项,以尽可能地实现学位论文数据的交换、互操作和可用性。参考国家学位论文服务体系项目的调研,目前比较通用的、使用较为广泛的学位论文元数据标准包括:CCFC、CNMARC、USMARC 以及我国《数字图书馆标准与规范建设》项目《专门数字对象描述元数据规范》子项目组制订基于 DC 的《学位论文描述性元数据标准》。同时,也需要考虑目前几大全国性学位论文元数据库现有的数据项,来确定学位论文核心元数据集。

建议学位论文资源共享系统的元数据共享和交换采用目前广泛应用的 DC 核心元数据标准,并根据实际需要进行适度扩展。DC 元数据集由 15 个基本元素组成,分内容描述、知识产权和外形描述 3 个部分。DC 具有可选择性、可修饰性、可重复性和可扩展性的优点,数据结构简单,可读性强,著录方便,生成记录简单快速,更适合在 Internet 上使用。目前,各单位采用的学位论文元数据方案中的数据元素大部分能在 DC 元数据集中直接得到,而一些描述学位论文所需要的特殊信息可以通过使用修饰词和扩展元素的办法解决。而且采用 DC 元数据标准为今后数字化学位论文的描述和开放获取奠定了良好的基础。因此,需要制定和推行符合 DC 标准的、各成员单位认可和接受的学位论文核心元数据方案,对分布、异质、异构的学位论文资源内容、结构、格式、位置、可获取性、知识产权等进行完整描述,用于元数据的自主创建和共享交换,为学位论文资源的统一检索、发现和联合定位、资源传递提供保障。

6.3.2 国内外学位论文描述元数据集的状况

近年来，我国在学位论文描述元数据标准方面进行了深入探索，科技部专门支持了数字图书馆标准规范方面的研究项目，组织了一系列标准制订工作。通过对CALIS、中国科学院、中国科学技术信息研究所、NSTL、CADAL项目等所定义的元素集进行调研，发现中国科学技术信息研究所、NSTL、CALIS和CADAL作为学位论文元数据标准的联合制定者，对业界产生比较重要的影响。

NSTL采用元数据格式描述学位论文，能够较好地描述印本学位论文信息。

CALIS在DC基本元素基础上，在元素修饰词方面作了一些扩展，主要增加了2个元素：Degree，用来描述与学位相关的信息，如学位名称、学位授予单位等；Location，用来描述馆藏地。

CADAL在DC元数据基础上，做了一定程度的扩展，主要增加了3个元素：CopyrightOwner，用来描述学位论文的版权拥有者；CreateCentre，用来描述电子学位论文的加工单位，其实质上是一个管理元素；Location，即馆藏地，用来描述学位论文的馆藏机构。

其他很多单位的学位论文元数据基本采用自定义的方式。从总体来看，学位论文元素的语义都比较明确，虽然没有说明或直接采纳相应的标准，但是它们之间的映射关系还是比较明确的。

在国际上，通过对美国NDLTD-ETD-MS、澳大利亚ADT项目、英国DART-Europe E-thesis Portal项目、荷兰DARE Promise of Science项目采用的学位论文元数据格式进行调研，发现基本上都直接复用了DC的元素并在此基础上进行了扩展。

NDLTD-ETD-MS主要在DC元素集中增加了一系列学位信息，包括：学位名称（thesis, degree, name）、学位级别（thesis, degree, level）、学科信息（thesis, degree, discipline）、学位授予单位（thesis, degree, grantor）。从NDLTD的学位论文元数据标准来看，比较注重对学位情况的描述，除了增加的学位信息之外，在对Contributor元素界定时也说明可以用来描述答辩委员会成员等。

澳大利亚的ADT项目也是在DC元素集基础上扩充了学位和馆藏信息的

描述，其馆藏信息沿用了该国联合目录体系的馆藏代码。

荷兰 Dare Promise of Science 项目对学位论文的唯一标识符有一个可行的方案，它主要通过在国内建立一个 Handle 系统来登记学位论文唯一标识符。

总之，无论是国内还是国外，学位论文元数据标准的制定基本遵循开放、共享原则，一般都在 DC 元素核心集的基础上进行扩展，而 DC 元素集所不能涵盖的内容主要包括对学位信息和馆藏情况的描述，一般采取自定义方式予以扩展。

6.3.3 学位论文描述元数据集的确定

根据清华大学图书馆、中国科学院文献情报中心、中国科学技术信息研究所提供的学位论文库元数据格式，进行对比研究。比较发现，三家机构都遵循 DC 核心元数据集，设立了 12 个基本元素：题名、作者、主题、描述、导师、日期、资源类型、资源格式、资源标识、语种、相关文献与权限管理，扩展了 2 个个别元素：学位和馆藏信息，分别建立了相应的学位论文的元数据规范。

通过比较可以看出，各单位的学位论文元素基本都能和 DC 元素形成较好的映射关系，因此，笔者在 DC 元素集的基础上，确定了题名、作者、主题、描述、导师、日期、资源类型、资源格式、资源标识、语种、权限管理、学位、馆藏信息 13 个元素组成的学位论文描述元数据交换集。确立的基本原则主要是选取有实际检索意义和具有通用性的元素，如提交日期不具有实际检索意义，将在学位论文描述元数据交换集中被删除。

6.4 学位论文元数据整合的工作内容

元数据共享目标和任务的实现有赖于成员单位统一认识、开放理念、加强合作、协同业务、规范行为和共享资源，学位论文元数据共享效果则取决于成员单位资源开放的一致性、业务合作的同步性、数据描述的标准化、信息整合的完整性和检索服务的公益性。学位论文元数据共享建设应坚持国家意志、用户至上、公益服务的原则，实现分层面的多任务目标。

6.4.1 规范数据开放共享秩序

学位论文元数据开放共享的理念是元数据共享建设的基础,必须制订元数据共享章程,对本地学位论文元数据的开放程度、开放范围和共享利用方式达成一致的原则和采取一致的做法,才能完整实现学位论文元数据的共享建设。

制订元数据共享章程,落实元数据的共享方案和共享行动,实现成员单位元数据共享和互操作的制度化与规章化,是元数据共享建设的落脚点。元数据共享章程的制定需要按照开放共享、联合加工、集中整合、集成发布的原则进行,内容涉及学位论文元数据开放声明、使用和互操作权限、元数据的标准化创建和转换、元数据交换和收割、元数据质量规范和控制、元数据整合存储、元数据的集成发布和公共检索服务等。

首先,成员单位必须对本地学位论文元数据在独立服务和保留对本地元数据的所有权与原格式数据版权的基础上,向系统和其成员单位开放元数据的传输、交换、转换、存储、整合、数据库加工、网络发布、公共检索服务、元数据公开获取等使用权限,以便系统对各个学位论文元数据集合进行统一的转换、保存、发布和传播。

其次,成员单位必须面向社会公众开放本地学位论文资源对象的公共使用权限,完全或部分实行学位论文的公共阅览、全文传递、馆际互借、网上下载和联机阅读等开放服务,达到学位论文开放共享的最终目标和任务。

6.4.2 学位论文元数据转换和映射

根据独立、自主、虚拟集成的学位论文资源共享建设原则,成员单位有权保留本地原有学位论文元数据资源创建的标准规范、体系方案、描述语言、编码方案、加工流程和管理系统,形成本地、本系统的应用元数据集合。而为了实现元数据的开放共享和交流整合,成员单位可以根据系统制订的统一的学位论文核心元数据标准,采取两种业务和技术途径,创建交流共享的本地元数据集合。一种是按照元数据核心标准创建和改造本地元数据集合,形成本地原生的学位论文核心元数据。另一种是继续采用原有的元数据标准方案,通过元数据的映射,形成交流整合用的共享元数据集合。

第一种方法需要成员单位按照系统制订的统一的学位论文核心元数据标

准、元数据著录规则、元数据的扩展规则和元数据应用纲要,创建本地学位论文资源的元数据集合和应用。如果核心元数据标准不能满足本地资源的描述、揭示、管理、控制和保存等应用的需要,可以结合其他元数据标准,按照扩展规则对核心元数据进行纵向和横向的扩展,形成扩展的学位论文元数据集合并进行保存和应用。建立共享元数据生成机制和析出机制,在本地元数据集合创建和保存的基础上,根据元数据开放共享的需要,进行元数据核心元素集的抽取和析出,生成共享元数据集合,用于元数据的交换和共享。

第二种方法则是成员单位继续采用和保留原有的本地元数据标准方案、编码格式、标记方法等,保证元数据的原有功能和应用,满足本地业务运行和资源管理的需要。而通过元数据语义和格式上的映射转换,创建和形成开放环境下交流整合用的共享元数据集合。在此种方法下,元数据的映射转换有两种方式:一种方式是在创建本地格式元数据的同时,由系统直接在内部数据库底层进行学位论文核心元数据标准的转换映射,形成和保存共享元数据集合,直接进行共享元数据的管理和交换;另一种方式是使用数据转换接口和程序,批量对本地元数据记录集合进行映射转换,生成共享元数据集合的外部数据文件,进行元数据的共享交换。

在资源虚拟集成、松散管理、协同作业和联合组建的模式下,为保证学位论文资源共享系统的业务运作不影响各成员单位的原有资源管理和服务,保持资源和服务的独立性和自主性,应允许成员单位自主选择和保留不同的本地元数据创建标准、保存格式和映射转换方式,但需要制订元数据转换机制和方案以及开发元数据映射转换程序,实现本地元数据向共享核心元数据标准的转换功能。学位论文资源共享系统只将元数据的最终转换映射和标准化作为成员单位元数据开放共享、联合运作的必要条件,以映射转换后的共享元数据集合作为元数据集中整合的数据基础。系统将协助成员单位在技术上完成本地元数据向核心元数据标准转换的映射方案的制订和数据转换软件的开发。

6.4.3 学位论文元数据共享交换

成员单位元数据的交换共享和交流利用是元数据开放共享理念和联合授权使用的具体体现,是对元数据进行集中整合和实现统一检索服务的基础,所以，需要在成员单位之间建立稳定的元数据共享交换机制，形成固定的元数据共享交换渠道和环境，采用先进适用的元数据共享交换方式和技术，制订统一严格的元数据共享交流制度。

成员单位元数据的共享交换机制以开放共享、互通互联、扩大利用、互利多赢为原则，建立常态的元数据交换机制和刚性的元数据共享管理机制，建立严格的元数据交换协调、控制和检查机制，保证元数据完整、及时、准确的共享交换。元数据的开放、共享、交换以互惠互利的无偿方式为主，但也需要广开财源，多渠道寻求各方资金的支持，形成有限的经费补偿机制。

建立稳定畅通的元数据共享交流渠道和环境，实行点对点的元数据共享交流渠道建设，突出交换渠道两端控制，淡化渠道流程管理。根据成员单位的实际情况，采用人工传递、网络传递、元数据收割等多元方式进行元数据的共享交换。在不强求元数据共享交换一致统一的前提下，落实和明确每一个成员单位元数据共享交换的方式、期限和责任人。

制定完善的元数据共享交换制度和规程，对元数据共享交换的描述标准、数据质量、文件控制、时间期限、责任人、检查制度、监督约束方式等做出明确的规定，由成员单位共同遵守，保证元数据共享交流的持续、稳定的进行。

目前，成员单位元数据共享交换的技术实现方式可主要考虑基于 XML 数据传输和基于 OAI-PMH 协议的元数据收割两种方法。XML 具有可扩展性、形式与内容分离、自描述性、平台无关性、便于网络传输等特点，是目前数据交换格式的最佳选择，并且 XML 已经成为事实上数据交换的标准。而且，XML 具备很强的开放性，非常适用于成员单位不同应用系统之间异构数据与学位论文核心元数据的映射和共享交换。因此，可以采用 XML 将成员单位不同数据源的异构学位论文元数据映射为一致的核心元数据格式，从而为分布的元数据集中仓储创建统一的数据接口。采用 XML 文件进行数据交换，可以极大地减少数据下载和数据装载的额外负荷。

而采用元数据收割方法进行元数据共享交换则需要遵从 OAI 协议和框架。在 OAI 协议框架下，拥有学位论文本地资源和元数据的成员单位系统将作为数据提供者负责将自身的共享元数据用 XML 编码，并以记录形式存储在支持 OAI 协议的服务器上，形成 OAI 仓储。而系统的元数据整合平台作为服务提供者，是 OAI 机制中的元数据收割方，通过 OAI 协议提供的指令向多个数据提供方定期进行收割聚合和在本地存储。采用基于 OAI 协议的元数据收割，独立于应用程序，可降低互操作成本，使元数据的互操作变得更为简单、灵活和高效，实现集中元数据的同步更新。但是，采用此种方法需要部署新的支持 OAI 协议的元数据管理系统或对原有系统进行较大的改造，成本和技术难度较大，对于未曾部署过支持 OAI 协议应用系统的成员单位而言，面临极大的挑战。因此，基于 OAI 协议的元数据共享交换不宜作为目前元数据汇集和整合的主流技术路线，但可以作为未来系统与成员单位元数据共享交换的发展方向。

因此，建议现阶段采用基于 XML 的元数据共享交换方式，统一定义学位论文元数据交换文件的 XML Schema 或 DTD，用于成员单位元数据文件生成和格式转换，并规范成员单位元数据交换文件的最终格式标准，简化 XML 文件中元数据的解析和提取，以便于对交换元数据的批式、快速导入和集中整合。

6.4.4　学位论文元数据集中整合

学位论文资源共享系统需对成员单位的共享元数据进行集中整合，形成聚合的学位论文元数据资源体系和仓储体系，以实现学位论文元数据的集成发布和统一检索，并进一步实现学位论文资源的集中发现和获取。共享元数据的整合需要建立元数据的查重机制、数据合并机制、规范检验机制、质量控制机制、集中保存机制、链接检测机制和资源的标识机制。其中最重要的是要建立内部的、分布的学位论文资源的唯一标识机制和唯一标识符规范，建立元数据与资源的有效链接，实现从元数据集中检索到资源的统一发现和分布获取。分布资源的唯一标识机制既要标识成员单位数字化的学位论文资源，也要标识出学位论文的纸质版馆藏资源。鉴于学位论文资源数字化和数字对象唯一标识符技术的发展现状，没有必要采用诸如 URI 这样的数字对象唯一标识符标准体系，对成员单位不规定具体的唯一标识符结构，但资源必须用一个唯一标识符予以命名，通过唯一标识符，可以发现和获取到对应的资源。成员单位的资源唯一标识符可以是馆藏号、流水号、数字对象标识符以及它们的混合体，并将资源的唯一标识符加入到共享元数据集合中。成员单位必须保证本地资源唯一标识符链接和获取的有效性。

通过该交换集建立统一的学位论文元数据库，下列问题应重点考虑：

（1）唯一标识符的统一问题

事实上，目前还没有统一的数字学位论文唯一标识符，各单位一般都自行定义。例如CALIS使用的方案是"命名方式+注册机关+注册资源代码"，以北京大学的某一篇学位论文为例，学位论文作为一个复合对象的标识符是urn:CALIS:pul-ETD/S02024，学位论文前24页的标识符是urn:CALIS:pul-ETD/S02024.P.PDF，对应论文全文的标识符为urn:CALIS:pul-ETD/S02024.T.DOC。中国科学院的学位论文标识符有两套不同的体系，回溯的学位论文一般采用馆藏号作为电子学位论文的唯一标识符，而通过网上提交的学位论文则采用"学校代号+学号"的方式构建学位论文唯一标识符。

由于中国科学院、CALIS和中国科学技术信息研究所三家单位的学位论文数据存在一定的重复，在资源整合过程中应考虑赋予学位论文统一的唯一标识符。

（2）分类号的问题

从调研情况来看，大部分单位选用的分类体系是《中国图书馆分类法》，然而有的单位依据《教育部学科分类与代码表》对学生的学科方向进行分类，不再以人工的方式标引和著录论文的分类号。两套不同分类体系的详简程度不一，建立映射关系有相当的难度。

（3）机构的规范问题

目前，学位论文培养单位的著录、导师所在机构的著录标准不一致，存在以自由文本的方式随意著录的现象，机构名称的不统一，将使学位论文机构检全率和检准率大打折扣，不利于整合化的学位论文元数据库的建设。

6.4.5　学位论文元数据集成检索平台

实现学位论文元数据的统一检索功能既是元数据集中整合、保存和管理的需要，也是元数据集中发布和检索服务的需要，同时还是实现用户对资源发现、指向、链接、定位和获取的资源调度的主要技术手段。系统应建立开放、免费的元数据统一检索服务机制，方便用户对学位论文资源的发现、辨析和定位，引导用户对资源的发现和获取，提高资源的使用率，使无偿的元数据公共检索服务与有偿的资源获取和保障服务有机地结合在一起，实现用户与服务双赢的局面。元数据的统一检索需要实现关键词检索、分类浏览等功能，以资源发现和定位为目标，避免对资源过度的、烦琐的描述和揭示，为内部的资源管理和外部的资源获取提供有效便捷的查询手段。图6-1为我国学位论文元数据集成检索平台技术框架。

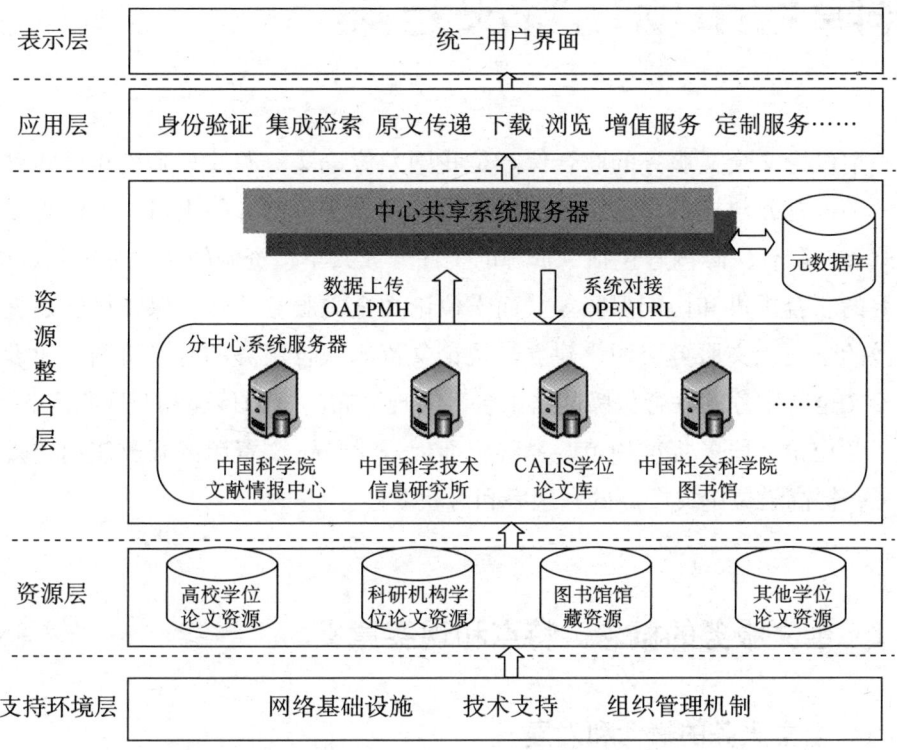

图6-1 我国学位论文元数据集成检索平台技术框架

7 学位论文全文服务的公益保障与市场化解决方案

学位论文全文服务的联合保障是我国学位论文资源共享系统建设的目标之一，也是元数据共享揭示价值的有效体现和资源服务的出口。学位论文全文服务的联合保障内容包括：资源的全面开放共享、资源的统一标识和定位、资源的联合提供和协同保障等。而学位论文全文服务的联合保障目标是整合分散的学位论文服务资源，建立学位论文资源联合服务的有效机制，建设学位论文全文服务的联合保障网络平台，实现分布的资源传递和获取联合服务，统一学位论文服务标准规范，最终全面促进学位论文资源的开放使用和公共服务，提高学位论文资源的利用率和可获取性。

7.1 全文服务的概念、特点和现实意义

7.1.1 全文服务的概念和发展

全文服务是在文献检索的基础上延伸的一项服务内容。传统的全文服务是根据用户的请求，以信函、传真、电子邮件等方式提供全文复印件。最近10多年来，技术的不断进步促使全文服务的方式发生了历史性变革，提供全文服务的手段正在向网络化、数字化过渡，电子全文传递服务、通过开放链接技术和全文数据库技术直接获取全文服务正在日益广泛地得到应用。学位论文的全文服务包含上述两种情况，这里先探讨一般意义上的全文服务，然后在此基础上论述学位论文全文服务的相关问题。

7.1.2 全文服务的需求和特点

全文服务具有面向最终用户、提供"一步到位"找到所需文献的特点。网络化、数字化的发展促使获取文献信息的需求呈现两种趋势：首先，越来越多的办公室和家庭都配备了电脑和上网接口设备，越来越多的用户可以通过个人电脑连接网络获取文献信息，人们希望能随手通过键盘获取所需文献信息的愿望日趋强烈。其次，全民上网时代的来临使终端用户普遍提高了计算机检索和查询的能力，也激发了他们"一步到位"获取文献信息的动力。人们不再满足于对文献书目数据、参考信息、相关线索的获取，而更注重获取有深度的信息内容，希望足不出户就能获取文献全文。

7.1.3 全文服务的现实意义

全文服务具有对信息内容进行深层揭示和提供深度利用的特征。全文文献包括标题、作者、文摘、序言、文献正文、附录、编者按、图表、参考文献等完整信息，是一篇文献所囊括信息最大程度上的显现。获取到全文文献的用户不仅能直接接触到文献中属于实质性的内容，了解其内涵，也可以通过参考文献等其他信息进一步了解其外延，进行更深入的追踪。

全文服务具有加快信息传播速度和扩大利用范围的现实意义。通过全文服务直接获取全文，具有方便快捷的特点，大大缩短了用户需要先查找书目或文摘索引库获得文献线索，再东奔西走寻找全文的过程，加快了信息传播速度。得益于全文服务方便快捷的特征，使得获取原始文献不再是一件费时费力的事情，文献利用的门槛降低，促使文献信息获得更普遍、更广泛的应用。

20世纪90年代以来，基于因特网的全文服务发展迅速，打破了图书馆必须在馆内收藏一次文献的传统观念以及必须由图书馆担任中介的馆际互借服务的局限，在网上为读者提供了直接访问和获取一次文献的机会，进一步提高了图书馆的文献保障率。

7.2 全文服务的典型模式和应用案例

目前，国际范围内的文献信息机构提供全文服务保障主要有三种途径：通过文献传递获取全文；通过开放链接技术链接和浏览全文；通过全文数据库检索和获取全文。表7-1为国内外学位论文全文服务系统的比较[①]。

表7-1 国内外学位论文全文服务系统的比较

数据库名称	数据库类型	检索点									起止年	全文获取
		题名	主题	论文作者	指导教师	授予单位	分类号	关键词	摘要	全文		
CALIS高校学位论文全文数据库	文摘	✓	✓	✓	✓	✓		✓			1998年至今	各学校图书馆（电子版、印质版）
中国学位论文文摘数据库（CDDB）	文摘	✓		✓	✓	✓		✓		✓	1995年至今	文献传递
中国学位论文全文数据库	全文	✓								✓	1977年至今	演示系统
中国优秀博硕士学位论文全文数据库	全文	✓		✓	✓	✓	✓	✓	✓	✓	2000年至今	商业模式
中国科学院学位论文数据库	文摘	✓		✓				✓			1980年至今	馆内、文献传递
国家图书馆学位论文数据库	全文	✓	✓					✓			1981年至今	馆内、文献传递
北京大学学位论文数据库	全文	✓						✓		✓	1981年至今	校内
上海交通大学学位论文数据库	文摘	✓	✓			✓		✓				校内可查询的博士论文
上海大学学位论文数据库	文摘							✓			1985年至今	校内
西安交通大学学位论文库	全文	✓		✓					✓		1984年至今	校内
西北工业大学博硕士学位论文数据库	全文	✓		✓	✓			✓	✓		2001—2002年	校内

---

① 张学福.我国国家博硕士电子学位论文全文服务研究[J].图书情报工作,2005(11):97-101

7 学位论文全文服务的公益保障与市场化解决方案

续表

数据库名称	数据库类型	检索点									起止年	全文获取
		题名	主题	论文作者	指导教师	授予单位	分类号	关键词	摘要	全文		
复旦大学学位论文数据库	全文	✓		✓	✓	✓	✓	✓	✓	✓	1998年至今	校内或付费
香港中文大学学位论文数据库	全文	✓	✓	✓				✓	✓		1996年至今	校内、授权、购买
台湾博硕士论文资讯网	全文	✓		✓	✓	✓		✓	✓		1956年至今	免费
台湾联合大学学位论文网	全文	✓		✓	✓	✓	✓	✓	✓	✓	1966年至今	根据授权校内且免费
PQDD	全文	✓	✓	✓		✓		✓			1997年至今	商业模式
Networked Digital Library of Theses and Dissertations	全文	✓	✓	✓	✓	✓	✓	✓	✓		1657年至今	文摘免费、部分全文免费（3万篇）
VT-ETD	全文	✓		✓						✓	1997年至今	免费+校内
Theses-ON-Line	全文	✓		✓		✓		✓				免费
European Laboratory for Particle Physics	全文	✓		✓						✓	1984年至今	免费+文献传递
Index to Theses	文摘	✓		✓		✓			✓		1986年至今	学位论文服务
Australian Digital Theses Program	全文	✓		✓		✓		✓	✓			免费+校内
Theses Canada	全文	✓	✓	✓			✓	✓	✓		1998—2002年	免费

7.2.1 通过文献传递方式提供全文服务的应用情况

文献传递是图书文献机构为满足用户对原文的需求而开展的服务，是把用户需求的文献从文献源出处提取出来，复印或者数字化之后，通过一定的途径提供给用户。最初的文献传递服务是以馆际互借的形式出现的，在20世纪60年代欧美国家非常盛行，主要包括不同图书馆之间的图书借阅、资料复印等，一般免费提供，用户几乎不承担费用，异地图书馆之间采用邮寄方式传递给用户。商业性文献传递服务最早出现于70年代，当时，一些文献数据库的建立，为人们提供了远程信息检索的途径①。其基本运作方式是用户通过远程数据库确认文献线索，支付一定的费用后获取原文或替代品。早期的数据库检索系统和文献传递系统呈分离状态，如著名的Dialog、OCLC、RLIN，都以提供书目和文摘索引信息为主；有一些全文数据库，但界面不友好，检索繁杂，联机传输设备和技术上都受到限制，一般是以图书情报机构作为依托提供服务。这一阶段商业性文献传递服务和馆际互借范畴的文献传递服务呈共溶状态②。90年代文献传递服务进入成熟兴盛期，综合型和专业型的数据库纷纷涌现，界面友好，检索提问式简单，功能齐全。特别是一些文献通信标准的出现和网络的普及应用，解决了文献远程传递的障碍，为用户检索提供了极大的方便。

联合目录数据库、文摘索引数据库、全文数据库、电子图书和电子期刊的涌现也为文献传递提供了更广泛的可供选择的资源范围。这一时期文献传递的特点是一些新兴的联机信息服务商和出版商也开始提供文献传递服务，他们以快速的市场反应能力推出了一系列便捷的、面向最终用户的非中介性服务，在欧美地区得到认同并占领了一大部分文献传递服务的市场。如今，在全球范围内，开放的、互联的、便捷的文献资源共享和传递网络体系已基本形成。它突破了传统图书馆资源共享的空间局限性，使得文献资源在整体开发、交流、利用的深度、广度以及传播的速度上都发生着巨大的变化③。

最近10年来，网上文献传递服务呈快速发展状态。网上文献传递服务主要是借助于网络手段和技术，如Ariel软件、FTP、电子邮件、联机下载等手段将文献传递给用户。网上文献传递服务的发展，有效地拓展了文献资源的共享范围和获取途径。图书馆不再囿于传统的馆藏和服务，不再把有多少馆藏图书作为唯一衡量指标，而是日益重视向读者提供方便、快捷的文献获取服务的能力。

---

① 石春耘.文献传递服务及其发展与对策[J].图书馆理论与实践,2004 (5):5-7
② 胡凌男.基于J2EE的高校图书文献传递管理信息系统建设[D].成都:成都理工大学,2007
③ 同②

7 学位论文全文服务的公益保障与市场化解决方案

从应用层面上看,文献传递又分为直接文献传递和间接文献传递两种方式。

(1)直接文献传递方式

近些年来,大部分通过网络提供检索的文献数据库都提供根据用户请求传递全文的功能,用户检索到所需文献后,将获取全文的请求直接发送给数据库提供商,提供商直接通过电子邮件等手段为用户提供全文传递服务。这种方式一般是按照国际惯例,按篇次通过信用卡结算费用和付款,具有简便和快捷的特点,在国外得以普遍应用;而国内的绝大多数用户由于不具备通过信用卡支付的能力,很少直接向数据库提供商发送获取全文请求,直接文献传递方式在国内未得到广泛应用。目前,提供直接文献传递方式的大多数是采用商业服务模式的数据库商或者文献传递服务公司。

(2)间接文献传递方式

通过各个团体机构之间的馆际互借业务渠道间接提供文献传递。用户检索到所需文献后,将获取全文的请求提交到该类服务机构,由这些服务机构向各地区或者国际范围内的馆际互借或者文献传递中心发送获取全文的请求(也会向一些大学或者研究机构发送获取全文的请求),这些服务机构作为机构用户与馆际互借或者文献传递中心建立业务往来并按年度结算费用。服务机构获得全文之后再通过电子邮件、传真、邮寄、联机下载等方式传递到最终用户,并与用户按年度单位结算方式或者按预付款方式结算费用。由于该方式较好地解决了费用结算和付款的问题,最近10多年来在国内尤其是在大学和研究机构中,得到了广泛的应用。

国内外已有许多成功的文献传递服务模式值得借鉴,主要的典型案例如下:

(1)基于分布馆藏和虚拟资源的文献传递模式:美国的 OCLC & 日本的 NACSIS

◎ 美国联机图书馆中心 OCLC

美国联机图书馆中心(Online Computer Library Center,OCLC)建立了包括世界上 400 多种语言文字的、已超过 5 000 万种书目信息和 9 亿条馆藏记录的联合目录数据库 World Cat,为全世界的图书情报机构提供了联机编目和共享资源(馆际互借和文献传递)的基础。OCLC 在 1993 年推出文献传递服务，在其联合目录和文献数据库里，所有的记录都提供了收藏馆的信息，以方便用户通过OCLC PRISM系统进行馆际互借和文献传递。一旦用户发出请求，OCLC PRISM就会自动将其请求依次发送到潜在的出借图书或者提供文献传递的机构，直到用户请求得到满意的响应为止。截至2006年底，OCLC已处理在线馆际互借和文献传递请求1.6亿条。由于技术的推动，OCLC传统的文献传递服务已实现了网络化的过渡，使用OCLC产品和服务的用户已达109个国家和地区的55 000多个图书馆和教育科研机构，成为一家全球意义的、公益性的图书馆联合机构。

OCLC推进和实践着一种信息资源共享的新模式：由多个成员馆共同组成并共同支撑的馆际联合共同体，OCLC自身是共同体的中心和枢纽。OCLC协调着各成员馆之间的合作关系，制定合作协议。在整个联合共同体中，各成员馆的收藏有所分工侧重，减少了成员馆之间的藏书重复率，同时由于成员馆的资源共享，也减缓了部分成员馆购书经费不足的压力。

◎ 日本文部省学术情报中心NACSIS

日本文部省学术情报中心（National Center for Science Information Systems，NACSIS）起步于1983年，经过多年的发展，已经覆盖了日本从南到北所有的大学，资源共享活动涵盖了学术信息网络、联机编目与联合书目数据库、馆际互借和文献传递、数据库和信息检索、电子图书馆、国际交流与教育培训等领域。以NACSIS为核心，有全国国立、公立、私立大学等共同参加，以人文、社会、自然科学等各领域的学术信息为对象，通过计算机和数据通信网连接大学的大型计算机中心、综合信息处理中心、图书馆等，日本形成了一个收集、整理并迅速、准确地为研究者提供所需学术信息的全国性综合信息共享系统。[①]

（2）基于传统馆藏基础的文献传递模式：英国的BLDSC

不列颠图书馆文献供应中心（Britian Library Document Supply Centre，BLDSC）是基于传统馆藏基础的文献传递模式的典范。英国地区图书馆系统所承担的馆际互借文献服务中，只有20%由系统自身得到满足，而80%是从BLDSC获得的。BLDSC以其举世无双的海量馆藏（尤其是期刊）占领了英国

---

① 薛冬哥.日本高等教育文献信息保障体系——日本文部省学术情报中心[J].大学图书馆学报, 2000,18(6): 74–78

文献传递的舞台[①]，它每年受理的申请超过 380 万件，其中有 100 多万件来自国外；在它所提供的文献中，89% 用的是 BLDSC 自己收藏的 7 000 种常用的连续出版物和 26 000 多种图书。

BLDSC 接受的申请中 3/4 以电子方式提出，申请的资料大部分能在 8～24 小时内寄到读者手中。这种带有公益性质的集中文献共享模式取得了显著效益，在西方发达国家比较盛行。

（3）商业性文献传递模式：美国的 UnCover（Ingenta）& EBSCO

◎ UnCover 服务系统

UnCover 系统有两种文献传递服务方式：一是直接进入 UnCover 系统的 Web 检索界面，用户根据检索结果，请求全文传递；二是利用最新期刊目次通告服务，用户每周收到最新期刊论文题录信息后，然后可通过 E-mail 向 UnCover 公司申请传递感兴趣的论文全文。该公司承诺在收到用户订购全文请求后的 24 小时内用传真发出，有些文章可在 1 小时内发出。[②]

目前，UnCover 公司已经与 Ingenta 公司合并，提供 3 万多种出版物，2 100 多万篇文献的检索和文献传递服务。

◎ EBSCO 数据库

EBSCO 出版 60 多个电子文献数据库，包括近 4 000 种期刊全文。在其数据库中标有 Check OPAC for Availability 链接提示，用户可通过链接提示查看哪些图书馆收藏此刊。

EBSCO 创建了一种图书馆、文献传递机构和用户三位一体的新的文献资源共享和信息获取模式[③]。它与许多图书馆签订合作协议，推出了 EBSCOdoc 服务，使用户能够直接访问全球许多馆藏资源。EBSCOdoc 服务的主要内容为原始期刊论文复印服务（Document Delivery Service），该公司将读者所需之论文全文先扫描至电脑成电子档后传送并存档，目前已有 72 万笔记录。

（4）国内基于分布馆藏和虚拟资源的文献传递模式：科技部的 NSTL & 教育部的 CALIS

---

① 王蔚之.国内外文献传递服务概况及其思考[J].医学信息学杂志, 2006, 27(3):226–228
② 赵宝萍. 外文期刊与上网资源[J]. 江苏科技信息, 2001(11):12–14
③ 石春耘.文献传递服务及其发展与对策[J].图书馆理论与实践, 2004 (5):5–7

◎ 科技部的 NSTL 模式

国家科技图书文献中心（NSTL）是国务院批复，由国家科技部牵头建设，于 2000 年 6 月 12 日正式组建的一个虚拟式的科技文献信息服务机构，是目前中国最大的科技文献资源共建共享及文献传递服务体系。NSTL 提供中外文期刊论文、学位论文、会议论文、科技报告、专利、标准等多类型、多载体的二次文献免费检索服务，学科门类齐全，数据量大，而且 NSTL 的成员单位分工收藏有二次文献条目对应的全文。网络用户可全天候联机免费检索该中心的各种二次文献数据库，并可随时向系统提出全文请求，NSTL 会按照用户指定的文献传递方式（例如 Email）提供全文传递服务。

◎ 教育部的 CALIS 模式

CALIS 作为一个文献信息服务系统，一项很重要的任务就是通过联合采购和共建等途径，为读者提供所需要的国内外科技文献。CALIS 组织集团购买了国内外 400 多个数据库，同时还在建立一系列国内文献数据库，开发建立了联机合作编目系统、联机公共检索（OPAC）系统、馆际互借与文献传递系统等，形成了较为完整的 CALIS 的文献信息资源服务网络。在此基础上开展了公共目录查询、信息检索、馆际互借和文献传递、网络导航等网络化、数字化文献信息服务。CALIS 出台了针对师生通过馆际互借和文献传递方式获取文献给予补贴的措施，有效地促进馆际互借和文献传递服务的广泛应用。清华大学、北京大学、武汉大学等高校图书馆的馆际互借与文献传递业务发展迅速，清华大学图书馆 2006 年处理馆际互借和文献传递申请量 3.7 万份。

NSTL 和 CALIS 的建成，极大地促进了我国资源共享和文献传递服务的发展。它们的成功运作，标志着我国的资源共建共享和文献传递服务工作迈入一个新的里程碑。

7.2.2 基于开放链接技术提供全文服务的应用情况

从提供服务的角度看，通过链接提供全文是"一站式"信息传递服务的体现，是指最终用户通过网络对数据库进行检索，获得所需结果后无须脱离网络和个人电脑便可在网上直接获取全文文献的服务方式。"一站式"服务主要通过文摘型数据库与数字化全文文献的全文链接来实现。

全文链接（Full-text Link）出现在 20 世纪 90 年代后期。为顺应用户对"一站式"服务的需求，许多二次文献数据库开始逐步增加了全文文献含量。但要将所收录的二次文献都改变为一次文献显然是不可能的，除了存储、管理等技术困难外，最主要的是受版权问题的制约。为满足用户对"一站式"服务的需求，国外二次文献出版库商纷纷开始重视与一次文献出版公司合作，共同占领学术文献的市场。例如汤森路透（TR）的 Web of Science、CSA（剑桥科学文摘）等的大型二次文献数据库提供商都研发出自己的链接系统，并与主要的一次文献出版商建立合作伙伴关系，为同时订购了全文电子期刊的图书馆（用户）在二次文献数据库中做全文链接。这种将不同类型数据库联结成整体网络的技术使数字图书馆进程迈进了一步。

但在通过全文链接提供"一站式"服务的过程中也随之出现一些问题。对于二次文献的提供商来说，逐一建立对应外部资源的链接开销大，链接的正确性也难以保持。在资源不断增加丰富之后，各数据库系统之间呈现出重复投入、体系交错、不可控制的局面。对于图书馆和用户来说，尽管有灵活链接资源的需求，但没有实现的途径，链接的建立通常是数据库提供商之间的事情。由此而来，用户不再满足于仅仅能实现链接，进一步希望获得合适链接的需求日益显现出来。

从技术实现的角度看，采用开放链接技术提供全文服务经历了由静态链接到动态链接再到开放链接的发展过程。

静态链接（Static Linking）是指在某个资源内部以及与其他资源之间的所有相关链接都是预先计算并生成好的。大多数情况下，链接的创建者事先已经知道链接目的资源的 URL 地址，将之直接编制在程序或网页中。静态链接方式一般应用在同一个系统中的不同数据库之间建立链接。其优势是可以确切的链接到确实所需的数字对象（全文），劣势是这种链接必须事先嵌入，且要做好链接维护以备因目的资源的迁移而造成链接错误。动态链接（Dynamic Linking）是指对资源间的链接并不预先编制，链接关系通过一种动态方式来建立，资源之间的链接在用户请求时即时产生的，而非一一固化在程序或网页中。几年前大部分数据库之间的链接，尤其是二次文献数据库与一次文献数据库（全文库）之间的链接大都是采用的动态链接。然而，不管是静态链接还是动态链接，其链接的环境都是封闭的，链接范围取决于资源提供商之间的相互授权。资源之间链接关系的建立取决于资源提供商而不是资源使用方（图书馆或用户），其最大的劣势是无法保证所建立的链接是最适合检索用户的。国外数字图书馆研究的先驱者基于对链接需求和应用的研究，提出了开放链接的概念，并发展成为OpenURL标准协议（开放环境下信息传递的规范化语法）。OpenURL是一种附带有元数据信息和资源地址信息的"可运行"的URL，由服务提供方（图书馆）维护的链接解析服务器依照规则动态生成开放链接的URL，实现资源之间一对一，一对多的"恰当"链接，有效地解决了二次文献资源到一次文献资源（全文服务）的动态链接问题。OpenURL基于的"开放"框架是相对于封闭式链接框架而言的，即开放式链接框架并不预先指定链接的最终目标，也不限定被链接的资源的范围，具体如何实现链接由第三方（图书馆或用户）来完成，在"开放"框架下，资源的提供者和链接服务的提供者被分离开来。资源的提供者并不指定链接的目标资源或服务究竟是什么，只是提供与被链接资源的元数据及相关信息，链接的生成交给链接解析服务器去完成。建立"恰当"链接是OpenURL的一个突出特点。在分布的网络环境下，一次文献资源（全文）会存在多个拷贝并分放于不同地点。例如，一篇文献可以通过因特网从国外的资源总站点获取，也可以通过中国教育和科研计算机网（CERNET）从国内的资源镜像站点获取，还可以通过查找馆藏目录浏览纸质版，或者通过馆际互借的文献传递服务获取。通过OpenURL的机制，各种获取途径都可以揭示出来，可由读者选择自己最方便的获取途径，也可以由图书馆员通过对链接解析服务器中资源知识库的配置，将读者引导到最"恰当"的获取途径。由于OpenURL协议具有可定制、可移植、可扩展的开放特性，已成为数字图书馆应用领域的热门技术，其应用前景不可估量。①

　　国外大部分数字资源提供商纷纷开始遵循OpenURL标准（ANSI/NISO Z39.88-2004，The OpenURL Framework for Context-Sensitive Services）建立资源之间的链接。例如ISI、Engineering Index、Cambridge Scientific Abstracts、Ebsco Publishing、Proquest、OCLC、Institute of Physics Publishing、SilverPlatter Information、ingenta和剑桥文摘社等均支持开放链接，而且一些免费资源也开始支持OpenURL标准。近两年，国内主要的资源提供商也开始重视研究和采

---

① 姜爱蓉.数字资源整合系统的技术发展与应用趋势[J].图书馆杂志，2006, 25(12):14-18

用 OpenURL 标准，如万方数据库、中国期刊网等。作为链接的提供方，国内已经有多家图书情报机构（大学图书馆）建立了链接解析服务器，为用户提供开放环境下获取文献（全文）的"恰当"链接。

国际上最早成功采用开放链接技术提供学位论文全文服务的案例是：美国的 NDLTD。NDLTD 目前已经建立了一个包括 NDLTD 成员单位和其他组织提供的博硕士学位论文全球联合目录。参与 NDLTD 的各成员单位自己拥有电子版的论文，但是要向联合目录提供统一的元数据。NDLTD 面向全球提供免费的联合目录检索，用户提交一次检索词，可以同时检索众多成员单位和其他组织提供的电子版博硕士学位论文信息。检索之后获取全文的服务由论文提供单位完成，是否提供全文，是否收费，均由论文提供单位决定。NDLTD 根据作者的授权和意愿，将获取全文的服务分成免费提供全文和非免费提供全文两种。

NDLTD 服务有两个显著特征：①采用元数据集中建库，学位论文全文由各学校在本地建库的模式，采用 OAI 协议收集元数据；②用户免费检索元数据库，通过 OpenURL 技术访问分布在各个学校的论文全文。

国内高校共建的 CALIS 学位论文系统也是采用开放链接技术提供全文服务，与 NDLTD 的做法类似。

7.2.3 基于全文数据库提供全文服务的应用情况

计算机的普遍应用和因特网的迅猛发展，不仅满足了人们快速查找文献线索的需求，而且促进直接获取文献全文成为可能，最终用户在个人电脑上便可直接获取所需文献的全文。

全文数据库是将文献全文以电子文本形式存储，读者直接对文献正文进行查找，以检出包含正文内容和参考文献的完整论文。全文数据库从检索途径看，具有检索途径更多更灵活的特点。除了具备关键词、分类号、作者、机构、篇名、摘要等传统的检索入口外，还能提供全文、引文等检索功能。

近年来，全文数据库得到了迅速的发展，已经成为数据库发展的主要趋势。根据"Gale Directory of Databases"的统计，2000 年全球可利用的数据库为 12 417 个，与 1975 年的 301 个相比，26 年内增加了 41 倍。在 1985 年，文摘数据库与全文数据库的比例是 28%：57%，到 2006 年，文摘数据库与全文数据库的比例已经是22%：55%。由此可见，在20世纪70年代占主导地位的文摘数据库，在21世纪之初开始让位于全文数据库。全球范围内的许多出版商将自己编辑出版的书刊制作成全文电子版，并建成全文网络数据库，基于因特网开发了检索系统，通过Web方式提供全文检索和浏览、下载服务。例如荷兰Elsevier公司将其1 800多种学术期刊建成SDOS全文电子期刊数据库，德国Spinger公司的LINK数据库提供1 600多种电子全文期刊和15 000种电子图书。除了一些出版商直接提供全文数据库服务之外，另一个重要变化是文摘型数据库向文摘加全文数据库发展，并不断增加其全文文献的比例，使数据库涵盖的内容不断深化。这种大多数是聚合型数据库，例如EBSCO公司的ASE（学术研究精粹）、BSP（商业资源要文）中的全文电子期刊分别增加到1 460种和2 080种；ProQuest公司的ABI/INFORM（商业信息数据库）和ARL（学术研究图书馆）都增加了全文期刊，两者均达到1500多种。90年代以来我国的全文数据库服务也发展迅速，万方数据、中国知网和重庆维普三家数据库商的中文期刊全文库均提供网上检索和直接浏览、下载全文服务。

7.3 学位论文全文服务的公益保障方案

学位论文全文服务的公益保障重点在于联合服务制度、服务能力、服务平台的建设。建设的方式是依托成员单位的现有资源、渠道和服务能力，进行服务资源的虚拟化联合，服务手段的平台化统一，服务流程的制度化规范，服务能力的系统化整合，服务进程的协同化控制，最终形成学位论文资源保障能力基础。

7.3.1 学位论文全文服务的公益保障内容

（1）形成资源开放服务和公开使用的有序局面

由于各个成员单位在原有的学位论文服务过程中，基础不同，做法不一，受学位论文版权和使用权限的限制，各自资源的开放程度、公开范围、使用方式、服务层次等存在较大差别。因此，全文服务的公益保障工作首先应该建立在严格遵守相关知识产权的规定、充分尊重各成员单位对本地资源的控制权限和原有服务方式的基础之上,探索形成统一的、成员单位认同的资源和服务的开放秩序。在公益服务的初始阶段,应该本着求同存异、区别对待、分层分类的原则,允许在资源的获取和保障过程中,形成资源的开放获取、全文传递、有限使用和资源揭示与发现、参考咨询服务等多层次服务分类并举的混合局面。对于完全开放的资源,采取开放获取和资源传递的方式和手段,开展网络化、数字化和远程异地服务。对于因知识产权、保密、服务政策等约束而在开放范围、使用程度、利用方式等方面受限的资源,实行设限、受控、有条件的有限服务,例如阅览、部分内容传递、协议单位传递、馆际互借、局域开放、机构开放等。对于不能提供公共服务的资源,则要进行全面的资源描述和揭示以及有序的资源组织和聚合,提供公共的资源检索、资源发现和资源定位和参考咨询服务,为满足用户需求提供资源线索,形成资源有序开放、全面描述、统一检索、基础保障的服务格局。

在全文服务公益保障工作的深入阶段,成员单位应该积极探索资源开放的新局面、新秩序和新理念,打破封闭和垄断,与学位论文产出机构一道,共同寻求学位论文的知识产权保护、开放使用、公开服务等问题的解决之道。首先,应主动联系国务院学位论文管理办公室、教育部等有关部门,力争促进学位论文相关政策法规的进一步明确和完善,建设学位论文开放使用和公共服务的法律基础。其次,研究和探索学位论文使用和服务中知识产权和各方权益分配问题的统一解决方案,改变目前各自为政、单打独斗、相互博弈的一对一的解决方式,形成大范围、举国性的学位论文知识产权的解决办法。另外,在寻求学位论文知识产权和开放使用的国家解决之道的同时,尽早制定系统内部资源对外开放和公共服务的统一办法和标准,形成成员单位本地资源的公共使用权限向社会公众开放的局面,逐步促进资源开放程度和范围的一致性,为分布运作、联合服务、协同保障和统一平台建设奠定基础。

(2)制定全文服务公益保障章程和制度

全文服务公益保障的制度化、规章化建设是整个服务体系规范运作、稳定运行、可持续发展的有效建设手段,是跨部门的成员单位统一意志、分工协作、分布服务、整合资源的集中体现。必须在与成员单位协商、认同的基础上,制定公益保障服务章程,推出统一的学位论文全文公益服务政策,促进成员单位原有服务制度与公益服务机制建设的有机结合,促成成员单位原有服务体系与公益服务体系协调运作和有效整合，形成双轨服务体制的资源共享和效益最大化。

促进公益保障服务体系建设、规范公益服务的业务流程和服务行为、保证公益服务效果和用户满意度，需要制定共同遵守的服务章程，规范服务方式，统一服务手段，明确服务责任，简化服务流程，固定服务内容，为用户提供便捷、高效的保障服务。服务章程的制定应该以"开放资源、联合保障、用户至上、诚信服务"为宗旨，对服务内容、服务流程、协调管理、服务时效和收费标准等进行统一规范，形成对用户而言一致性的、一站式的、集成同步的服务机制。公益服务的章程必须对分布式的资源保障服务的职责分工、工作流程、服务时效性、服务承诺、服务质量进行详细的规定，以保证公益服务体系建设的整体一致性和运行有效性。

公益服务政策必须根据成员单位原有服务体系的格局和现状，对公益服务的资源对象、用户目标、服务范围、服务方式、手段等进行宏观、明确的界定和规定，以资源整合开放、建立公众用户目标、进行资源有限和受控传递、实现全域和远程服务为政策基础和服务底线。

（3）开展公益服务的规范建设

公益服务的标准化、规范化建设是学位论文资源共享系统整体标准规范建设任务的组成部分。公益服务标准化建设有利于服务资源的整合和统一，有利于服务业务的协调和共享，有利于成员单位的密切合作和紧密连接。在此公益服务标准是指在参照相关国际标准、国家标准、行业标准的基础上，结合公益服务体系建设和运作的需要，为保证公益服务协同性、统一性、可使用性、互操作性和可持续性而制定的、各成员单位共同遵守的系统内部的业务和工作标准。公益服务标准应该注重实践性和适用性，以能够满足公益服务的规范需求为目标。公益服务的标准化建设涉及学位论文资源的全文传递、开放获取、馆际互借、参考咨询等类型，工作标准的内容应该包括服务内容定义、范围和用户界定、服务流程、管理机制、进度控制、质量控制、服务时效、收费标准等。

公益服务工作标准的制定和实施应该本着由简至繁、由基础到全面的原则循序渐进地进行。在标准化建设的初期，应该以核心、关键的内容为主，以质取胜而非以量取胜，以服务的合作和整合为目标，简化标准化建设的工作内容,降低标准化推进的难度,调动成员单位落实标准化建设的积极性,使标准化建设工作更加容易推行,并且能够取得实效。而随着公益服务的逐步开展和服务内容的深入递进,再逐步丰富和完善标准化的内容和形式,形成全面、完整和系统的标准化工作体系,提高公益服务的紧密性和一致性程度,建设制度化、规范化的服务能力和服务模式。

资源公益保障服务整体能力的建设需要依托成员单位分布的资源服务能力和基础设施的建设,整合形成服务能力的合力,保证系统整体层面上的资源保障能力。公益服务体系的建设是建立在成员单位原有服务设施、服务业务和人员队伍的基础上的服务升级和服务整合建设,应该充分利用和共享已有的服务资源和服务基础,按照公益服务的统一规划,重构服务策略和模式,重建服务流程和规范,建设相对独立的服务设施、服务流程和服务队伍,形成固定的、可持续的服务能力。

(4)建设统一的公益服务网络管理平台

开发和建设资源公共服务网络平台和公益服务管理网络平台,是学位论文资源共享系统建设的主要技术手段。网络平台的建设和运行是成员单位资源开放共享、业务协同作业、数据集中互操作、服务联合协调的技术保障,是联合共享最直观的物理平台和基础,是各方打破时空和行政限制、密切业务合作和联结、规范业务标准和服务行为调控手段。联合共享的网络化业务平台建设可主要分为学位论文资源公共检索和服务平台与公益服务统一管理平台。学位论文资源公共检索和服务平台主要面向公众用户,开放使用,实现元数据的集中检索、资源发现、联机订购、资源获取、用户管理、支付管理等功能。公益服务统一管理平台主要面向成员单位内部,实现资源定位、用户请求分发、资源传递和调度管理、进程控制和服务检验等功能。当然,在平台的建设过程中,面向外部的服务平台和面向内部的管理平台需要进行集成、链接和功能的整合与数据的共享。

随着学位论文资源共享系统的建设发展,成员单位的数量将会不断地增加和调整,整合的资源数量、公益服务的内容和范围、协同保障的资源层次、资源的使用权限和方式等都会处于动态的变化之中,而成员单位服务的异构和自治问题使其提供服务的可靠性和可用性存在差异,会影响到对服务的共享和利用。因此,需要采用标准的描述语言对分布的服务进行统一的登记注册和调度管理，提高成员单位服务资源的聚合程度和整合程度，实现分布服务的集约化无缝结合和互操作，保证用户对公益服务的准确发现、了解和使用，构成跨部门、跨地区的联邦式虚拟服务体系，并实现服务体系的可控和可管理性。

为此，需要为成员单位提供公益保障服务的登记注册功能，制定统一的公益服务描述语言，实现对参与公益服务的资源进行描述、注册、发布和查找。描述的内容包括基本信息、元数据标准、资源数量、揭示程度、使用权限、服务方式、服务时效、其他服务手段等内容，以满足广泛的服务发布、服务发现和透明访问需要。

7.3.2 学位论文全文服务的公益保障功能

学位论文资源服务和公益保障主要依靠制度化的公益服务章程、标准化的服务规范和程序、统一的公共服务平台得以实现。系统需要实现的整体功能包括：

（1）用户统一认证管理

以资源检索和服务公共平台为基础，对用户提供统一的门户服务和统一的认证与结算服务，使用户通过单点登录就能"一站式"获得各种有偿和无偿的服务。将统一用户注册管理和登录认证，集中实现资源的检索、定位、调度、权限认证、版权保护和资源传递作业，实现各项服务功能的无缝链接和多种信息服务的集成，用户只要从一个入口进入，即可完成从认证、检索、获取乃至结算的全部过程。同时还可以为用户提供一些诸如信息推送服务、定题服务等个性化服务。

（2）资源联机申请

通过资源的发现，允许用户对所需资源进行实时联机申请和订购。对用户的请求进行集中的接收、审核、分发和调度管理，跟踪管理用户资源请求和获取的全过程。

（3）资源集成检索

通过学位论文元数据公共检索平台，利用共享元数据对分布资源的描述和揭示，实现资源的联合检索和发现。

7 学位论文全文服务的公益保障与市场化解决方案

（4）原文传递联合保障

在公共检索平台检索到相关文献后，利用各个成员单位的原文传递服务平台，根据版权法的规定进行相应的原文传递服务。

（5）开放链接原文获取

在公共检索平台检索到相关文献后，根据学位论文版权所有者的授权情况，把所有已授权用户的学位论文进行数字化处理（原生数字学位论文直接链接），然后通过开放链接的方式直接链接到学位论文全文，方便用户使用。

（6）版权管理控制

学位论文的版权管理从两个方面入手：一是制定统一的管理制度，严格遵守版权法的规定进行原文传递服务；二是采用技术手段对使用的电子学位论文进行相应的控制，如控制学位论文的打印、复制等，维护版权所有者的权益。

7.3.3 学位论文全文服务的公益保障方式

在《国家学位论文服务体系研究》报告中[①]对国家学位论文服务体系和全文服务模式进行了阐述：与集中和分布相结合的资源收藏布局相对应，国家学位论文服务体系的服务框架设计依照"共建共享、集成整合、分布服务、开放联合"的原则，满足不同读者群、不同需求层次、不同需求方式等多方位的需要，在遵循知识产权和国家法规政策的前提下进行服务。对于二次文献（目录、题录、文摘和前16页等）以集中式、公益性服务为主，对于一次文献（全文）以集中和分散相结合的非营利保障服务为主。整个服务体系采用开放结构，力求建成一个可集成、可定制、可互操作、支持用户在网络环境下可方便搜索、获取和利用学位论文信息的服务体系。

在遵循以上指导方针和设计原则的基础上，参照国内外基于分布馆藏和虚拟资源的文献传递模式，提出我国学位论文资源共享系统的全文服务方式。

目前我国的学位论文全文主要分布在三个层面上：①学位论文的原始产出单位，主要是高校、中国科学院和一些研究院所；②国家学位论文收藏单位，主要是中国科学技术信息研究所、国家图书馆、中国社会科学院图书馆；

---

① 贺德方等.国家学位论文服务体系研究[R].北京:中国科学技术信息研究所,2005

③商业性服务机构，以万方数据和中国知网为主，北大方正等一些公司近两年也开始收集学位论文全文。

根据对我国的学位论文全文分布情况分析，我国学位论文资源共享系统全文服务方案以全国范围内的分布馆藏和虚拟资源为基础，充分发挥目前已经收藏或收集学位论文全文的单位的积极性，从文献传递和开放链接两个层面实施。

第一个层面：先期实施基于文献传递的全文服务。

借鉴国际范围内的成功经验并考虑到我国目前资源共享的实际情况，基于分布馆藏和虚拟资源开展文献传递的模式来保障学位论文的全文服务，这种模式具有较强的可操作性，可以尽快实施取得成效。在技术层面需要实现全国性学位论文元数据库能够提供学位论文的原始产出单位（作者单位）和学位论文国家收藏单位的信息。这两个层面的信息是用户通过文献传递方式获取文献的线索。全国性学位论文元数据库能够遵循OpenURL标准提出元数据，为遵循OpenURL标准可以接收这些元数据的学位论文原始产出单位和国家学位论文收藏单位建立的馆际互借和文献传递系统提供元数据传递的接口支持（避免用户检索之后还要在馆际互借和文献传递系统再次输入所需论文的信息）。建立提供文献传递服务单位的注册机制并在系统平台上提供功能模块，实现按单位注册参与全文传递服务的相关信息（联系人地址等）以及本单位馆际互借和文献传递系统的OpenURL接口参数等。

在管理机制层面需要制定国家层面的学位论文文献传递的收费体系的统一标准。收费管理通过各系统或者单位已建立的馆际互借和文献传递系统完成。制定国家层面的学位论文文献传递服务的质量评价标准，包括响应时间、复印件质量等。制定适应国家层面开展学位论文全文文献传递的知识产权管理办法。制定参与学位论文文献传递服务机构的激励机制。

第二个层面：后期实施基于开放链接的全文服务。

根据国际范围内的经验和CALIS学位论文的实践，基于开放链接提供学位论文的全文服务对标准规范和技术开发的要求很高，需要整体环境中较强的技术保障和紧密的沟通合作才能得以实现。在技术层面需要实现建立通过开放链接提供全文服务单位的注册机制，并在系统平台上提供功能模块，实现按单位注册参与该项服务的相关信息（联系人地址等）以及本单位或者本系统的学位论文数据库的 OpenURL 接口参数。商业性学位论文服务机构也可以注册参与提供服务。需要建立统一认证机制,并提供统一认证的功能模块;建立统一计费机制并提供统一结算的功能模块。我国学位论文资源共享系统的全国性学位论文元数据库能够遵循 OpenURL 标准提出元数据,为遵循 OpenURL 标准可以接收这些元数据的学位论文原始产出单位和国家学位论文收藏单位建立的学位论文系统提供元数据传递的接口,支持实现论文全文的开放链接。

在管理机制层面需要制定国家层面的学位论文开放链接获取全文服务收费体系的统一标准。制定国家层面的学位论文文献传递服务的质量评价标准,包括响应时间、系统运行时间、服务器网络端口速度等。制定适应国家层面通过开放链接获取学位论文全文的知识产权管理办法。制定参与通过开放链接提供学位论文全文服务机构的激励机制。

7.4 学位论文全文服务的市场化解决方案

市场经济条件下,我国的学位论文服务存在公益性和市场化两种形式,这就决定了国家学位论文服务体系的建设既应有国家投入,又会有民间投资。公益性服务满足大众化的信息需求,保障国家信息战略储备,市场化运作满足个性化的信息需求,保证产权人利益。两种建设方式共同支撑国家学位论文的服务体系,满足社会各种不同的信息需求。国家在投资学位论文公益性事业,对公益部门的共享进行评估与监督的同时,应该鼓励学位论文的市场化运作,在正确处理好知识产权保护与知识传播利用间关系的同时,取得应有的经济效益,公益性和市场化服务共同构筑学位论文资源投入与产出的良性循环机制。

7.4.1 学位论文全文服务市场化运作的价值

学位论文全文服务市场化运作需要解决有偿授权的难题,是公益服务的必要补充。发达国家在建设学位论文资源体系的过程中同样受到知识产权制度的困扰,其处理的思路是坚定地保护知识产权,而非以各种方式规避。但在提倡作者授权进行公益性服务的同时，总有部分作者由于多种原因，不会授权公益服务。据调查，某年美国弗吉尼亚理工学院的 VTETD-DB 电子博硕士学位论文数据库在线提供的 3 095 篇博硕士学位论文中，1 988 篇没有访问限制，944 篇只能在该学院内部访问，691 篇完全禁止访问。对于提出需要经济补偿的产权人的作品，国家不可能拿出大量资金来满足其版权费用的要求，也没有可供参照的支出标准。所以，从激发作者知识创造积极性出发，应该鼓励商业机构以知识产权为经营对象，进行市场化运作，参与学位论文资源开发，按照市场机制与作者商谈版权事宜，满足作者版权利益。这样一方面保护了这部分作者的知识产权利益，同时也使作者的作品能够被所需要的人士和机构及时利用，较好地处理学位论文知识产权保护和有效传播利用之间的关系，推动知识创新活动的开展。

学位论文全文服务市场化运作可提供个性化的增值服务，使学位论文资源发挥更大的社会效益。美国投入数字图书馆的公共资金主要是投向与其相关的技术开发和示范系统建设上，其主要目标是从技术上研究如何改善数字化信息的收集、整序、存储和快速传递。而大量的信息服务则是靠规范和培育数字化市场，吸引相关数据库商和出版商投资来完成。数据库商和出版商能够基于海量学位论文资源，运用科学的方法和先进的信息技术，构建多种增值服务，不断满足用户个性化需求，持续提升服务品质，快速准确地响应用户问题，并提出有效的解决方案。美国政府委托美国 ProQuest 公司开发的博士硕士论文资料库（PQDD），面向市场开展学位论文的收集、加工和产品服务，现已发展成为世界上最大的国际性市场化服务系统，有力地推动了美国的学位教育和科学研究事业的发展，获得了巨大的社会效益和经济效益。我国的社会公益资金也应该主要投向学位论文相关技术开发或示范系统建设，主要面向战略资源储备和大众公益服务方面，而更多的个性化的增值服务空间留给商业机构去投资，推动学位论文的全方位服务。

7.4.2 学位论文全文服务市场化运作的途径

（1）划清学位论文的产权界区

学位论文的版权到底归属研究生本人，还是学院、学科点或所在大学？在我国并没有明确的规定。事实上，教育部、中国科学院乃至各大学的规定

| 7 学位论文全文服务的公益保障与市场化解决方案

是不同的。

除了《高等学校知识产权保护管理规定》第十三条"在高等学校学习、进修或者开展合作项目研究的学生、研究人员,在校期间参与导师承担的本校研究课题或者承担学校安排的任务所完成的发明创造及其他技术成果,除另有协议外,应当归高等学校享有或持有。进入博士后流动站的人员,在进站前应就知识产权问题与流动站签订专门协议"外,对非研究课题的论文,并没有规定其权利归属的问题,只能依据我国的著作权法推定归作者享有[①]。但是近些年来,我国的高等教育事业快速发展,研究生的类型和培养方式也在发生着变化,进而导致学位论文的创作模式也越来越复杂化。从调查情况看,我国少有高校对学位论文的版权归属直接进行规定,而对于直接将学位论文视为职务作品,将其版权认定归学校所有的规定也是颇具争议。有人认为学位论文是学生在学校学习的一部分,而学生的在校学习与学校是一种合同关系[②],在这种关系下,版权归属高校的学位论文又不完全等同于著作权法规定的职务作品。根据我国著作权法的精神,著作权法修订时应明确规定学位论文的著作权归作者个人所有,但允许作者通过合同与学校或导师约定著作权。国务院学位办和教育部、中国科学院等可以颁布行政规定做出相应解释。

(2)扩展学位论文的授权渠道

无论是高校,还是学位论文的开发机构,要对学位论文进行开发并提供使用,都需要解决学位论文的使用授权问题。我国自1978年恢复招收硕士研究生以来,研究生招生规模一直都保持在递增的状态,学位论文的产出数量也随之增长。我国"法定"的三家学位论文收藏机构并非真正的法定机构。该"法定"的依据仍然是行政规定,效力并非来自著作权法或国际寄存法。

学位论文不仅数量大,而且作者分散,要与每一位作者签署使用授权许可协议,存在很大困难。目前,我国大学取得学位论文使用授权的主要模式是在研究生提交学位论文时与其签署授权协议,但是,很多学生并不买账,一些大学的研究生院也担心越权,反复推辞。学位论文的共享必然要花费大量的人力和时间,效率低下、成本也很高。同时,对于在学位论文数字化形

---

① 陈传夫,韦景竹.学位论文传递的知识产权研究[J].新世纪图书馆,2003(4):12-16
② 学位论文——版权的取得与归属[EB/OL].[2013-07-12].http://yeahfei.blogchina.com/yeahfei/2530445.html

式出现以前的纸质版学位论文（这个时期的论文一般都是没有签署使用授权许可协议的）留下版权隐患。

为了降低学位论文授权的成本，建议学位论文的开发服务机构与各高校合作，在研究生学位论文提交的同时可要求研究生签署授权大学使用学位论文的权利，允许大学与学位论文服务机构合作提供网络无限制公共获取与使用。并将此义务作为合格论文的条件（除非已经出版或即将出版）。

国际上已经有类似规定。欧美高校作为中介机构，为学位论文开发机构提供直接由论文作者签订的授权协议。这种方式下，作者作为学位论文的版权人，有资格与学位论文开发机构签订授权协议，协议内容是作者的真实意思表示，从而有效地解决了授权问题。此外，欧美高校大多设立有专门的联系人或联系机构，为学位论文开发机构提供论文，德克萨斯大学研究生学习办公室负责向ProQuest收集、审核、传递学位论文，审核数字论文提交的格式是否满足ProQuest的要求。我国高校也应该建立类似机制，便于提高授权效率。

（3）强化学位特征的知识组织，拓展增值服务模式

学位论文的市场化运作可根据用户的个性化需求，针对其具体的用途和目标，采集所需的知识信息并进行深层次加工，针对学位论文中各个知识单元、知识要素（作者、学位授予单位、学科专业、导师姓名等），按照需要的因素、层次、结构和功能，组成有序的知识系统。

在知识组织基础之上，可通过对学位论文文献定性定量的增值处理来发现隐含其中的知识，揭示其中的规律，进而提供多元化增值服务。①基于学位论文知识元的增值服务。一篇学位论文中蕴含的知识是丰富的，不同个体所关注的知识对象侧重是不同的。有的注重解决问题的过程，即某些具体案例；有的注重某些概念或结论；有的则需要其中的某些数据。因此，可以从学位论文全文数据库中提炼出能够明确表达知识内容的知识元，在增值服务中有选择地对这些知识元进行挖掘，从噪声信息的包裹中剥离出学位论文的精华部分，即精粹信息，在严格的标准化规范下，经过系统化、序列化加工整合成知识元库。可向用户提供经过这样知识重组的知识产品，如各种事实库、概念库、数值库、图表库等，并在此基础上建立便于用户检索的新平台。这种知识服务的根本目的在于使用户以最快的速度接触到最需要的信息，大

| 7 学位论文全文服务的公益保障与市场化解决方案

大提高知识的利用率、针对性和精准度,直接支持用户的知识获取和知识创新,从根本上提升对用户的贡献力度,由此创造重要的社会价值、利润来源和市场地位。②基于学位论文内容分析的增值服务。内容分析作为一种定量研究方法,对文献资料的依赖性很大,要求来源广泛并且准确可靠。学位论文全文数据库可以着力于其翔实的文献基础,运用数据挖掘和知识发现等技术,开展以实现高效决策、计划和管理的面向决策支持的内容分析系统的开发,全面拓展用户类型,满足全新需求,促进行业发展。首先由用户提出研究问题,并从文献信息的总体中抽取研究问题样本的主题领域和时间范围。然后系统自动挖掘研究所需考察的各项因素,这些因素都应与分析目的有必然的联系,且便于抽取操作。分析单元可以是单词、符号、主题、人物,以及意义独立的词组、句子或段落乃至整篇文献。对这些分析单元进行分类或者聚类,并实现均值、相关分析、回归分析等统计分析工作。系统只提供量化的数据,最终由用户对结果进行解释与检验,并与文献的定性描述判断结合,提出自己的观点和结论。①

(4)防止"独家协议"对学术论文资源的垄断

近10年来,我国学术数据库发展对我国科学研究起到了巨大的促进作用,不仅提高了科学研究的水平,也大大促进了科学研究的效率。然而,多家数据库资源的存在,引起的竞争导致部分学术资源数据库商,与相关机构签订了各种各样的独家授权协议。②"独家协议"对学术资源的获取、学术思想的传播、信息服务质量的提高都产生了一定的负面影响。

"独家协议"导致读者引用资源的不全面。目前使用学术资源库,基本是由单位订购或自建,用户在校园网或单位局域网内统一使用。也就是说,本单位订购什么资源、建设什么资源,该单位的读者就只能用什么资源。一般来说,许多单位由于经费的考虑,相似的学术资源只会订购一个。"独家协议"势必造成本单位读者无法阅读到相应论文,从而导致读者资料检索的不全面,造成对所研究领域成果了解的不全面,最终影响到读者的研究。这种研究上的缺憾可以视为"独家协议"在一定程度上损害了读者的利益。

---

① 高冉,陈淑菁.全文数据库增值服务模式探讨[J].情报资料工作,2010(1):82-85
② 苏新宁,韩普,王东波."独家协议"不利于学术交流[EB/OL].[2013-07-01].http://www.gmw.cn

"独家协议"影响了学术成果的交流。科学论文的主要功能之一在于能够在学术界进行广泛的交流。但"独家协议"的出现,使许多学者的论文,无法被那些未购相应资料库的机构的学者阅览。在当前学界大多依赖学术资源库获取学术资源的今天,"独家协议"在某种程度上影响了作者成果的传播,影响了学者之间的学术交流,给作者成果的广泛交流带来了一定的限制和影响。

"独家协议"对信息服务部门有不利影响。网络学术资源已成为图书馆等信息服务部门最重要的采购对象。原本图书馆由于经费受限无法订购全部学术资源库。但随着"独家协议"的泛起,又无端拉起了一道障碍,造成成本上升,数据库的使用费在逐年大幅提高,无形中转嫁给了订购单位;另外,有的单位为了保证所订资源的全面,不得不同时订购多个数据库的使用权,造成经济上的较重负担。

对此,有学者建议国内各个学术资源数据库商能够进行资源的协同整合或几家制作商合作运营,这样既节省大量的重复劳动,也保证了国内学术资源的完整性。或进行资源分割分工,如按社会科学、自然科学、医学等进行分工制作,节省成本。在资源的整合与划分不能达成协议的情况下,靠"独家协议"获得竞争筹码,受损害的是学术界。有学者呼吁,数据库商不应把精力放在资源的垄断上,而应该将主要精力放在如何完善数据质量和提供优质服务上来,同时数据库商不能以"独家协议"为垄断手段获取利益,而应以服务质量赢得市场。

7.5 学位论文全文服务知识产权风险与对策

7.5.1 学位论文全文服务的知识产权风险

7.5.1.1 学位论文法律归属的不确定性带来的知识产权风险

近年来,随着我国高等教育事业的飞速发展,我国研究生的类型和培养方式呈现出多样化的特点。不同的研究生类型、不同的培养方式以及学位论文中所涉及的科学研究依托或借助的物质技术条件的不同,导致研究生学位

| 7 学位论文全文服务的公益保障与市场化解决方案

论文内容来源不同。其来源主要有以下几种[①]：一是自选课题，基本自己独立承担。既不是导师的科研项目，也不是学校安排的科研任务，并且学位论文的完成没有主要利用学校的物质技术条件。二是参与科研任务，并做出科研成果。论文选题来自导师的科研项目或学校下达的科研任务，一般利用学校的物质技术条件，并以完成的成果为内容。三是以工作任务为论文选题。如工程硕士的学位论文，直接来源于其原工作单位生产实践。四是以工作实践为基础，自我总结、提高完成学位论文。如同等学力申请学位者提交的学位论文，是本人在工作实践中包括在国外进修、访问期间独立完成的成果。

由以上我们可以看到，我国学位论文的来源十分广泛，学位论文的形成过程也相当复杂。因此，学位论文的法律归属也相应复杂起来。学位论文法律归属的不确定性，使得学位论文的开发利用过程中，存在着很大的知识产权风险，处理稍有不慎即会带来侵犯学位论文相关知识产权的隐患。从著作权法的角度看，明确权利归属问题即明确著作权的主体，是权利保护、许可或者转让等的前提。可以说，确定权利归属是著作权法的首要问题。[②] 著作权法所称作品，是指文学、艺术和科学领域内具有独创性并能以某种有形式复制的智力成果；著作权法所称创作，是指直接产生文学、艺术和科学作品的智力活动。一般情况下创作作品的公民即是作者，享有作品的著作权。

虽然学位论文在定题、写作过程中一般要得到有关的专家、教授特别是导师的指导，但专家、教授和导师只是提出参考性的建议，并没有参与实质性的创作，因此不能认为是学位论文的著作权人，学位论文是个人作品。并且，对于来源于自选课题的学位论文，根据《中华人民共和国著作权法实施条例》第三条规定，导师不属于研究生学位论文的作者，学位论文著作权不应该属于导师与研究生共有，而应该属于研究生本人所有。

而对于学位论文选题来自导师的课题或学校所下达的科研任务，学位论文作为了课题成果的一部分的情况，通常在课题立项合同中，有时会规定课题成果的著作权归课题委托方所有，作者只享有署名权。在此情况下，如果要想获得学位论文的使用许可，就必须寻找学位论文的实际著作权权利主体，

---

① 李红梅.研究生学位论文著作权归属研究[J].中国高教研究,2005(3):20-22
② 陈传夫,刘婧,孙凯.学位论文开发利用中的知识产权风险与对策[J].图书与情报,2008(4):8-11

得到实际著作权权利主体的授权,才能对相应的学位论文进行开发利用。如果仅仅是得到了作者的授权,那么在这类学位论文的开发利用过程当中,还是会承担知识产权的风险。

《中华人民共和国著作权法》第十一条第三款规定:"由法人或者其他组织主持,代表法人或者其他组织意志创作,并由法人或者其他组织承担责任的作品,法人或者其他组织视为作者。"教育部1999年颁发的《高等学校知识产权保护管理规定》第九条规定:"由高等学校主持、代表高等学校意志创作、并由高等学校承担责任的作品为高等学校法人作品,其著作权由高等学校享有。"因此,我国不同的高校对这类著作权的归属问题做了细分。清华大学《研究生学位论文著作权管理规定》规定:"一般情况下,学位论文的作者享有论文的著作权。学位论文中涉及的工程设计、产品设计图纸及其说明、计算机软件、地图等作品,如果是利用清华大学的物质条件创作,并由清华大学承担责任,其著作权归属清华大学。"复旦大学等众多高校也有类似规定。这样规定与著作权法规定相一致。国外也有高校对学位论文有类似规定,如美国麻省理工学院规定,当论文研究全部或部分来自学院提供的工资、津贴、资金资助,并且/或者论文研究全部或部分利用了学院提供的设备时,学院享有论文的著作权。当作者享有著作权时,需要许可麻省理工学院可以对论文的全部或部分复制、公开传播[①]。这些例子都说明在对待这类来源的学位论文时,只有明确实际著作权权利主体的身份,并且得到实际著作权权利主体的授权,才能规避相应的知识产权风险。

作为以工作任务为论文选题,结合本职工作完成的学位论文,根据《中华人民共和国著作权法》第十六条第一款规定:"公民为完成法人或者其他组织工作任务所创作的作品是职务作品。除本条第二款的规定以外,著作权由作者享有,但法人或者其他组织有权在其业务范围内优先使用。作品完成两年内,未经单位同意,作者不得许可第三人以与单位使用的相同方式使用该作品。"很显然,在这里,我们所说这类来源的学位论文应该属于职务作品的范畴。因此,对于它们的开发与利用还是需要其作品单位的授权,否则也会涉及相关的知识产权风险。但是,根据法律规定,这类作品的限制期限为两年。

---

① Copyright[EB/OL]. [2013-3-13]. http://web.mit.edu/gso/gpp/degrees/thesis.html

所以，对于超过限制期限的此类学位论文作品，在开发利用过程中是可以直接与作者联系进行授权的。

值得注意的是，《中华人民共和国著作权法实施条例》第十六条第二款对特殊的职务作品做出了规定："有下列情形之一的职务作品，作者享有署名权，著作权的其他权利由法人或者其他组织享有，法人或者其他组织可以给予作者奖励：（一）主要是利用法人或者其他组织的物质技术条件创作，并由法人或者其他组织承担责任的工程设计图、产品设计图、地图、计算机软件等职务作品；（二）法律、行政法规规定或者合同约定著作权由法人或者其他组织享有的职务作品。"因此，在开发利用的学位论文被认定成为特殊职务作品时，需要得到其作品单位的授权，并且其作品单位对于这类学位论文享有的著作权没有限制期限的问题。

至于来源于作者本人在工作实践中独立完成的成果，包括在国外进修、访问期间由本人独立完成的成果的学位论文，教育部《高等学校知识产权保护管理规定》第十三条规定："在高等学校学习、进修或者开展合作项目研究的学生、研究人员，在校期间参与导师承担的本校研究课题或者承担学校安排的任务所完成的发明创造及其他技术成果，除另有协议外，应当归高等学校享有或持有。"因此，对于这类来源的学位论文，其法律归属问题就要看学位论文是否涉及导师的课题或学校所下达的科研任务。如果并不涉及，我们认为这样的学位论文的著作权应归其作者本人所有，对于其学位论文的开发利用，取得作者的授权即可。①

7.5.1.2 学位论文法律状态的不确定性带来的知识产权风险

《中华人民共和国著作权法实施条例》规定著作权实行自动保护原则，即只要作品完成并符合著作权法独创性的要求就给予保护。因此学位论文自写作完成就成为著作权法保护的对象，学位论文作者享有了相应权利。

作品的首项权利就是发表权，即决定作品是否公之于众的权利。在学位论文作者未公开其学位论文之前，学位论文就属于未发表作品。《中华人民共和国著作权法实施条例》第二十条规定，著作权法所称已经发表的作品，是

---

① 陈传夫,汪晓方,刘婧.我国学位论文知识产权管理现状与制度创新[J].国家图书馆学刊,2008,17(4):16-22

指著作权人自行或者许可他人公之于众的作品。公开作品必须是基于作者意愿的行为或经过其许可的行为,未经作者许可,任何人擅自发表作者尚未发表的作品,就侵犯了作者的专有权利,应当承担相应的法律责任。发表权意义上的"公之于众"的范围需要是不特定的人,因此学位论文答辩不能算做发表。学位论文答辩是学生获取学位证书的必经过程,带有一定意义上的强制性。而且学位论文答辩只局限于一定的范围之内,论文内容向答辩委员会的委员公开,但并没有被公众感知,所以不能视为发表。

学位论文属于未发表作品,因此发表权就构成了限制学位论文信息资源开发利用的第一道屏障。学位论文属于未发表作品的这一特性,也使得学位论文信息资源在开发利用过程中处于法律状态上的不确定。这种不确定性也给开发利用学位论文信息资源带来了很多障碍。事实上,学位论文的发表与否,对于图书馆及专业数据库出版公司从事学位论文信息资源的开发与利用有着直接的影响。例如作品构成合理使用制度的核心要件之一,必须是"已经发表的作品"。如果学位论文不属于"已经发表的作品",那么在开发利用中就不能使用合理使用制度,也就带来了大量的知识产权风险。

鉴于学位论文很强的公共属性,许多学者提出要对学位论文的发表权进行一定的限制,以促进学位论文资源的利用、知识的交流和传播。德国对学位论文发表采取了限制措施。在德国,如果学位论文被通过,则要求它以其他形式公开发表,此后大学才授予学位申请人学位。论文公开发表的形式包括:在出版社出版;为图书馆拍成缩微胶卷;往作者所在大学图书馆、德国国家图书馆和许多别的图书馆传递几十份学位论文印刷册子;以电子形式向大学图书馆的电子图书馆传递学位论文,此时只需4份(或稍多一些印刷册子)①。这种促进学位论文公开的规定在一定程度上促进作者自愿提交学位论文,有利于学位论文资源的利用。因此,解决好学位论文的发表问题,从而消除学位论文在法律上的不确定性,是规避学位论文开发利用过程中知识产权风险的重要方面。

---

① 王林军.德国的电子学位论文图书馆探析[J].图书馆理论与实践,2007(6):100-101

7.5.1.3 学位论文诚信所带来的知识产权性质

近年来随着我国研究生教育的发展,培养方式多样化,培养人数也迅速增长,与之相应的问题也暴露出来。有些学位论文,名为撰写,实为抄袭。这也为学位论文信息资源的开发利用带来了知识产权风险。此类现象的典型例子如原广州师范学院物理系凝聚态物理硕士点2000年毕业生陈某的学位论文,其第三、第四章被几位同行院士发现为对他人已发表作品的抄袭。对于抄袭者,其无疑侵犯了他人的著作权。根据《中华人民共和国著作权法》第十条,抄袭者必然侵犯了原作者的署名权,抄袭行为本身还可能侵犯原作者享有的复制权,另外视抄袭情节的不同,还可能侵犯原作者享有的保护作品完整权。著作权作为一种民事权利,其主要通过权利人本人加以维护。但如果抄袭"作品"并不发表,著作权人通常无法发觉。论文导师及答辩委员会也可能因为时间和精力关系无法发觉。那么,作为学位论文的开发利用者,在开发这类学位论文的过程中,就面临知识产权风险。因为学位论文本身内容上的知识产权性质不明确,给学位论文的开发利用带来了相应的风险。也就是说,即使学位论文的开发者取得了学位论文作者的授权,也存在着很大的知识产权风险。

我们知道,著作权人对其作品享有发表权,即决定是否将作品公之于众的权利。根据《中华人民共和国著作权法》第二条规定,包括发表权在内的各项著作权利均自作品完成时即取得,不以是否发表、是否登记为条件。那么,这些权利究竟应该由谁取得呢?《中华人民共和国著作权法》第十一条规定:"著作权属于作者,法律另有规定除外。创作作品的公民是作者。"对于那些未经培养单位培养直接申请学位的人员,在未经确认其学位论文是否有抄袭情况之前,论文的完成者就是作者,论文完成即取得著作权,他就有权决定论文是否发表。但是,如果该论文为抄袭之作或者内容涉及抄袭,那么作为学位论文开发利用者将这类论文编辑出版、发行,无疑侵犯了被抄袭作者的发表权、汇编权、复制权和发行权。这种行为显然是要受到法律追究的,也是学位论文开发利用者所面临的难题之一。

在西方,剽窃的定义来自学术或职业共同体的诚信规范,而不是来自成文法或者判例法。如何规制"剽窃",这是西方社会给学术界或者职业共同体保留的自治领域。在涉及剽窃的诉讼中,美国法院的审查重点是正当程序,从来不会率先去审查剽窃是否存在，因为，学术或职业共同体对它们自己的行规比法官更有发言权。①但是在中国，法律、行政法规、行政规章和机构规程都有禁止剽窃的规定，然而，却没有一种规范明确地界定了"什么是剽窃"。这也给学位论文内容上的知识产权带了诸多问题，从而加大了开发利用学位论文信息资源的风险。

7.5.1.4 学位论文开发利用中的联合服务所带来的知识产权风险

随着我国学位论文数量的快速增加，特别是网络环境的飞快发展，对学位论文资源共建、共享和共有的开发模式越来越普遍。在这种模式下，国家法定收藏单位、CALIS、中国科学院以及各重点高校和单位的联系越来越紧密，他们之间开展的联合服务项目也在深化和加强。与此同时，这种联合服务模式也给学位论文的开发与利用带来了很多知识产权风险。例如，在联合服务的过程中，如果所涉及的学位论文本身具有知识产权问题，那么在发生联合服务的过程中各联合单位如何承担相应的责任和风险都会困扰着学位论文服务提供者。同时，由于学位论文的作者数量众多，流动性大，大多数的学生毕业即离校，联系不方便，这对采取学位论文版权的批式、集体、完整的一揽子解决方式造成了极大的困难，学位论文版权集体解决方式实施难度大。此外，数字环境下学位论文服务的终端用户在利用学位论文时具有很强的不确定性，其复制传播或者剽窃抄袭行为很容易造成侵权行为的发生，当权利人发现有关的侵权行为时，有可能将学位论文服务提供者同时作为起诉对象。

7.5.2 学位论文全文服务的知识产权对策

由于学位论文非正式出版物的属性和数量的急剧增长，学位论文利用过程中如何保护作者的著作权一直困扰着对学位论文的开放使用和公开服务。多年来，各学位论文的产出单位和收藏单位均对学位论文在服务过程中的版权保护问题进行了积极的探索，形成了不同的版权获取和保护方案，采用了多种多样的服务方式解决学位论文的版权问题。

---

① 方流芳.学术剽窃和法律内外的对策[J].中国法学,2006(5):155–169

7.5.2.1 学位论文知识产权解决思路

解决学位论文公开使用和服务方面的知识产权问题将关系到联合保障服务目标的实现。应该积极促进我国学位论文开放使用和知识产权保护领域相关政策法规的建设和完善，探索学位论文资源联合服务和资源传递过程中相关知识产权问题解决办法的综合配套方案，力争首先在解决学位论文合理使用和全文传递所涉及的知识产权问题方面有所突破，逐步推进和带动学位论文开放使用的知识产权问题的全面解决。

为了突破学位论文联合保障服务的知识产权问题的限制，简化联合服务程序，尽快实现成员单位的服务合作和整合，在联合保障服务体系的建设和运行初期，对于学位论文公开使用和公共服务中的知识产权等相关问题，宜采用"谁拥有谁规定，谁服务谁控制"的原则，在学位论文的使用授权、使用方式、服务范围、利用形式、内容限制、时间控制等方面，不改变各成员单位的管理和控制现状，保持现行做法，遵守现阶段相关政策法规和授权规则的规定，先期保证学位论文集中检索和资源的基本保障服务的实现。

当然，在我国学位论文资源共享系统的建设发展过程中，对于学位论文公开使用和开放服务所涉及的相关知识产权解决办法的探索，主要包括三大任务：

（1）解决学位论文传递服务中的知识产权保护问题

解决学位论文传递服务中的知识产权问题是开展资源保障服务的基础，关系到服务体系建设是否能够稳步推进和顺利运行。学位论文资源的联合保障服务最基本和初始的方式与功能即是学位论文的全文传递，在此基础上，只有随着资源共享程度的不断提高和知识产权问题的明朗化，才能逐步实现学位论文的开放获取和数字化服务。

在联合服务保障过程中，对于解决所涉及的知识产权问题，应该本着有所为有所不为的原则，考虑实际建设工作的需要和现实服务中遇到的问题，首先力求局部突破，以点带面，逐步推进知识产权问题全面深入地解决。因此，开展学位论文全文传递服务既要充分考虑到存在的知识产权风险，又要研究探索统一的知识产权解决办法，保证联合的全文传递服务的合法性。

学位论文的全文传递服务是一种点对点的传递，并不涉及学位论文发表权，主要解决学位论文的复制权问题。在目前学位论文著作权归属没有明确界定，通常参照著作权法归属作者本人的情况下，通过学校等机构向学位论文作者获取复制权的许可是一种比较可行的方式，并有一定的现实工作基础。因此，解决学位论文全文传递知识产权问题的首要任务是直接与相关学校或者教育部门研究生办公室签署协议，统一获得学位论文的复制权。考虑到我国教育事业的公益性质，国家每年花费大量的财力、物力培养学生。学生在完成学位论文的过程中主要利用了学校的实验设备和文献资料，而且学位论文是为了完成学业获得学位而提交给学校审核的，带有一定法定性。所以，由学校免费获得学位论文的复制权，由国家所属的信息服务机构和公益性部门行使学位论文的全文传递、馆际互借甚至开放获取等公共服务，向社会公众提供学位论文公共产品，合情合理。

对于学校等机构向学位论文作者获取复制权、信息网络传播权等著作权权项的具体方式，应该由目前分散、单独、自发的操作方式向行政、集体、统一的操作方式转变。由于教育部是代表国家对教育事业进行管理的行政机构，可由教育部制定行政法规，对学位论文复制权、信息网络传播权的共有性质或自动许可做出明确规定，同时教育部应有能力代表学位论文的权利人与学位论文的服务机构签订许可使用协议，允许进行学位论文的公开阅览、合理复制、全文传递等公共服务。学位论文全文传递服务中复制权的先期解决，是联合保障服务工作简明、快速突破知识产权屏障的有效方式。

（2）电子学位论文使用中的版权控制

在学位论文知识产权管理和保护的政策法规建设未明朗和完善，法律法规层面上没有明确清晰的界定学位论文的著作权归属问题之前，为保证学位论文资源联合保障服务的有效性和可用性，尽量统一成员单位资源的服务方式和服务内容，避免资源集中检索和获取的不确定性，提高资源使用的开放共享程度，同时为保证服务体系和技术系统运行的可行性和互操作性，逐步统一各成员单位对学位论文使用和服务权利的协同方案性解决、一致性获取、基本权限保障、有效服务合法性等方面的做法，将成为共联合服务体系构建的阶段性目标和策略。

目前，各个学校在对学位论文使用权的获取方式和程度上差异较大，获取形式多样，获得的权利也各自不同，造成了学位论文在使用和服务上的各自为阵和千差万别的混乱做法，既不利于学位论文的开放服务与合理使用，

| 7 学位论文全文服务的公益保障与市场化解决方案

也不利于学位论文知识产权的保护，极大地阻碍了学位论文的广泛交流利用，形成资源闲置和浪费的不合理局面。当前各学校对学位论文知识产权的处理和获取的方式主要包括仅由学校图书馆保存学位论文且不提供阅览、外借、复印等服务，仅在学校图书馆、资料室等场所开放学位论文阅览服务，在校园网上开放学位论文服务且只供校内师生使用，以有偿方式获取学位论文的数字化出版权、信息网络传播权、汇编权等专有使用权。

以上诸多做法均未涉及学校获取学位论文公益性的、法定化的公开使用权利，不利于学位论文资源的集成整合、交流共享和公共服务。为此，在联合服务过程中，应该着重将获取学位论文公益性全文公开使用权利作为解决服务中遇到的知识产权问题的阶段性目标，统一联合保障服务过程中著作权问题的处理办法，合作解决学位论文全文开放使用的难题。学位论文公益性公开使用权利的获取的关键点为公益、公开和全文。公益性是指各学校应该以行政的方式和公益服务目标，采取行政法规、合同约定等方式获取对学位论文开放利用和交流服务的使用权利。公开指获取的对学位论文的使用权利的范围必须是全范围的而非本地性的，以便开展面向社会公众的公共服务和全社会的广泛共享，实现开放使用的基本格局。全文性指获得对学位论文全文的处置和使用权利，而不仅仅是元数据的或部分全文的公开使用权利，以期解决学位论文公开借阅、全文传递、开放获取等各种公共服务过程中的著作权问题。只有学位论文公益、公开、全文三方面使用权利的统一和结合，才能保证联合协同保障服务的有序开展和有效保障，并为进一步促进学位论文知识产权问题的最终解决进行有益探索。

（3）促进学位论文知识产权保护政策法规环境的建设和完善

在学位论文知识产权保护的法制化建设方面，要建设和完善学位论文开放使用和公开服务的政策法规环境，建立明确的规则体系和综合的解决方案，形成我国学位论文依法开放使用和服务的有序局面，从根本上彻底解决存在的知识产权问题和障碍。因而从远期看，应该积极联系国务院学位管理办公室、教育部、科技部、文化部等政府部门，在现有的著作权法、信息网络传播权保护条例、著作权集体管理条例、互联网著作权行政保护办法、作品自愿登记实行办法等法律法规框架体系下，参考世界版权公约、世界知识产权组织版权条约和其他国家对学位论文的版权解决办法，争取在涉及学位论文的学位申请者与导师和培养单位之间的著作权界定和分享、使用授权特别是优先使用权的获取、合理使用和公益性服务的方式方法、电子版学位论文的网络化使用规则等方面，形成明确、清晰、详细和可操作的部门级法规甚至国家一级的法律规定，奠定解决学位论文使用和服务的法律基础，统一国家范围的学位论文版权问题的解决办法。

鉴于我国社会主义制度的性质、国家办教育的举国体制和国家投入为主导的教育经费投入机制，法律解决学位论文知识产权问题的最理想、最彻底的模式是将学位论文视为职务作品，著作权归学位申请者所有，但培养单位具有优先使用权；或将学位论文视为委托创作的作品，著作权的归属由委托人和受托人通过合同约定。

按照《中华人民共和国著作权法》第十一条第三款规定："由法人或者其他组织主持，代表法人或者其他组织意志创作，并由法人或者其他组织承担责任的作品，法人或者其他组织视为作者。"由于学位申请者在创作学位论文时会受到学科教育、专业方向、研究领域、科研条件、学校的教研任务、导师指导、论文答辩修改等多方面的约束和限制，学位论文的创作可看作由培养单位主持的，代表培养单位意志的，经培养单位审核同意的，并由培养单位对论文的数据、实验、结论承担一定责任。因此，培养单位成为学位论文的著作权人之一具有一定的法律依据。

根据《中华人民共和国著作权法》第十六条规定，"公民为完成法人或者其他组织工作任务所创作的作品是职务作品"，职务作品的"著作权由作者享有，但法人或者其他组织有权在其业务范围内优先使用。作品完成两年内，未经单位同意，作者不得许可第三人以与单位使用的相同方式使用该作品"。特别是对于主要是利用法人或者其他组织的物质技术条件创作，并由法人或者其他组织承担责任的工程设计图、产品设计图、地图、计算机软件等职务作品，或者法律、行政法规规定或者合同约定著作权由法人或者其他组织享有的职务作品，"作者享有署名权，著作权的其他权利由法人或者其他组织享有，法人或者其他组织可以给予作者奖励"。我们可将学位论文定性或等同视作学生的职务作品，这是由于高等教育的国家投入，学术和物质条件的学校保障，学生培养的学科管理以及学习和毕业的学业要求的因素决定的。因此，学校对学位论文有权在其业务范围内优先使用，包括提供公开使用和服务。

| 7 学位论文全文服务的公益保障与市场化解决方案

特别是学校可以依据著作权法，或由国务院学位办联合教育部、科技部等部门制定相关行政法规，或以合同约定方式规定学位论文的作者只享有署名权，学位论文的其他著作权利由学校享有，以此来明确学位论文著作权的归属，统一数量众多但分散形成的学位论文著作权的管理，简化学位论文获取和使用过程中的知识产权问题。

培养单位依法成为学位论文著作权人后，培养单位可以与学位申请者、导师等其他的学位论文著作者按照著作权法总体原则，通过更加详细的部门法规、双方约定和合同规定等多种方式，获得著作权的优先使用权或获得著作权的部分或全部具体权项。应该具有对学位论文的公开和公之于众的发表权，具有以印刷、复印、翻拍、扫描等方式进行的复制权，具有以有线或者无线方式向公众提供数字化学位论文从而开展联机阅览、网络下载、开放获取等服务的信息网络传播权。

解决学位论文著作权问题的另一个思路是将学位论文视作委托创作的作品，这可从学位论文创作过程中的高等教育制度要求、论文的专业领域定向、论文立题的学校审核把关、导师对论文研究和写作的授权指导与监督、论文答辩的专家评审和通过等方面得到体现。《中华人民共和国著作权法》第十七条规定："受委托创作的作品，著作权的归属由委托人和受托人通过合同约定。"因此，学校可以采用统一与学生个人签订著作权合同的方式，获得学位论文作品的著作权，从而有权进行学位论文公开服务和广泛利用。

在学位论文作为职务作品还是委托创作作品的认定和解决方式上，比较合理的还是将学位论文定性为委托创作作品。由于学校和学生之间不存在雇用和被雇佣的关系，学生在校期间的主要任务是以通过学习提高自身的专业知识和科学文化素质，不承担全职的、固定的、长期性的工作任务，所以，将学位论文视为委托创作作品更恰如其分。由于高等教育越来越广泛的被当作公共产品和社会服务，因此在学校和学生之间教育与受教育的关系，目前更被社会看作双方确立的委托和受托关系，将教育当作公共产品和服务进行提供和获取。国家将纳税人的钱以教育经费的方式支持和资助纳税人接受教育，纳税人自付一定比例的教育费用，学校获得经费和收入提供教育产品，使学校和学生之间形成了事实上的委托教育合同关系。学生委托学校提供教育课程、学习环境和教学条件，以获得知识、能力和素质上的提高。学校指导和委托学生进行学位论文的创作,作为学位授予的凭证之一,使得学校可以完成最终教育产品的提供。因此,将学位论文视为委托创作的作品更加合情合理,学校可以通过合同约定的方式,获得学位论文的著作权。当然更为理想的方式是利用国家办教育的优越性,通过部门行政规定的方式,自然获得学位论文的著作权。

(4) 推进学位论文资源共享系统的知识产权规范建设

① 保证系统中学位论文的产权清晰

学位论文的产权归属问题,也就是著作权问题,是学位论文中最重要的问题之一。要解决学位论文的这一问题,就必须首先明确学位论文的产权归属。国际知识产权法律体系中,无论是伯尔尼公约、世界版权公约,还是TRIPS协议,都几乎毫无例外对学位论文的版权问题做出了"回避",我国法律虽有规定,但是依然不明确,对于不同类型的学位论文作品版权归属存在纠纷,往往引发学位论文服务带来的风险。因此,我国著作权法需要对相关条例进行修订,细化产权的归属。

要明细学位论文的授权方式。取得学位论文的授权是开展论文后续服务的基础。传统的纸质版论文使用和服务,一般是限定在馆内阅览,因此在电子版出现之前,在收缴过程中没有特别强调学位论文的授权许可[①]。现代环境下,由于计算机和信息网络的普及,电子版论文的传播方式和版权控制变得极为复杂,涉及发表权、复制权、汇编权、信息网络传播权等问题。为了促进学位论文的传播和利用,电子学位论文的版权授权就要采取相应的策略。学位论文的服务机构可以和高校大学协助,要求学位申请人完整填写学校学位论文授权协议表作为学位申请的必要程序之一,借助于此类的版权政策强制性规定,学位论文的开发机构通过大学获得学位论文,获得学位论文作者的授权,解决以后使用的授权风险。

② 通过有效的合同与版权声明主动管理知识产权

版权声明一般包括如下内容:只能用于个人学习与研究的目的,不允许用于商业出售;电子学位论文或通过馆际互借获取的学位论文不能作为图书馆馆藏资源提供外借服务;对学位论文的引用要有适当注明。20世纪80年代

---

① 赵阳,周杰.国家学位论文资源状况调查与分析[J].情报杂志,2006(6):105-107

| 7 学位论文全文服务的公益保障与市场化解决方案

在全球范围内发展起来的图书馆联盟，在资源共建共享方面积累了大量经验和较好的机制。美国 ProQuest 公司通过与美国国会图书馆合作，由美国版权局提供软件支持系统，进行版权登记，通过商业化的版权授权管理，提供社会服务，开创了学位论文商业化共享服务方式的样板[①]。跨部门、跨系统、跨地区的收藏机构建立的联盟，签订学位论文共享协议，学位论文在联盟之间使用，将会促进学位论文共享利用，也可以通过知识产权保护体系的建立，推动论文成果拥有者将成果转化为现实生产力。

一般来说，有什么样的机制，就有什么样的管理形式。采取依靠自我发展的利益机制的共享方式一般选择共同体联盟形式[②]。国内大学图书馆可以采取联盟的形式，即大学联盟之间签订协议，并要求作者授权给自己的学校和国内大学联盟内用户免费使用其论文。联盟外用户使用及收费原则类同公益服务模式。此模式多出现在大学与大学之间，被高校系统广泛使用[③]。在此基础上建立互惠互利的运营机制，发挥各有关单位的自身力量，协调不同行业之间的利益和职责，寻求在现有组织框架基础上的发展采集服务共同体。例如 CALIS 全国工程中心、中国科学院文献情报中心、军事医学科学院图书馆和教育系统中的许多高校建立的学位论文文摘数据库或全文数据库，这些机构之间签订合同，联盟组织内部可以免费使用组织联盟之间的信息资源，按照统一制定的服务规则和方式，以网络为依托，采取 E-mail、电子文献传递、传真传递等方式实现馆际互借，满足读者对全文内容的阅读需求，将会促进学位论文共享利用。对于全文的对象数据在分布式储存同时，提倡在著作权法的框架内进行链接式授权服务，学位论文服务中对于尚未数字化的全文应提倡进行馆际互借和原文提供服务，并鼓励相关数据公司对未授权的论文投资开发，寻求授权作者，推动这部分学位论文的商业化服务[④]。

学位论文资源共享系统应建立自己的版权政策。在系统中恰当位置永久发布版权声明，永久设置版权投诉通道。

---

① 张学福,孟连生.论国家博硕士学位论文数字资源保障体系建设[J].中国图书馆学报,2005(5):66-69
② 张学福.我国国家博硕士电子学位论文全文服务研究[J].图书情报工作,2005(11):97-101
③ 杜薇薇.中文学位论文的服务创想[J].农业图书情报学刊,2007(3):42-44
④ 贺德方.国家学位论文服务体系研究[J].情报学报,2004(6):701-702

③ 加强用户档案管理共同维护学位论文的知识产权

信息时代下，随着科技不断发展和计算机的普及，进入21世纪以来，一些重点高校和科研单位，为了保证学位论文的质量，便于学习和科研的交流，加快信息传播和共享的效率，采取网上远程管理系统的论文提交方式，学位论文服务机构建立特色数据库①。在这种信息环境下，不可避免地发生终端使用者有意或无意的侵权行为。国外在学位论文的开发机构非常重视终端用户使用中的侵权问题，制定明确的版权警告，要求用户遵守。我国学位论文服务提供机构在进行学位论文的服务过程中，应努力做到应尽的义务，发表必要的版权声明，提醒终端用户使用学位论文需要尊重知识产权，不得将学位论文用"私人学习、学术或研究之外的目的"。

学位论文不在正式出版物上发表，属于非正式出版物。纸质版学位论文设有公开、内部、秘密和保密四个级别。各个图书馆采用的服务办法基本相同：公开的论文不提供外借但提供室内阅览服务，内部、秘密和保密的论文在解密后，提供室内阅览。提供学位论文服务机构在利用和建设学位数据库时，首先要核实学位论文作者或者其他版权的声明。声明不准许传递的学位论文资料不要提供。特别要注意外国学位论文数据库使用的相关规定。目前，国内许多信息资源提供机构正在努力履行这方面的义务，例如重庆维普下载文献时，下方有明确的版权提示信息。对于有特定规定的论文，终端用户可以详细填写学位论文资料索取信息，服务机构以电子邮件形式进行文献传递，针对个人用户服务，便于对特殊文献用户的管理。在服务的过程中，学位论文服务机构应加大对网络环境下知识产权保护的意识，启迪和提高使用者及社会受众对于学位论文著作权的尊重。同时自身采取技术措施，重视技术措施对于版权保护的重要性，不断提高技术含量，才能在反规避的同时有效遏制终端用户学位论文的非法复制和下载行为，保证学位论文资源的合理使用。

④ 确立学位论文加工保存的规范和标准，建设学位论文平台的自主知识产权

学位论文资源本身就是知识和智慧劳动的结晶，而开发和利用学位论文的过程，也同样是累积了智慧的劳动。因此，服务商在对学位论文的开发利

---

① 贺德方,姜爱蓉,曾建勋,等.国家学位论文资源管理现状及其对策研究[J].情报学报,2006,25(5):531-539

| 7　学位论文全文服务的公益保障与市场化解决方案

用中，不应该仅仅只关注于学位论文本身的知识产权问题，对于在这个过程中，自身的行为所附含的知识产权同样需要关注。我们认为，在学位论文资源的开发利用过程中，有很多行为都具有很高的知识产权价值。例如在学位论文资源的加工过程中，如何合理有效地将学位论文进行加工储存的方法就应该受到知识产权相关法律法规的保护。学位论文服务商只有正确认识到自身行为的价值，加强对学位论文开发过程中的知识产权保护意识，才能真正地掌握自己的核心竞争力，树立自身的品牌形象，使得自身在市场竞争中获得优势的地位。

具体而言，对于学位论文开发过程中的自主知识产权培育，我们认为首先应该从国家相关部门的层面出发，制定相应的政策、法律和法规，保护服务商开发行为的自主知识产权，明确其所承担的义务和应享有的权利，从而促进了服务商开发和利用学位论文的积极性，保证学位论文资源开发利用市场的健康发展，形成一个良性循环的产业。另一方面，作为服务商，可以考虑成立相关的知识产权保护和开发部门，招聘和培训相关专业的人员，对学位论文开发和利用行为中的自主知识产权进行挖掘和保护，确立自身核心竞争力，保证市场竞争中的优势地位。

学位论文资源加工保存的规范化和标准化，是外部环境不断发展，特别是网络环境日益普及的必然要求，也是学位论文开发利用中，学位论文资源实现不同系统平台之间的数据交换、数据整合以及提供高质量的全文服务的基础①。因此，加强学位论文标准规范的研究和修订，建立与其相统一的电子化应用操作模板和系统，是推动学位论文规范化、电子化和共享服务的关键步骤②。我们建议学位论文加工单位应该协商并制订一个统一的电子版学位论文全文的加工标准，可以采用国内外公认或者广泛使用的元数据标准，通过规范、标准地加工数据提高学位论文电子化处理的质量，同时也能使学位论文资源的检索效率得到提高。保证学位论文资源能够及时有效获得。提高学位论文资源链接的有效性，缩短用户的访问时间，建立学位论文的远程提交系统，实现学位论文网上提交与数据采集相结合的系统功能等。可以说，加

---

① 赵阳,周杰.国家学位论文资源状况调研与分析[J].情报杂志,2006(6):105-107
② 贺德方,姜爱蓉,曾建勋,赵嘉朱,赵阳,周杰,张学福,张鹏.国家学位论文资源管理现状及其对策研究[J].情报学报, 2006, 25(5):531-539

强学位论文加工保存的规范和标准,不仅能为用户利用学位论文资源提供方便,又能使服务者提高学位论文加工服务的效率。

目前,应重点突破的自主知识产权技术包括学位论文元数据标准、加工标准、文本格式标准、检索协议等方面。在此条件下,开发机构对于自己开发的学位论文数据库拥有整体版权。这样可以妥善解决版权问题,为学位论文服务走向世界奠定基础。

7.5.2.2 学位论文突发知识产权问题的预防措施

(1)采取合理措施,保证学位论文的产权清晰

我国学位论文的来源十分广泛,学位论文的形成过程也相当复杂。因此,学位论文的法律归属也相应的复杂起来。明确权利归属问题即明确著作权的主体,是权利保护、许可或者转让等的前提。要解决学位论文开发利用的突发知识产权问题,就必须首先明确学位论文的产权归属。因此,通过对我国著作权法及相关条例的修改以及对于授权合同的细致规定,细化学位论文的产权归属,从而预防突发知识产权问题的发生。

(2)明晰学位论文的授权方式,降低突发知识产权问题的风险

取得学位论文的授权是开展论文后续服务的基础,也是避免突发知识产权问题出现的重要前提。数字环境下电子论文的传播方式和知识产权控制更为复杂,涉及的知识产权问题也更为棘手。为了促进学位论文的传播和利用,学位论文的知识产权授权就要采取相应的策略。学位论文的服务机构可以通过高校的协助,要求学位申请人完整填写学校学位论文授权协议表作为学位申请的必要程序之一,从而获得学位论文作者的授权,解决以后使用的授权风险,也避免了突发的知识产权问题。

学位论文知识产权授权协议,其内容应包括要求作者提供个人数据与学位论文数据,这些数据将出现在目录记录以及相关的媒介中。要求作者签署授权书允许相关开发单位在合理的目的下,制作学位论文的复制件,并且允许适当传播。要求作者保证本人为论文作者,若论文涉及第三方知识产权内容,可采取两种方式解决:一种是知识产权问题未解决的论文不予收录,即必须获得第三方版权材料所有人、论文合作者等的发布、传播论文的书面许可,该许可必须与论文一同提交,要求作者承担以后可能出现的权利诉讼责任及

相关费用等；一种是对论文中涉及第三方知识产权的内容实行限制获取，直至知识产权问题解决。①

通过学位论文的授权方式，划清产权的归属，实现学位论文的有效利用，避免产权纠纷，大大减少突发知识产权问题发生的概率。

（3）注意履行义务应对学位论文开发利用中的突发知识产权问题

在信息时代的环境下，不可避免地会发生终端使用者有意或无意的侵权行为。国外在学位论文的开发机构非常重视终端用户使用中的侵权。例如，在美国几乎所有的大学图书馆、公共图书馆均制定了自己的馆际互借和文献传递知识产权政策。一般规定，只有签订"我阅读了上述版权警告"的声明才准许进入文献传递服务。我国学位论文服务提供机构在进行学位论文的服务过程中，应尽到注意的义务，发表必要的知识产权声明，提醒终端用户使用学位论文需要尊重知识产权，不得将学位论文用作"私人学习、学术或研究之外的目的"。如果用户不履行相应的职责，可能带来知识产权侵权的责任，从而在一定程度上规避突发知识产权问题的风险。

同时，学位论文开发利用机构还应加大对终端用户相关知识产权保护的宣传，启迪和提高使用者及社会大众对于学位论文知识产权的尊重，同时自身采取技术措施，重视技术对于知识产权保护的重要性，不断提高技术措施的技术含量，保证学位论文资源的合理使用的同时，最大限度地降低突发知识产权问题。

（4）加强自身数据库知识产权保护以应对可能出现的突发知识产权问题

学位论文数据库具有很高的知识产权价值。学位论文开发机构在学位论文数据库加工储存的方法、元数据的加工标准、数据库构建模式等方面均付出了创造性劳动，属于其智力劳动成果，应该享有知识产权。因此，通过运用各种技术保护措施，诸如数字水印保护技术、源代码许可证制度等实现自身数据库的技术保护；同时还可以通过对数据库的核心技术申请专利保护、商标保护以及与客户之间的合同保护等措施，加强学位论文数据库的保护力度，防止他人的侵权行为，从而规避可能出现的突发知识产权问题。

（5）通过与集体管理组织的合作来应对突发知识产权问题

学位论文的知识产权归属错综复杂，由于历史的原因，学位论文开发利

---

① 陈传夫,唐琼,吴钢.国际学位论文开发机构版权解决模式及其借鉴[J].大学图书馆学报,2009,27(2): 27-32,13

用者已收集的学位论文中可能会有未授权的情况,这样就会导致在对这部分学位论文资源开发利用的过程中遭遇突发知识产权问题。然而,要学位论文开发机构负责联系这部分学位论文的知识产权所有人,并一一进行授权协议几乎是不可能的,也缺乏效率。因此,可以考虑通过与相关的知识产权集体管理组织形成合作关系,建立一个资源共建共享的机制,把已收集但未经授权的学位论文交由版权集体管理组织来完成授权。这些组织长期从事知识产权授权工作,具有丰富的经验和成熟的团队,能够提高授权效率,从而能帮助学位论文开发利用者规避这类突发知识产权问题。

(6)建立学位论文知识产权问题处理的日常工作机制

学位论文开发机构应考虑成立学位论文知识产权问题处理部门,招聘和培训相关专业的人员,对学位论文开发和利用行为中的知识产权问题进行分析处理、风险评估和检测,遇到问题随时通报,及时解决,形成一个知识产权处理的日常工作机制,从而在日常工作中有效化解学位论文的突发知识产权问题,保证学位论文开发利用工作能够顺利进行。

8 学位论文资源的深层管理与服务展望

学位论文是一种非常重要的学术资源，加强学位论文资源的深层次管理特别是学位论文质量的监控与写作培训指导是未来学术论文资源管理的重要趋势，而这在某种程度上也会影响学术论文资源服务系统与服务水平的发展。本章将对学位论文资源的深层次管理与服务展望展开分析。

8.1 基于过程管理的学位论文质量监控

学位论文的质量不仅直接反映了高校的教学水平和人才培养的质量，也是衡量高等学校研究生培养质量和办学效益的重要评价内容。近年来，随着研究生招生规模的扩大，学位论文的质量呈现下滑趋势。《中国学位与研究生教育发展报告》课题组组织的一次问卷调查统计显示，我国研究生培养质量现状堪忧，而研究生的培养质量集中表现为学位论文质量[①]。因此，加强对学位论文的规范管理与质量监控，成为近年来高等院校深化教学改革、提高整体教学质量非常重要的组成部分。

8.1.1 学位论文质量与过程管理的含义

（1）学位论文质量

当前，对学位论文质量还没有一个统一的定义。杨同毅认为学位论文质

---

① 中国学位与研究生教育发展报告课题组.中国学位与研究生教育发展报告:1999–2003[M].北京:高等教育出版社，2006:71–72

量的表现为下列形式："满足学位授予条件的充分程度、创新程度的大小、满足社会需要和人的发展需要的程度"[①]。该表达虽然没有明确指出学位论文质量是什么，但将学位论文质量的内涵基本表达出来了。侯跃辉等（2012）认为学位论文质量是指高等学校研究生撰写的毕业论文满足学校和教育主管部门规定的学位论文测评标准的程度。该定义比较准确地表达了学位论文质量的内涵[②]。

一般而言，学位论文质量由外在质量和内在质量两部分组成。外在质量是指符合学位论文学术规范、技术要求的情况，包括论文的编排格式、段落、标点符号的使用等。内在质量是衡量学位论文的选题是否有新意，理论及应用价值的大小，方法的科学程度，论证数据是否充实、严谨等各个方面。

学位论文的质量受多种因素的影响。H. Marsh 教授调查表明，学位论文的质量受导师能力、研究氛围、研究基础设施、论文评审和对自身任务的明确程度六个因素制约。国内学者则将影响学位论文质量的因素归纳为：学生本人的素质与努力、学科、导师对论文的指导、科研经费、图书资料、实验设备、学术环境。在上述因素中，学科、图书资料、实验设备等因素具有一定的不可控制性，而对于导师的指导、学生的努力、学术环境等因素则可以通过一定的管理手段进行调控并进而达到保证和提高学位论文质量的目的。因此，对学位论文质量的监控和提高可从可控因素入手。

（2）基于过程管理的学位论文质量监控模型

"过程管理"是将管理程序和重点集中于过程的管理方式。根据 ISO 9000 标准，所谓过程管理方法就是"为使组织有效运行，必须识别和管理许多相互关联和相互作用的过程。通常一个过程的输出将直接成为下一个过程的输入，系统地识别和管理组织所应用的过程。特别是这些过程间的相互作用。"[③]

根据上述影响学位论文质量的因素可以发现，"过程管理"在提升学位论文质量上可以发挥有效地监督作用，基于过程管理的学术论文质量监控是提升学位论文质量的有效途径。依据过程管理理论，过程管理一般包括过程策划、过程实施、过程检测和过程改进等几个环节。据此，我们可以将学位论文质

---

① 杨同毅.研究生学位论文质量保障研究[D].上海:华东师范大学,1998
② 侯跃辉,张晓慧.基于过程管理的高校研究生学位论文质量影响因素分析[J].科技风, 2012(22):217
③ 同②

量管理监控分为论文选题与写作、中期检查、论文评审、答辩与评优、不端行为监测与社会监督等五个环节,其中论文选题与写作属于计划和过程实施阶段,中期检查属于过程检测阶段,论文评审、答辩与评优属于过程改进阶段。在这些不同环节之中将伴随不同的淘汰机制,从而实现学位论文质量的全面质量管理与提升。图8-1为基于过程管理的学位论文质量监控模型。

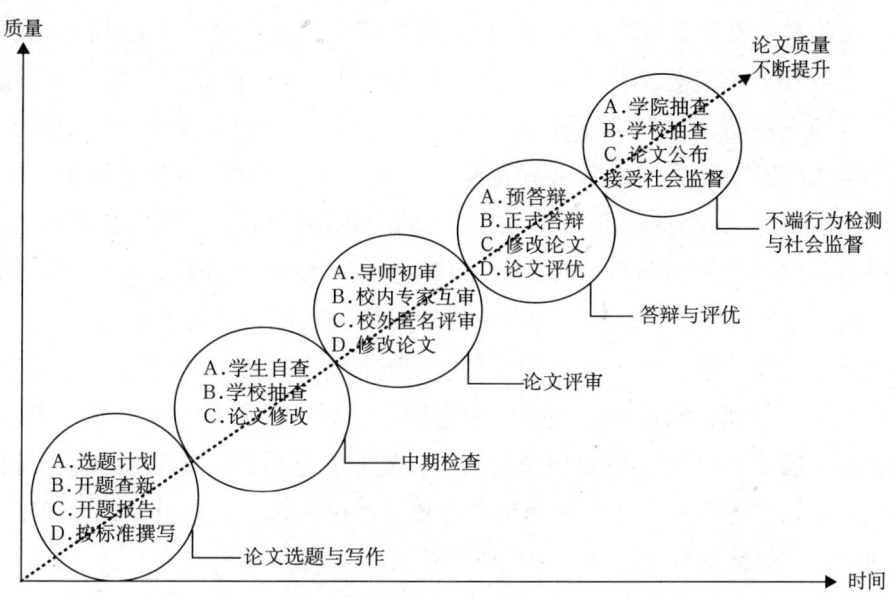

图8-1 基于过程管理的学位论文质量监控模型

8.1.2 学位论文的写作培训服务

学位论文写作培训服务的内容包括信息素养培训、写作格式规范和综述撰写三个方面,它们有利于学位论文趋向于道德规范、形式规范和内容规范。

(1)信息素养培训

学位论文的撰写是以大量的文献资源作为支撑的,要求学生具有较强的信息获取能力,这与信息素养的培养与形成息息相关。1989年美国图书馆学会提出,信息素养包括:能够判断什么时候需要信息,并且懂得如何去获取信息,如何去评价和有效利用所需的信息。它是由信息需求、信息意识、信息能力、信息道德以及信息免疫组成的综合素质[①]。针对大学生信息素养现状，国内的一些学者进行的调研显示，我国大学生的信息素养综合能力总体还偏低[②]，学生的信息素养迫切需要进一步提升。

从我国高校的情况来看，文献检索课是信息素养教育的一个基础定位，同时也有专家认为：信息素养的概念是从文献信息检索开始的[③]。但是，传统的集中授课模式仅能培养出检索技能型人才，对学位论文撰写的帮助尚不明显，因此有必要在学位论文撰写阶段，针对特定专业专门展开文献检索教学，将重点放在如何综合运用之前所学的基础知识、检索技能和信息利用方法，与专业知识一同为科学研究服务。教学方式以跟踪学位论文全过程的咨询辅导为主，以网上辅导和专题讲座为辅。使学生对之前所学的信息知识、信息技术、检索技能融会贯通，应用自如。学会如何跟踪专业发展方向和研究动态，掌握学科领域的最新前沿信息，培养其信息捕捉能力与分析利用能力，促成其养成信息思维习惯，从而培养其终身学习能力和科学研究能力[④]。

除了本身检索、获取和利用信息能力的培养外，学生的信息道德教育同时应该得到重视，它主要体现在学术道德、科研道德教育方面，使学生自觉抵制学术腐败，杜绝抄袭和剽窃行为。特别是在学位论文撰写阶段，要树立学生的信息道德意识，注意对学生进行知识产权法教育，努力做到遵纪守法、诚实守信，借助信息道德教育提高学位论文质量。

（2）格式规范培训

学位论文的行文格式是学位论文质量的一个重要因素，格式的规范是提高论文质量的保证，有助于准确表达科研成果，促进科研成果的交流与传播。一份学位论文的规范形式包括论文结构规范、论文引注规范、论文用语规范及论文标点符号规范等若干方面。与论文的主体思想和研究对象相比，上述形式规范可以被看作是论文的细节问题。但正是这些细节问题有时候阻碍了学术对话的展开，妨碍了学术共同体的生成与发展。学位论文格式规范培训可以帮助学生在撰写学位论文前就能够了解其格式要求，减少学生因为论文

---

① 彭丽喃,李三衡.论当代大学生信息素养教育[J].情报科学,2005,23(5):682-685
② 娜日,吴晓伟,吕继红.大学生信息素养教育提升策略研究[J].情报杂志,2010,29(8)178-181,143
③ 孙平,曾晓牧.认识信息素养[J].大学图书馆学报,2004,22(4):34-37
④ 杨玫.文献检索课教学新模式初探[J].图书馆论坛,2004,24(3):164-167

| 8 学位论文资源的深层管理与服务展望

形式上的欠缺而大量浪费的时间、精力等"机会成本"①。

美国学术界最权威的"三大格式"手册（即 Chicago Manual、APA Manual 和 MLA Manual）中，历史最为悠久的是 1906 年首次出版的《芝加哥手册》。迄今为止，《芝加哥手册》已经出到第 16 版，篇幅扩充至 1 000 多页。其中，《学期论文、学位论文及博士论文写作手册》也已出到第 7 版②。在我国，学位论文格式规范的依据主要包括有关国家标准、各校自拟的论文格式要求与"格式模板"等。论文格式规范国家标准具有一定的通用性和普适性，是规范学位文格式的主要依据。学位论文格式规范主要包括两个方面的要求：一是写作格式规范要求，二是排版格式规范要求。但是相比于西方学术界，中国学术界仍然还没有一种得到学术界普遍认可制定的技术性标准。因此，中国学术界亟待一本通用的类似美国《芝加哥手册》那样的格式规范手册，并以此为依据向学生提供学位论文格式规范培训服务。

（3）综述撰写指导

在学位论文撰写中存在两种对国内外研究现状的狭义观点，一种认为自己研究的内容是别人从来都没有研究过的，没有什么国内外研究现状；另一种认为自己所提出的理论是独创性的，没有研究现状可综述。这两种观点都是极其错误的。没有国内外研究现状的论文通常有以下几方面的原因：一是对问题的认识水平不到位，写不出来；二是没有研究，根本就不知道；三是抄袭的论文，不能写出来或标注出来③。因此，需要专门针对学位论文的综述撰写进行培训。

无论是国内或国外的学位论文，还是学士、硕士或博士学位论文，综述都是学位论文中的主要内容，它在有针对性的搜集、查阅大量相关文献的基础上，通过自己的语言对所研究的问题进行系统、全面的叙述和评论④。具体而言，一篇文献综述由题目、摘要、正文（前言、切题综述及总结）和参考文献等几部分组成。通过文献综述，学生可以了解国内外研究现状，发现已

---

① 曾粤兴.规范决定质量——《学位论文基本结构与写作规范》述评[J].河南财经政法大学学报,2008,23(3):188-192
② 陈翠平.试论学位论文格式规范手册的构建[J].广东技术师范学院学报(社会科学版), 2012, 33(4): 98-100
③ 吴建明,张成,刘铁林.学位论文研究现状综述五步工作法[J].吉林省教育学院学报(下旬),2013,29(3):9-11
④ 李闻文.指导本科生综述写作[J].实用预防医学,2011,18(9):1799-1800

有研究的不足，进而找到自己文章的切入点；同时，文献综述也为自己的进一步研究提供理论或技术支撑，使自己能站在别人的肩膀上进一步研究①。

一般而言，综述撰写包括以下五个步骤：①制作读书笔记，记录资料来源地点、文献标注项目、文献内容摘记、兴趣问题评注、相关问题讨论、关联笔记线索等内容；②撰写研究日志，记录研究过程中的有关事项以及思想、观点和方法的变化轨迹；③归纳分类，这一过程在最终的论文中无法独立地反映，其效果只能通过最终的综述总体体现出来；④分析综述，指以共性来对个体进行聚类，并在此基础上分析其体系结构存在的优势与不足；⑤回归对照，在论文研究完成以后，将自己的新的观点与原有的观点作对比分析，以展示论文的创新。文献综述培训服务可从这五个方面展开，指导学生读书笔记、研究日志中所应涵盖的内容，以及归纳总结等逻辑思维的方法，与文献检索课所教授的检索技能相结合，帮助学生完成一篇条例清晰、内容覆盖全面，能够在一定程度上反映相关问题研究现状的文献综述。

8.1.3 学位论文的过程监控

8.1.3.1 学位论文选题与写作

（1）导师指导

从一定意义上说，没有高素质的导师也就不可能培养出高素质的人才，要提高研究生学位论文质量，就必须加强导师队伍建设。研究生导师是学位论文目标的设计者、构建者和质量控制者，任何试图改善和提高研究生学位论文质量的举措都与他们的努力息息相关。因此，要加强对在岗的研究生导师有关学生学位论文指导的定期考核和评估工作，实行导师遴选制度，加强研究生导师对学位论文指导责任意识，定期考核和评估的内容可包括每位导师对学位论文从开题到论文答辩结束整个过程的指导的详细情况。在导师遴选时，要选拔科研实力较强、科研项目多、经费数量大的导师，在研究生招生人数等方面适当向科研经费多的导师倾斜，以提高导师队伍的整体水平，加强研究生学位论文的指导力量，保证研究生学位论文的写作质量。

---

① 刘和东.有效指导大学生毕业论文的方法探讨——基于综述类论文指导实践的体会[J].无锡商业职业技术学院学报, 2010,10(5):96-98

8 学位论文资源的深层管理与服务展望

（2）选题计划

论文计划选题属于学位论文质量监控的计划管理阶段，选题计划直接影响学位论文的进程和质量的好坏。选题计划一般由学生在导师指导下提出，兼顾学生兴趣和导师课题需求的需要，选题计划提出后，要由院系学科领导小组根据专业培养目标和学科发展需要对该计划进行审核，之后学生进行开题答辩，答辩会上，导师首先介绍学生个人情况以及选题背景与依据，之后学生现场答辩，最后参加答辩的专家对该选题进行评议，对不合格的选题要不断修改直到审核通过，这种多层面、多角度的评价机制从根本上保证了选题的科学性和创新性，为控制学位论文质量打下了坚实的基础。

选题是明确研究目标、确定论文方向的关键环节。统计发现，在选题方面容易出现的问题有：选题不符合专业方向、研究内容不切合实际、选题缺乏针对性和有效性等。论文选题应遵循以下原则：科学性、可行性、创新性。选题不仅要力争填补某一项研究领域的空白，而且要充分考虑实际困难，要考虑论文完成的可行性及时效性。即选题既要量力而行，难易适中，又要激发学生的创新思维，保持课题的先进性和创新性。

（3）强化开题查新

选题是明确研究目标、确定学位论文方向的关键环节。统计发现，在选题方面容易出现的问题有：选题不符合专业、研究内容不切合实际、选题缺乏针对性和有效性等[①]。学位论文开题查新则有助于保证学位论文质量拥有一个良好的开端，它是图书馆根据研究生提供的论文题目查证其新颖性、创新性的科学技术内容，以图书馆现有文献为基础，以文献检索为手段，以检出结果为依据，通过综合分析，对查新论文题目的新颖性进行判断，写出有依据、有分析、有对比、有结论的查新报告。最后，将报告提供给评审专家以对评审论文的创造性、先进性、新颖性、实用性等做出评价，把好学位论文初期的质量关[②]。

---

① 侯跃辉,张晓慧.基于过程管理的高校研究生学位论文质量影响因素分析[J].科技风,2012(22):217
② 毛海波,董其军,孙雯娜.基于网络的学位论文过程管理与质量监控平台研究[J].宁波大学学报(理工版),2013(1):92–95

一般而言，学位论文选题查新的流程如下[①]：①学生下载并填写《开题查新委托单》，经导师同意向查新单位提出委托请求；②确定课题查新的内容要点，经查新人员与学生交流确定查新目的，同时需要学生向查新机构提交研究课题的相关资料；③查新人员根据查新点和所涉及的学科范围选择合适的网络数据库，目前的数据库资源主要有全文数据库和文摘型数据库；④确定合理的检索策略，它是指为实现检索目标而制定的全盘计划和方案，是对整个学位论文开题检索过程的谋划；⑤深入细致地分析检索结果，同时将结果E-mail给学生一份，从文献相关性分析中证实查新项目的个性、特性及新颖性，使论文开题查新结论科学化；⑥撰写开题查新报告，供论文开题时专家审查评议。开题查新报告出来后，学生必须根据查新结果调整自己的开题报告，确定自己最终的研究课题。

在学位论文查新过程中，以下几个方面对查新质量影响重大：①信息资源保障，科技查新的实质是以公开的文献信息为基础，它需要利用各种方法从文献的角度对研究项目进行新颖性的评价和论证。学位论文的学科性又使得所涉及的文献范围很广，因此，信息资源的充足和全面是查新质量得以保证的前提。②检索年限，应根据学科的自身特点来制定学位论文的查新年限。若学科发展迅速，则文献失效快，检索年限应相对较短；若学科发展缓慢，则相应地应延长检索年限。科研课题的历史沿革不同，检索年限要区别对待。③查新点的提炼，大部分学生在学位论文开题查新时，所撰写科学技术要点无侧重点，同时内容不全面，不能给查新点中的关键词以确切的定义，有些还造成了查新点过多的情况。因此，学位论文选题查新点的确定往往依赖于查新人员与学生的交流与沟通[②]。

（4）按国家标准规范撰写论文

一篇质量高的学位论文，既要有充实丰富的研究内容做支撑，又要有科学规范的外在表现形式。在现有的学位论文中，仍存在大量论文忽视规范化、标准化的现象，如在计量单位、引文标注、公式符号、图表编排等方面不规范的现象，这些都对学位论文质量带来了消极的负面影响。为此，必须

---

① 康桂英,张静,吕瑞花.网络环境下我国博士学位论文开题的科技查新研究[J].北京理工大学学报（社会科学版）,2008,10(4):100-103

② 高海钰,于晓梅.浅析高校学位论文开题的科技查新工作[J].科技情报开发与经济,2008,18(1):197-198

按照国家标准规范撰写论文,为保障学位论文的外在质量打下基础。目前,我国已制定出版了118万多个国家标准,其中涉及学位论文撰写或有参考意义的具体内容也不少,如:① GB/T 3179—92 科学技术期刊编排格式;② GB/T 3860—1995 文献叙词标引规则;③ GB 6447—86 文摘编写规则;④ GB/T 7408—2005 数据元和交换格式、信息交换、日期和时间表示法;⑤ GB/T 7713.1—2006 学位论文编写规则;⑥ GB/T 7714—2005 文后参考文献著录规则;⑦ GB/T 12450—90 图书书名页;⑧ GB/T 15834—1995 标点符号用法;⑨ GB/T 15835—1995 出版物上数字用法的规定等①。这些标准文件不仅有利于规范学位论文的写作,也会在某种程度上提高学位论文的外在质量,进而间接影响论文的内在质量,因此,高等院校要对研究生进行适当培训和教育,这也是我国学术研究与国际接轨的很重要的一个环节。

8.1.3.2　学位论文中期检查

中期检查属于论文质量控制检查阶段,主要检查论文计划执行情况,一般采用学生自查、导师检查、学院普查和学校抽查相结合的方式。中期检查不仅要检查学位论文的研究进程,还要对研究内容、研究方式、数据来源、存在的问题、下一步研究设想等进行审查,以确保课题研究的科学性、准确性和可操作性,并对可能产生的研究成果进行预测。对于中期质量检查不合格的选题,要重新修改直至通过为止,对于某些已经证实不可行的课题要推翻重作,从而确保学位论文的质量。检查组成员要对学生的中期检查报告给予评价,提出存在的问题和对后继论文的指导性意见。这样对学位论文进行追踪控制,有利于导师发现问题,进行重点指导,以便于及时控制课题研究方向,提高学位论文的合格率,也是保证研究生学位论文质量的必要过程。

8.1.3.3　学位论文评审

论文的评审是对学位论文质量把关的一个重要关口,也是最常用的论文质量把关手段。目前,一般采用导师初审、校内专家互审、校外专家匿名评审等联合评阅方式。特别是匿名评审制度,在某种程度上避免了人情因素,对确保学位论文质量提供了重要保障。论文评审主要考察学位论文的研究意

---

① 李若英.提高博士学位论文质量的对策分析[J].中山大学学报论丛,2005,25(6):413-417

义和价值、研究方案的可行性及研究成果的创新性等几个方面。如果导师初审和校内专家互审不通过,要对论文进行修改;而对匿名评审,达到一定的比例不通过的话,往往会延期答辩,对个别学位论文也可能会重新规划论文选题。当前,随着网络信息技术的发展,使匿名评审变得更加便利,在条件成熟时,可组建全国性质或者区域性质的专门学位论文评阅系统,由全国同行随机评审,这样不仅可以提高评审效率,还可以彻底做到匿名评审,为提高学位论文质量搭建可持续发展平台。

学位论文的评审评阅是检验论文质量和水准的重要环节,是确保学术严谨的关键措施。近年来,不断出现的学术造假现象给高等院校研究生教育培养工作带来了警示,应进一步从严格标准、规范流程、正视结果、确保整体水平等方面调整完善评审制度。

8.1.3.4 学位论文答辩与评优

(1) 答辩

答辩是对论文整体水平的集中评审,是论文质量控制的处理阶段。为严格控制答辩论文的质量,部分高校在正式答辩前增加了预答辩的环节,聘请校内外专家组建类似于正式答辩的答辩委员会,让提交学位论文的学生参加答辩会,以此检测学生研究水平和论文质量;如不通过可推迟其正式答辩时间,如果正式答辩通不过可推迟毕业时间,甚至取消学籍,这样就为论文质量划定了最低标准。

(2) 评优

有激励就有动力,为此,可通过建立优秀学位论文的评选激励制度来推动学位论文质量的提升。从1999年开始,在教育部和国务院学位委员会的直接领导下,由教育部学位管理与研究生教育司直接组织开展"全国优秀博士学位论文评选"(简称"全国百篇")项目,该项目旨在加强高层次创造性人才的培养工作,鼓励创新精神,提高我国研究生教育特别是博士生教育的质量。该项目是对博士培养质量进行监督和激励的一项重要举措,对培养和激励在学博士生的创新精神,促进我国博士生培养质量的提高具有积极的作用,并将直接影响学位论文的质量。

8.1.3.5 学位论文不端行为检测与社会监督

（1）学位论文不端行为检测

学位论文不端行为检测是将图书馆的数字资源库作为学位论文的比对数据库，对研究生学位论文文本抄袭、复制、伪造、剽窃、篡改等不端行为进行检测，判断论文文本之间的相似度。在对论文进行剽窃检测之后，图书馆专业人员提供相关检测报告。最后，将报告提交到管理平台上，供评审专家提供判断论文质量的相关依据，把好学位论文后期的质量关。

目前，国内外已出现了许多学位论文检测系统，中文检测系统包括CNKI科技期刊学术不端文献检测系统（AMLC）、万方论文相似性检测系统、重庆维普的通选论文引用检测系统、武汉大学沈阳教授带领开发的ROST反剽窃系统（学术论文不端行为检测系统），英文检测系统包括Turnitin、CrossCheck、SafeAssign等。目前，许多中文检测系统已在高校学位论文质量评审中得到运用。通常情况下将任意一篇需要检测的文章与比对数据库中的文章进行比对，只要被检测的文章与比对数据库中的文章存在一个相同的句子，就能被系统发现，同时系统则在对论文检测完之后生成检测报告，为判断论文的性质提供依据[①]。

学位论文剽窃检测系统的出现在严把论文内容质量、提高学生的创新能力方面确实发挥了重要作用，但是也存在一定问题。特别是比对数据库覆盖内容不全面的问题，国内的学术不端文献检测系统在英文文献上毫无办法，这为一些国际化程度较高的高校要选择使用此类系统产生一定的障碍[②]。同时，以总文字复制比简单衡量学位论文学术不端行为存在一定的不科学性，学生为了应对学位论文剽窃检测系统甚至出现了"反抄袭"一族，对检测出来重复的地方进行文字加工。因此，无论是多么强大的检测系统都需要导师和相关领域专家对研究成果的创新性和数据的准确性进行鉴别。

（2）建立学位论文的社会监督机制

除了上述正常的学位论文流程审查之外，还需要采用社会监督机制加强

---

① 李鸿斌,李邦杰,李茸.运用AMLC检测硕博士学位论文存在的问题及对策[J].陕西教育(高教版),2012(10):8
② 张昊浩,高国龙,钱俊龙.国内外学术不端文献检测系统平台的比较研究[J].中国科技期刊研究,2011, 22(4):514-521

对学位论文质量的监控管理,以激励研究生全身心注重学位论文质量。可由独立于高等教育之外的中立机构,定期抽查评审学位论文,并将结果公之于众。高校自身也应对研究生学位论文进行抽检,可由研究生管理部门聘请校外专家双盲评审,如果答辩通过的论文被抽检不合格,则要向公众公开答辩委员名单,视具体情况作出处理意见,对作弊行为一定加以严惩①。

在美国,一般是由民间评估机构对学校发展进行评估,这种评估方式对学位论文质量起着举足轻重的作用,也左右着美国高等学校的发展。当前,美国研究生的教育和管理存在着三种主要力量:以各种社会组织与机构为代表的社会力量,以高等学校为代表的学术组织自身力量,以及以中央政府与州政府这两级政府下属的研究生教育管理部门为代表的政府力量。这三种力量相互分工、相互合作又彼此制约,构成了一个以社会评价为主体、以高校自我评价为基础、政府积极支持和保证的研究生教育质量评价体系,为美国教育高质量地快速发展提供重要保障②。

在我国,还没有专门的民间高等学校监督评估机构。学位论文的质量控制大部分是由培养单位负责,由于缺乏必要的社会监督,再加之用人单位基本并不关心学位论文的质量,使得学位论文的产出存在很大的主观性和随意性。这种学位论文产出机制如果不加以改变,学位论文质量控制仍然会存在较多漏洞。因此,组建民间监督管理机构是未来学校管理和学位论文质量控制的必由之路。

上述学位论文质量控制过程与活动将质量管理理念融会到了具体的工作层面,通过一系列具体措施的实施,将为学位论文质量的控制打下坚实的基础。总的来说,基于过程管理的学位论文质量监控,实现了学位论文的全面质量管理,包含了学位论文由孕育到正式产出的全过程,有利于学位论文质量的全面提升。

---

① 李红梅.高校硕士学位论文质量监控策略研究[D].重庆:西南大学,2008
② 潘武玲.美国研究生教育质量评价中的三种主要力量团[J].现代教育科学,2006(5):38-40

8.2 学位论文的开放存取服务

开放存取(Open Access,OA)是20世纪90年代兴起的一种新型的学术出版和共享方式。《布达佩斯宣言》给予开放存取完整的表达为:对文献的开放存取即意味着它在公共领域可以被免费获取,并允许任何用户阅读、下载、复制、传递、打印、搜索、超链接,也允许用户将其编辑并为之建立索引,用作软件的输入数据或其他任何合法用途。这意味着用户在使用开放存取文献时不受财力或技术的限制,而只需在获取时保持文献的完整性即可。

鉴于开放存取的优势,在面向用户的学位论文服务中,理应构建开放存取空间,推进学位论文资源的开放存取服务。

8.2.1 开放存取服务及其发展中的问题

开放存取服务是传统的文献信息服务的重要补充,对于文献服务而言,它采用"作者付费出版,读者免费使用"的方式,将文献无偿提供给用户使用。在文献服务中包括开放存取期刊(Open Access Journal,OAJ)和开放仓储(Open Repositories and Archives),前者是基于开放存取的期刊服务,后者是研究机构或个人将未曾发表或已经发表过的论文等作为开放式的电子文档提供存储,供开放使用。

开放存取利用网络实现科学信息和科学研究成果的交流与传播,从而提高了信息资源的利用率,降低了用户获取信息资源的成本,促进了科学信息的长期保存。在"开放存取"学术交流的发展中,有代表性的是机构库(Institutional Repository)、学科资源库(Disciplinary Repository)、开放期刊(Open Access Journals)和个人网络存取服务的推进。

目前,提供开放存取资源的主体主要是文献信息服务机构、学术机构和出版机构等。例如:公共科学图书馆(PLOS),建立了全球著名的电子印本文库 ARXIV,开展公共开放存取服务;美国计算机协会(ACM)创建、维护的计算机数据库 CORR 提供在线服务;中国科技论文在线,由中国教育部主办,提供开放服务;学术团体奇迹电子文库,由民间科学交流团体创建,提供开放存取交流服务;学术出版机构,如 Highwire 出版社等提供社会出版开放服务。

信息资源开放存取服务中，同一开放存取资源的提供主体可以采取一种乃至多种开放存取实现方式。其中，"E-print Archive"是开放存取中的一种非正式科学交流系统，即"电子印本文库"。电子印本文库通过作者自存档（Self-archiving）方式收集并存储电子预印本（Pre-print）和后印本（Post-print），向用户提供开放存取的在线数据库服务。表8-1为我国开放存取服务发展情况。

表8-1 我国开放存取服务发展情况

开放存取机构	建设情况	发展概况
中国预印本服务系统	中国科学技术信息研究所建设	中国预印本服务系统于2004年3月正式开通，该系统由中国科学技术信息研究所与国家科技图书文献中心联合建设，是一个以提供预印本文献资源服务为主要内容的实时学术交流开放系统。该系统由国内预印本服务子系统和国外预印本门户（SINDAP）子系统构成。国内预印本服务子系统供存取的是国内科技工作者自由提交的预印本论文，可以实现二次文献检索、浏览全文、发表评论等
香港科技大学科学研究成果全文仓储	香港科技大学图书馆建设	由香港科技大学图书馆用Dspace软件开发的一个数字化学术成果存储与交流知识库，收有由该学校教学科学研究人员和博士生提交的论文（包括已发表和待发表）、会议论文、预印本、博士学位论文、研究与技术报告、工作论文和演示文稿全文。浏览方式有按院、系、机构，按题名，按作者和提交时间浏览等。检索途径有任意字段、作者、题名、关键词、文摘、标识符等
奇迹电子文库	科学、教育与技术青年工作者创建	为非营利性质的网络服务，目的是为中国研究者提供免费、方便、稳定的ePrint平台，提倡开放共享。奇迹电子文库分为科学前沿、生命科学、天文与航天、健康生活、学术资源、开放存取、读书新知、科学与社会等九大类，按学科分类的预印本收集的论著资料
SINDAP（NTIC国外预印本门户）	中国科学技术信息研究所和丹麦技术中心合作建设	目标是促进科技工作者发布自己的预印本论文以及使用预印本数据库，SINDAP系统利用开源软件构建，通过全球合作进行；利用OAI协议，有选择地采集世界上主要科技预印本网站的数据；SINDAP现提供来自全球17个预印本网站的记录供检索

续表

开放存取机构	建设情况	发展概况
中国科技论文在线	教育部科技发展中心建设	针对高等学校科学研究人员普遍反映的论文发表存在障碍，学术交流渠道狭窄，不利于科学研究成果快速、高效地转化为现实生产力的问题，创建科技论文网站。中国科技论文在线打破传统出版物的限制，免去传统的评审、修改、编辑、印刷等程序，给科学研究人员提供一个方便、快捷的交流平台，提供及时发表成果和新观点的有效渠道，从而使新成果得到及时推广，科学研究创新思想得到及时交流

我国的开放存取服务始于2002年；2003年以物理学论文为主的奇迹电子文库诞生；2004年中国科学院院长路甬祥和国家自然科学基金委员会主任陈宜瑜在北京分别代表各自机构签署《柏林宣言》；2005年50余所高等学校图书馆馆长签署了《图书馆合作与信息资源共享武汉宣言》；2007年96所高等学校图书馆Open Access免费期刊检索系统开通。北京大学图书馆、吉林大学图书馆、中山大学图书馆将开放存取纳入到用户培训内容。清华大学图书馆、浙江大学图书馆、西安交通大学图书馆等，开始了开放存取资源与馆藏文献资源的整合。从中国的国情和科学发展实际来看，支持开放存取、建立新的学术交流机制是服务发展的必然[①]。然而，我国的开放存取还存在一定的障碍。

（1）开放存取的认可度问题

由于我国信息资源开放存取还处于发展阶段，学界对其认识还不全面，未进行推广性使用。以高等学校图书馆为例，有少数高等学校特别为开放存取设定了专栏，大多数只在电子期刊子服务中列出了国内外的一些开放存取网站。可见，信息资源开放存取在国内的认可度还比较低。因此，应提升信息资源开放存取的社会认可度。

（2）开放存取的机制缺陷

虽然网络技术的发展，大大减低了学术出版和学术信息存储的成本，但仍需要一定经费和人力资源维持系统的正常运行。因此，解决设备费用、系统开发和运行费用仍是开放存取模式需要解决的问题。由于国内相关机构的

---

① 胡启恒.开放获取是科学家的责任[N].光明日报，2006-06-20

科学研究教育经费有限，开放存取还只是停留在公益服务阶段。这种模式的缺点是：所依赖的外部条件不稳定，经费和存储条件得不到保障；公共服务机构难以形成规模和有影响的品牌。因此，信息资源开放存取应引入更多的竞争者参与，通过竞争和博弈，达到学术研究和学术交流过程中各方利益的平衡。

（3）开放存取的质量控制问题

几乎所有OA期刊为建立学术地位和声望都沿用同行评审制度，如美国学术出版和学术资源联盟（Scholarly Publishing & Academic Resource Coalition，SPARC）通过与学会、协会和大学出版社合作，成立专业的评审委员会，控制开放存取论文质量。OA仓储为了不使冗杂信息无控制地蔓延而影响学术交流，要求所提交的论文是经过作者精心准备或已评审过的成果，同时严格限制提交者的身份。但由于OA仓储定位于灰色文献交流，只要求作者提交的论文符合一定格式和学术规范，因此，建立行之有效的、跨机构的存取制度是信息资源开放存取所面临的一大挑战。

（4）开放存取的版权问题

信息资源开放存取所面临的版权问题，并不是资源提供者与使用者对于知识传播和利用之间的争议，因为所有开放存取资源都已被授予正常使用的无限制权益。对于论著而言，开放存取资源的版权问题突出体现在出版社对预印本和已印本与作者之间的权益分割问题。大多数学术论著的版权归出版社所有，出版社为了获利，对论著使用和传播做出的各种限制，必然与开放存取中所提供的预印本资源版权发生冲突，作者往往无法实现学术资源广泛传播的目标。

8.2.2 学位论文开放存取体制建设与服务实施

开放存取系统是一个动态适应的社会化知识交流系统，技术发展所创造的新的法律环境必然要求通过变革管理模式、运作程序、操作手段予以回应。学位论文开放存取运作的一个核心问题是确立开放存取机制，在版权获取与信息利用之间维系平衡，以推进开放存取的发展。这种机制以促进学位论文的广泛传播、自由交流与快速应用，旨在提升科学研究成果的公共利用率，保障学位论文的自由保存。学位论文开放存取系统作为知识资源收藏地和信息中心，应完善开放存取模式，推进开放存取服务，促进学位论文的社会化传播与交流。

（1）推进学位论文数字存档仓库和开放系统的建设和使用

目前，由于运行经费和同行评审制度等方面的原因，我国还未出现高水平的学位论文开放存取系统，但开放存取仓储资源却有了较大的发展。数字图书馆为开放存取的发展提供了契机和平台。学位论文开放存取的实现需要广大用户和科学研究人员的积极参与，应使人人都成为资料的提供者和使用者。因此，应鼓励所在机构的研究人员将研究成果以标准的文档格式上传并允许提供免费查询；同时，鼓励研究人员利用开放存取期刊，使更多的研究者不仅成为开放存取的使用者，也成为学位论文知识信息发布者与出版者。

（2）整合学位论文开放存取资源与馆藏资源

在服务中，应将搜集到的学位论文开放存取资源与本地的数字资源进行整合，实现多数据库联检。分数据库显示检索结果可以大大方便用户接受和使用开放存取资源。目前，数字图书馆拥有较丰富的数字资源，但各个检索系统却有着不同的检索界面、身份认证和资料属性，用户无法一次性获取多数据库的信息。为了改变这种局面，提高数字资源利用率，应在"资源库的跨库检索服务"的基础上，推进学位论文开放存取资源检索与馆藏检索的集成。目前，国际上较先进的集成系统有ENCompass、Metalib、MAP等，这些系统的研发为学位论文开放存取资源和馆内资源的对接提供了解决方案，为开放资源和馆藏资源的整合提供了有效工具。

（3）学位论文开放存取资源的搜索和揭示

在开放服务环境下，信息服务机构可以通过RSS的动态信息服务为用户提供学位论文开放存取资源通告，及时将学位论文开放资源的网址、较稳定的学位论文链接或索引提供给用户使用。也可以直接将互联网上的学位论文开放存取资源作为馆藏信息资源，编入本地的馆藏目录，提供开放存取列表。现在国内部分图书馆已经做了类似工作，如在主页中提供可获取信息的一些学位论文开放资源网站和其他的一些免费资源站点。这些工作有待进一步规范和提高。

（4）构建学位论文开放存取的利益协调机制

学位论文开放存取活动由社会各方参与，每一方都有自己的利益和要求，因此开放存取的实施必然涉及各方的利益。这些团体的利益并不总是一致的，当利益相互冲突时就需要进行协调。由于存在占有科技资源的单位或个人同时承担共享责任和义务的问题，因此应针对单位和个人缺乏共享意识的问题，进行基于利益协调的意识培养，树立共享使自己受益的观念，以便积极推动开放存取的发展。由此可见，开放存取需要全社会的共同努力。要使学位论文开放存取政策顺利推进，还需要政府部门引导，明确各利益方的利益与责任，协调各团体间的关系与活动，从而调动科学研究机构等组织的主动性，共同促进开放存取服务的发展。

（5）学位论文开放存取的质量控制

学位论文开放存取仓储中，学术信息的创建者在技术支持下，可将自己的学术成果上传到各种类型的开放存取仓储，所以其学术水平难以实现严格的审评，对于资源质量的评定主要参考其被利用情况进行参照分析。因此，建立基于网络数字信息共建共享的同行评议机制，对于学位论文开放存取来说是重要的。对此，可以借鉴已经成型的国外评议体系，例如，BMC体系规定了原稿须交给两个专家过目，评议者需要判断原稿在学术上是否正确，是否值得交流，以此控制开放存取质量。显然，这种开放存取的自组织方式具有普遍意义。作为一项公益性为主的服务，开放存取资源的质量要围绕评价服务质量进行设计，结合服务过程的控制制定综合评价指标，使之具有系统性、可行性，从而监督和促进开放存取水平的提高。

（6）完善学位论文基于开放存取的学术信息服务

开放存取已被越来越多的科学研究人员接受和利用，开放存取文献由于其可免费获取性，赢得了众多潜在用户，其影响日益扩大。现在的互联网已可以为科学研究人员提供基于个人网站、服务列表、主题论坛以及Blog等交流服务，但由于规模有限、不易检索、缺乏规范等问题而没有更大范围的应用。学位论文开放存取仓储，由于实用优势和众多学术专业机构的参与，必然成为基于网络服务的新发展方向，这是其他网络交流模式无法比拟的。当前应把握契机，在充分利用网络服务UDE基础上，推动开放存取活动，完善和发展开放存取模式，构建服务于科学研究用户的学术信息开放存取服务体系，巩固其信息中心的地位。

图8-2构建了学位论文开放存取信息服务的系统模型，其体系的流程如

下：学位论文开放存取资源提供者通过一定的途径对外提供资源及资源的元数据；数据检索服务提供者获取资源的元数据；对外提供集成式的数据检索建立对资源实体的链接；数据索引服务提供者对资源的重要性和被引情况进行分析；数字化开放存取服务接口实现与用户的互联。

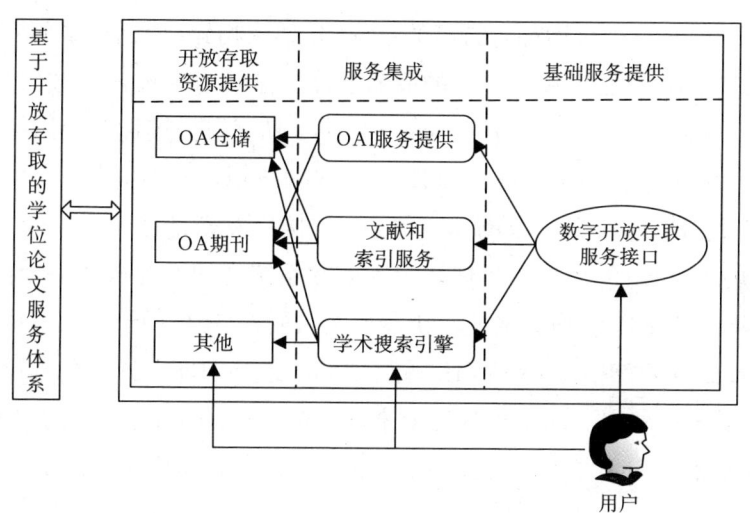

图8-2 学位论文开放存取信息服务构架[①]

8.2.3 学位论文知识库构建方案

机构库或机构知识库（Institutional Repository，IR）是学术机构为捕获并保存机构智力成果而成立的数字资源仓库。学位论文作为一种重要的学术信息资源，对机构的信息组织和管理者来说，对学位论文的组织、管理和开发具有一定难度，学位论文知识库由此而产生。

学位论文知识库包括可访问的、本地的或其他的内容元数据，是处理OpenURL时用到的数据库，需要产生上下文敏感链接服务的规则逻辑。学位论文知识库的组成部分包括：①学位论文链接资源表：该表记录着能够发送OpenURL数据到链接服务器的信息资源，如BIOSIS（生物学文摘）。②学位论文概念服务表：该表列出的是链接服务器能使用的链接目标、服务的链接

---

① 夏南强，张耀坤.基于开放存取的学术信息服务体系初探[J].情报科学，2008(3):431–435

源以及服务的内容。它主要是通过"服务类型"将链接资源表和链接目标表关联在一起。③学位论文链接目标表：该表记录着可以作为本地机构开放链接目标的信息资源。每个学位论文信息资源要成为链接目标，必须定义相应的链接语法。④学位论文链接对象表：记录每个链接目标所提供的具体信息，这些信息具有一定的层次结构。

现有的信息组织机构都有自己的系统，且架构相异，原有的事务处理系统、应用程序和EJB都已经具备自己的业务功能，需要对物理上分散的学位论文知识库在逻辑上实现集中。由于Web Services具有自描述性，使用标准协议，封装性、互操作性和集成性较好，可以采用Web Services来整合分散的知识库，通过向各个知识库所在系统的Web Services接口发送请求，实现对它们进行操作；通过不同角色交互来实现知识库所在系统之间的互操作以及链接解析器对知识库的访问①，作为链接解析器，无须拥有自己的知识库，是松散耦合的组件系统。在逻辑上，这些知识库就如同本地知识库一样，构建目标链接，生成扩展服务。所以，从某种程度上来说，Web Services是整合的技术，而不是实现的技术。图8-3为分布式环境下各学位论文知识库系统的工作。

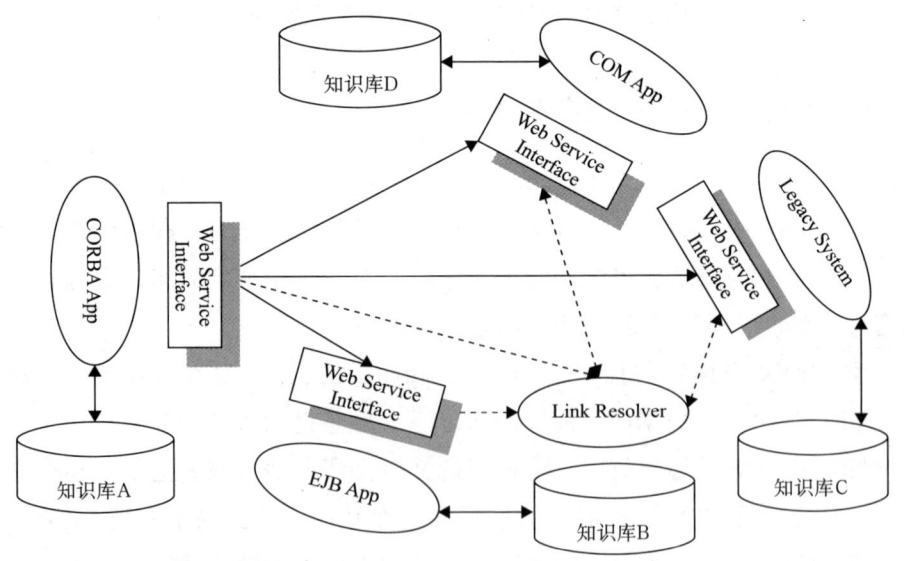

图8-3　分布式环境下各学位论文知识库系统的工作

---

① 李广,李亚子.基于分布式知识库的开放服务链接系统设计与实现[J].情报学报,2008(2):244-249

8.2.4 基于知识库的学位论文知识资源建设推进

学位论文知识资源建设的目的是按照统一的数据描述、采集、检索标准，实现跨系统的资源整合与共享，在知识链接门户系统平台上建成知识资源联合目录和多个专业知识库，实现资源的动态化索取与发送，为国家科技创新活动提供多元化的网络知识服务。

（1）学位论文知识资源联合目录建设

联合全国科技领域的信息共享平台，有计划地对原有学位论文数据进行整合以及新数据制作，建成系统知识资源联合目录，搭建起一个公益性的元数据交换平台，在充分揭示这些平台系统资源收藏的基础上，逐步实现科技领域的数字资源调度与指向系统，为实现综合性知识资源的共知、共建、共享及开展网上服务奠定基础。

（2）学位论文专业资源库建设

根据国家科技创新发展需求，通过已有学位论文数字资源的整合与采购、各领域资源库建设、网上信息的自动抓取与加工等多种方式和渠道，建设包括论文数据库、专业文献数据库、作者数据库、机构数据库、基金数据库、期刊数据库、会议数据库等在内的全方位数字资源库，为用户提供特色化知识服务。

（3）学位论文元数据同步与集中检索

系统采用元数据同步技术，提供对所有学位论文资源统一的查询入口。平台建立开放、免费的元数据统一检索服务机制，方便用户对所需资源的发现、辨析和定位，引导用户对知识的发现和获取，提高学位论文资源使用。

为适应用户需求的转变，中国科学技术信息研究所学位论文知识链接门户系统主要从以下三个方面着手考虑其目标定位：首先，该系统应适应知识服务运营模式的需要，通过学位论文知识整合促进业务管理，信息资源、基础设施资源、用户资源的集成管理，构建学位论文知识库，为用户提供一体化的门户操作平台；其次，进行学位论文知识资源、服务功能的一体化建设，为用户提供全新的知识服务体验；最后，根据用户需求变化为用户提供个性化的知识服务。在此基础上，该知识链接门户系统主要实现以下三方面功能：

（1）学位论文知识资源整合

以学位论文引文为核心，对期刊论文、会议论文、标准文献、专利文献

（2）揭示学位论文知识联系

全面展示论文的引用、被引及共引关系，揭示知识之间的自然联系；寻找交叉学科，揭示不同学科之间的自然联系；揭示学位论文与中文期刊、会议论文、专利、标准，乃至报纸、图书以及英文文献之间的引证关系。

（3）学位论文引文统计分析

通过检索在线及时获得学位论文、全文期刊等统计指标，提供多种学位论文和期刊统计指标，可进行排行，并可即时查看所涉及论文，统计指标透明度高。

为了实现上述设计思想和系统功能，在学位论文知识链接门户系统体系框架下，其建设要遵循一定的技术路线分步实施，在总体目标引导下，通过知识资源建设、标准规范制定、数据加工规范、关联检索与引文统计评价，全面推动学位论文知识链接门户系统建设运行，加快社会化知识服务进程，有力支撑各领域的知识创新（图8-4）。

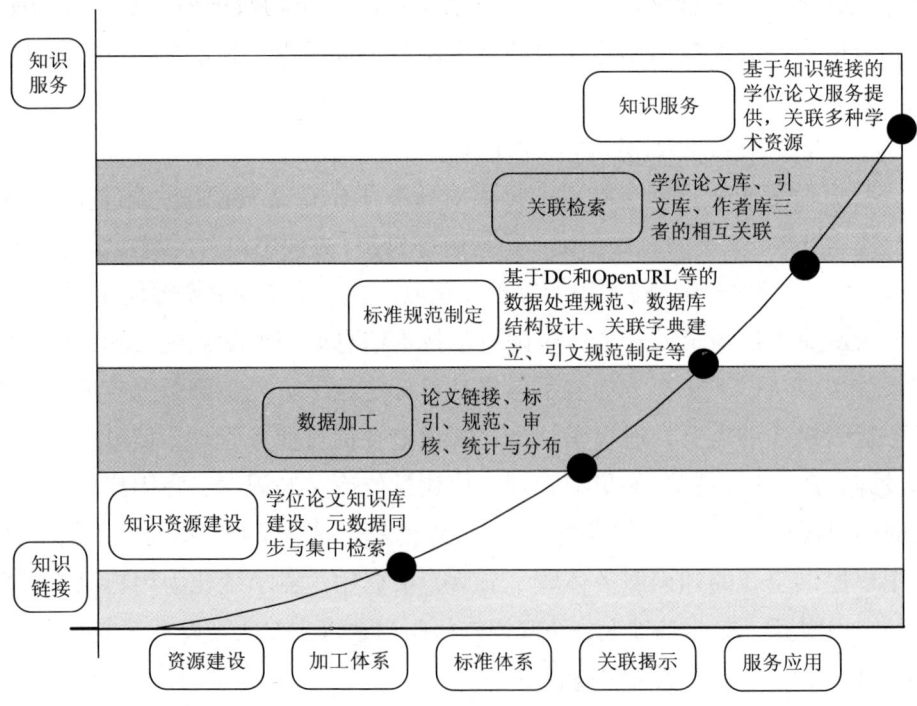

图8-4 学位论文知识链接门户系统建设的技术路线

8.3 学位论文的知识服务

8.3.1 学位论文知识服务的层次

（1）学位论文的知识发现服务

主要是指根据用户的个性化需求，通过对学位论文文献定性定量的增值处理来发现隐含其中的知识，揭示其中的规律。如从学位论文数据库的作者库中，可以得到描述、评价、管理我国各学科专业研究队伍的相关数据；从学位论文的引文库中，可以得到与学科主题相关的成果评价知识等；由全文文献的智能化聚类，可以得到专业细化、面向课题的学科知识等。

（2）学位论文的知识增值服务

建立在知识组织基础之上，根据用户需求，针对其具体的用途和目标，在学位论文资源共享系统中采集所需的知识信息并进行深层次加工，寻求其中的知识点及知识关联，进而通过智力劳动形成具有独特价值的知识方案和产品。

（3）学位论文的知识导航服务

通过知识关联将学位论文中的各个知识单元、知识要素（作者、机构、学科主题等）按照需要的因素、层次、结构和功能等组成有序的知识系统，使单一知识、零散知识、新旧知识经过整合提升形成新的学科化与专业化知识系统，为学位论文的知识组织和知识服务构建一个丰富、多维的知识网络，为用户构造一种广泛、客观、交叉、连续、多视角多层次的知识组织、知识发现、知识交流、知识管理的整体环境，针对作者、学科、主题等知识要素，实现以知识要素为单位的知识导航服务。

（4）学位论文的知识评价服务

通过对知识对象进行统计分析，对知识要素进行聚类分析，按照时间序列进行趋势预测，实现知识评价。从聚合的学位论文资源进行统计分析，揭示不同机构、地区、人员、时间段内特定学科领域的发展重点和发展方向，对特定学科在各个时间段内的发展态势进行分析，进行多角度评价和优先主题的动态科技监测，形成针对地区、机构、人员、时间段等不同维度的知识评价能力。

（5）学位论文的知识定制服务

针对人们的需求提供解决具体问题的方案。一般来说，根据服务对象的特定要求从学位论文信息资源中找出、提供其所需要的知识信息。在更高要求下，知识定制服务要根据服务对象所要解决的问题，经过对信息的全面分析，为服务对象提供解决问题的参考方案。根据用户的学科、偏好等特征，通过用户定制、系统推荐和推送功能，为用户提供个性化的信息服务。

（6）学科化的知识创新服务

学科化知识创新服务是针对学位论文中某一特定学科的知识、资源集成化服务，将学位论文资源共享系统与重点学科用户融合于一体，将对用户知识服务过程融合到相应学科的知识创新活动的全过程中，针对学科建设和发展中的具体问题和个性化环境，形成"学科馆员—学科专家、学者—各类型学科用户"的集成服务机制，建立起面向学科具体用户信息需求的全程服务责任制模式，进行从知识捕获、提取、挖掘、重组、创新到集成应用的全程一体服务。

8.3.2 学位论文知识服务的具体形式

8.3.2.1 知识链接服务

知识链接是以知识联系为基础的信息组织，是信息组织的深化。它是以知识关联为基础构成知识网络的一种技术措施、手段和行为，具体包括知识元链接、引证链接、作者链接等。一篇完整的学位论文可解构为多个特征单元，它是科研实体、科学文献等多重关联的集合体。因此，通过引文链接和知识元链接等技术，对学位论文的知识单元进行标引导航，可初步建立学位论文的知识网络，用于学位论文与期刊、会议文献等其他异类资源之间的整合。通过相关的知识描述手段和可视化工具，可以将知识间的关联关系，按照一定方式，清晰有序地在一个统一的界面上以图谱形式展示出来。在深化加工的基础上，通过学位论文中论文与引文间的关联，各不同文献类型之间的作者、学科、单位等进行各种类型的关联检索与集成揭示[①]，为用户判断和形成进一步检索的最佳路径和策略提供支持性信息。

---

① 贺德方.国家学位论文服务体系研究[J].情报学报,2004,23(6):697-702

8.3.2.2 引文分析服务

引文分析根据学位论文文献间存在的相互引证的关系及特点,利用图论、模糊数学、统计学及数学、逻辑思维方法,对文献的引用与被引用现象进行分析,以揭示科学发展态势。通过对引文数量的分析,即等级序列分析,对作者、机构、语种、时间分布、引文率等引文指标进行简单的分析、比较和排列,研究引证规律、评价质量。在引文数量分析的基础上,对若干重要的、有代表性的分析对象(文献、著者等)进行耦合、共引分析,揭示学科的结构特点、研究热点、发展源流等。

除了用于科研评价外,学位论文的引文分析对图书馆的文献资源建设同样具有重要的指导意义。借助于学位论文引文分析的结果,了解相关出版物类型、文种、期刊种类和年代等的分布,可以更客观也更全面地评估各种文献对本单位教学和科研工作的贡献,从而结合本单位的实际情况改进馆藏和排架剔旧策略[①]。

8.3.2.3 主题内容监测服务

由于引文共引聚类分析是以整篇文献为单位,所以在揭示文献主题相似性方面跟文献的内容词分析相比,其针对性、研究深度和精确性明显不足。因此,可进一步采用内容词分析方法,通过对反映学位论文文献主题内容的词进行相似性或相异性定量分析,来研究文献内在联系和科学结构。展开源文献内容词相似或相异性分析、源文献内容词耦合或聚类分析、引文(参考文献)内容词共引分析、引文(参考文献)内容词相似或相异性分析等,科学地揭示某一学科或专题的研究结构和发展状况,通过比较、排序、相关分析、差异分析、因子分析和聚类分析方法,按行业、地区和学科进行综合性分析,统计分析科研成果产出状况,得到研究生培养过程中的科研发展的状况报告,形成学位论文质量的监控体系,提高原创性创新论文成果的辐射效能和利用效益,同时,在此过程中,用户从知识内涵中享受到更深层次的知识服务。

---

① 陈务正,袁福环,金越.试论学士学位论文的情报价值[J].图书情报工作,1998(11):9–12

8.4 下一代学位论文管理与共享系统发展方向

学位论文作为一种重要的知识信息资源,其有效开发和合理利用,不仅是高等学校和科研机构高层次人才培养的需要,更关系到学位论文原创性成果的社会化利用和论文创新成果的转移,是知识经济时代国家创新驱动发展的需要。[①] 目前,我国学位论文这一宝贵的信息资源,分散保存,缺乏集成的学位论文服务系统,造成查询检索和深度利用很不方便。学位论文服务层次仅局限于二次文献的检索与提供,缺乏在知识层面进行有效组织和分析评价,没有进行有效的知识标引、知识导航、知识检索,需要建立相应的知识组织与分析服务平台,通过因特网对电子版学位论文进行集中整合、组织标引和监测服务。

在学位论文资源共享系统的业务组织和技术部署上,将进一步规范集中整合国家大型收藏单位的学位论文元数据,形成国家虚拟的学位论文数字图书馆。通过公共网络平台,分层面对整合的学位论文资源进行知识组织和分析监测。第一阶段,建立起国家学位论文资源整合体系,对分布的学位论文资源进行有效组织和集成化的揭示,在 NSTL 及其他文献服务系统的基础上,提供跨平台、跨系统的资源发现和检索,通过开放链接提供一站式的内容获取。第二阶段,采用知识本体技术、引文链接技术对学位论文的内容进行组织和建模,进行知识单元相关标引和引文规范链接,在信息点之间建立复合关联,形成国家学位论文的知识网络和知识地图,满足读者获取知识信息的需求。第三阶段,建立学位论文管理信息系统,开发分析研究与监测系统。学位论文资源共享系统的建设是一项较长期的任务,在战略实施中宜采取分阶段推进的原则,既制定长期发展计划,也考虑分阶段目标的选择和定位。图 8-5 为学位论文资源共享系统发展规划。

---

① 赵杨,胡潜,张敏.国内外学位论文共享服务发展趋势与对策分析[J].情报资料工作,2008(4):68-73

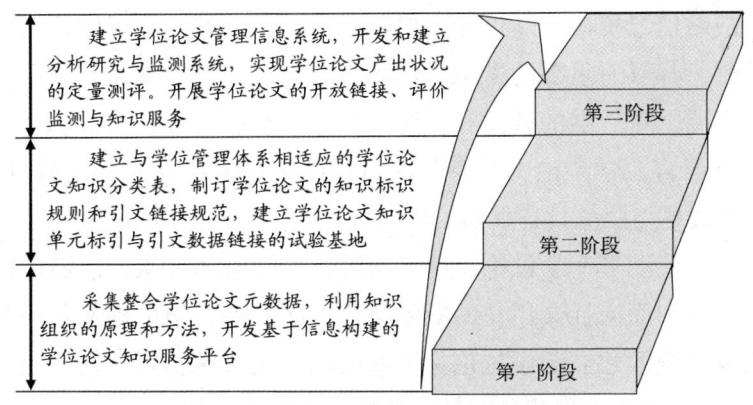

图 8-5　学位论文资源共享系统发展规划

具体而言，下一代学位论文管理与共享系统将推进以下技术目标的实现：
①学位论文元数据的整合与新增学位论文的集成；
②建立数字化学位论文国家集中收藏协调和共享机制；
③研究学位论文知识分类体系，建设学位论文知识索引库，实现学位论文相关知识单元的标引；
④学位论文引文数据库的开发和链接机制建设，实现学位论文引文数据加工、规范和链接；
⑤建立学位论文管理信息系统，开发分析研究与监测系统；
⑥建立用户管理系统，知识服务平台开发与试运行等。

从学位论文共享业务的组织看，用户知识信息需求及其利用的满足是最终目的，学位论文文献资源的组织与开发是基础，而技术平台的建设与服务的技术实现是基本条件。这几个方面决定了学位论文资源共享系统发展战略的基本导向。从战略组织的角度看，应从以下几方面进行综合考虑[①]：

（1）为教育培养服务

学位论文作为一种重要的学术研究成果，体现了撰写者在其研究领域的学术见解、科研行为，同时也体现了导师的学术指导及影响，学位论文是教与学的融合，是高校科研成果的直接体现，已经成为我国科学研究、人才培

---

① 胡昌平.图书情报事业的社会化发展战略——国家可持续发展中的图书情报事业战略分析[J].中国图书馆学报，2005，31(1):5-9,20

养的重要战略信息资源。学位论文对科研项目的选题、知识体系的构建和理论观点的创新都具有重要的参考价值和借鉴作用，已经成为一种不可或缺的情报信息资源，对后继的教学和科研活动有较高的参考价值。对于高等院校和科研院所而言，学位论文共享与保障程度直接关系到人才的教育与培养，学位论文的共享与服务具有重要的作用与价值。

在需求的促动下，学位论文信息资源共享战略随之从分散协调向大范围内的共建共享和面向社会用户的资源整合方向发展。学位论文收集与服务将在全国范围内统筹建立起学位论文资源的电子化收藏体系（论文收集、加工和保存）、学位论文信息的公益性服务体系（目录检索＋文摘）、学位论文全文的非营利性保障体系，以此为基础，分层面对整合的学位论文资源进行知识组织和分析监测。对分布的学位论文资源进行有效组织和集成化的揭示，建立起国家学位论文资源整合体系，面向全国的高等院校和科研院所开展全方位的国家学位论文共享与服务保障，服务于全国的科研人才教育与培养工作。

（2）为创新发展服务

随着我国科技发展和知识创新活动的深化，学位论文作为科技发展和知识创新的重要战略资源，学位论文社会需求的日益增加。长期以来，学位论文收集与服务以文献信息的提炼、组织和文献提供为主体，文献内容服务基本上限于文献载体本身，用户向学位论文服务部门索取的往往是与自己需求吻合的文献信息，其深层利用则需要自行消化、发掘。就创新活动而论，包括两方面需求，即显性知识需求与隐性知识需求。显性知识的需求，是对文献信息需求的深化，它要求学位论文服务机构面向用户，进行学位论文文献内容的深层发掘，将以分类、主题为主体的文献信息服务，发展成为以文献中知识信息的关联组织、揭示、提供为主体内容的知识集成服务。隐性知识需求则是用户对存储于社会他人头脑中的知识和存在于他人社会活动中的知识需求。由于信息网络的发展，用户可通过网络渠道进行知识信息交流，它要求实现学位论文用户的知识交流与联网服务。传统的学位论文服务部门所开展的文献服务向社会化的知识服务发展已成为必然，在战略构建上，它要求从知识信息资源的组织与服务的结合上，进行整体规划，构建面向知识创新的全方位知识服务体系。

（3）为决策管理服务

学位论文作为一种重要的科技战略信息资源，能够为科研管理部门提供真实的数据和素材，帮助科研管理者系统地了解和掌握相关科研工作的历史与现状，并能够对各个科研领域及科研活动进行客观的评价与管理，同时对今后的科研活动及研究发展趋势进行判断和决策，从宏观层面更加合理的确定科研发展的重点与方向，从国家层面和管理层面给予重点研究领域更多的支持。通过国家学位论文的系统收集与整理，既可以保证科学研究的连续性，又可以避免选题重复，防止科研中走弯路，减少不必要的人力资源与投资浪费。

知识信息时代为学位论文资源管理与共享系统业务拓展提出了新要求，技术与网络发展为服务业务开展提供了新的手段。学位论文资源管理与共享系统业务拓展的下一步战略目标包括进一步地改变包括中国科学技术信息研究所在内的国家法定收藏单位学位论文服务方式，提高学位论文利用效果。在我国学位论文文摘库的基础上进行数据整合、数据挖掘，可以更快捷集成各系统、各单位的学位论文资源，形成情景敏感的知识发现和链接机制，从而加快学位论文服务网络化、知识化和集成化的共建共享步伐，发挥学位论文资源应有的社会效益和经济效益，推动科技创新和行业技术进步。

附 录

附录一 关于报送研究生毕业论文问题的通知

〔65〕高一辛究字第 1288 号
〔65〕科情武字第 602 号

各培养研究生的高等学校及研究单位：

1963 年 6 月，原教育部曾以〔63〕教一蒋究字第 1679 号《关于做好今年应届毕业研究生论文答辩工作的通知》，要求各有关高等学校将答辩合格的研究生的毕业论文、毕业论文摘要和毕业论文答辩情况报告表报教育部备案。迄今已收到 622 名毕业研究生的上述资料。为了做好研究生毕业论文的保管、交流和使用工作，国家科委与高等教育部共同商定，今后高等学校及各有关单位上报的研究生毕业论文，关于自然科学和技术方面的，全部由中国科学技术情报研究所负责统一保管，哲学社会科学方面的，由北京图书馆负责保管。各高等学校已报送高教部的毕业论文，高教部将于最近移交给中国科学技术情报研究所。现对今后报送研究生毕业论文工作的有关问题通知如下：

一、各培养研究生单位应该在研究生毕业后一个月内，将研究生的毕业论文，属于自然科学和技术方面的，直接送交中国科学技术情报研究所一份，属于哲学社会科学方面的，直接送交北京图书馆一份，高等学校不再报高教部备案。过去规定高等学校上报的研究生毕业论文摘要和毕业论文答辩情况报告表，今后不再报送，但须另行填报"研究生毕业论文审查表"（格式附后）给高教部和中国科学技术情报研究所（或北京图书馆）各一份，其他研究单位只报送中国科学技术情报研究所（或北京图书馆）一份。为了保管和使用方便起见，对今后报送的研究生毕业论文，提出以下几点具体要求：

1. 研究生毕业论文，均应采用 16 开白纸，用黑油墨油印（或铅印），如油印（或铅印）有困难时，可用兰黑墨水或墨汁书写，字迹须端正清晰，外国文字用楷体书写，插图用黑墨汁描绘在透明纸上。

2. 论文名称、学校名称、研究生姓名、所学专业及毕业时间，均须依次写在毕业论文的封面上。论文均应在左边装订。

3. 保密论文务须在封面上加注密级，不加注密级的，一律按内部论文使用。

4. 每篇论文缩写 300～500 字（最多不超过 1000 字）的简介，以便印制文摘卡片（式样附后）。

二、为了充分发挥研究生毕业论文的作用，中国科学技术情报研究所和北京图书馆在收到毕业论文后，将及时出版论文目录，发给有关部门、研究机构和高等学校，以备查阅。然后再编制文摘卡片，分送有关单位交流使用，并供应复制品。

三、已毕业的研究生中，尚有一大部分人的毕业论文没有报来，为了较齐全地把研究生毕业论文收集起来，更好地加以利用，因此，要求各单位重视这一工作。如 1959 年和 1959 年以后入学的研究生的毕业论文，还未报来的，均应补报，分别直接送交中国科学技术情报研究所和北京图书馆；1959 年以前入学的研究生的毕业论文，亦应尽可能搜集送交。今后，各单位应把报送研究生毕业论文工作形成制度，研究生毕业后，必须在规定的时间内报送毕业论文。

附件：1. 研究生毕业论文审查表（略）
　　　2. 文摘卡片（式样）（略）

中华人民共和国高等教育部
中华人民共和国科学技术委员会
1965 年 6 月

国家学位论文资源管理与共享系统研究

附录二　关于颁发博士学位证书和送交博士学位论文的通知

〔83〕学位办字003号

中国科学院、复旦大学、华东师范大学、中国科技大学：

国务院学位委员会〔82〕学位字013号《关于进行博士学位授予工作问题的复文》下发后，有些博士学位授予单位对少数特别优秀、已达到博士学位学术水平的研究生授予了博士学位。现将颁发博士学位证书和送交博士学位论文的有关事项通知如下：

一、凡经主管部门批准并报国务院学位委员会备案，进行并通过了博士学位论文答辩，已批准授予博士学位的，可以向本人颁发博士学位证书。

学位授予单位对授予博士学位的人员，要按人填报《授予博士学位人员登记表》（见附表）一式二份，送国务院学位委员会备案，并同时送博士学位论文摘要一份。

二、填写和颁发博士学位证书，可按照国务院学位委员会一九八二年四月发出的〔82〕学位字007号文《关于颁发硕士学位和博士学位证书的通知》的规定办理。

接此通知后，复旦大学、华东师范大学向上海市高教局领取博士学位证书；中国科学院和中国科技大学向国务院学位委员会办公室领取博士学位证书（证书发给本人的时间和缴付证书工本费的手续，请等候通知）。

三、根据《中华人民共和国学位条例暂行实施办法》第二十三条规定，请将已通过的博士学位论文分别寄交北京图书馆采访部（地址：北京文津街七号）和国家科委科技情报研究所国内资料馆（地址：北京和平里）各一份。如有英文附本，请一并送交。

附件：授予博士学位人员登记表（略）

国务院学位委员会办公室
一九八三年三月十八日

附录三　关于寄送博士和硕士学位论文的通知

〔84〕学位办字 011 号

各学位授予单位：

　　国务院学位委员会办公室曾于一九八三年三月发出〔83〕学位办字 003 号文，要求各学位授予单位将已通过的博士学位论文分别寄送北京图书馆和国家科委科技情报研究所。经了解，有些单位没有按期送交论文。

　　为了充分发挥我国博士和硕士学位论文的作用，做好学位论文的保管和交流，国家科委科技情报研究所和中国社会科学院情报研究所，将分别建立自然科学和社会科学方面的博士和硕士学位论文文献库，供各单位查阅使用。请你们除根据《中华人民共和国学位条例暂行实施办法》第二十三条规定，将已通过的博士学位论文和摘要（每人各一份）寄北京图书馆采访部（北京文津街七号）外，并将已通过的全部博士和硕士学位论文和摘要（每人各一份），按自然科学和社会科学两大类，于今年上半年分别寄中国科学技术情报研究所国内文献馆（北京和平街北口）和中国社会科学院情报研究所图书资料室（北京建国门内大街 5 号）。今后，请你们在学位论文通过后的半年内集中寄一次，并指定专人负责办理此事。

国务院学位委员会办公室
一九八四年四月二十日

附录四　关于做好授予学位的备案、统计、报表工作和颁发学位证书、送交学位论文工作的通知

〔86〕学位办字 034 号

各学位授予单位：

　　一九八一年实行学位制度以来，各学位授予单位在做好学位授予工作的同时，按照有关规定认真做好备案和统计报表工作，取得了一定成绩。但由

于一些单位负责学位工作的人员发生变化，工作没有很好交接，影响了这些单位授予学位的备案和统计报表工作。还有个别单位不按文件规定的时间上报。鉴于以上情况，加之又新增一批学位授予单位，现将授予学位的备案和统计报表工作及颁发学位证书、送交学位论文等有关事项通知如下：

一、《中华人民共和国学位条例暂行实施办法》第二十条规定："学位授予单位每年应当将授予学士学位的人数、授予硕士学位和博士学位的名单及有关材料，分别报主管部门和国务院学位委员会备案。"各学位授予单位应于每年一月底前将上年度（一月一日至十二月三十一日）经学位评定委员会决定授予的硕士或博士学位人员名单，填写在《一九××年度授予硕士学位人员（学位研究生）名单表》（附件一）、《授予博士学位人员（学位研究生）登记表》（附件二）、《一九××年度授予学位人员统计表》（附件三）上，一式二份报国务院学位委员会备案。各学位授予单位要十分重视并认真做好此项工作。经批准开展在职人员授予学位的试点单位所授的博士、硕士人员名单，将另外发表填报。

"六五"期间授予的博士、硕士学位人员名单已在《国务院学位委员会公报》上登载。"七五"期间授予的博士学位人员名单，仍将按年度继续登载，各单位授予的硕士学位人员数字按年度分学科门类登载。

二、填表注意事项

（1）"学位学科门类"，应按《中华人民共和国学位条例暂行实施办法》第二条所列的十个学科门类（加军事学）顺序分别填写。

（2）"授予学位的专业"，应按经国务院以及国务院学位委员会批准的你单位有权授予硕士或博士学位的学科、专业分别填写。

（3）"学位课程考试科目及成绩"，应填写经你单位学位评定委员会审定的硕士或博士学位课程，包括：马克思主义理论课、外国语、三至四门基础理论课和专业课的课程名称及考试成绩。

（4）"论文工作起止日期"，应从确定论文题目、正式开始论文工作之日起计算，起止日期可只填年、月。

（5）"授予学位日期"，系指学位评定委员会批准授予硕士或博士学位的日期（填写年、月、日）。

（6）外单位无学位授予权的专业的应届毕业研究生，向你单位申请获得的硕士学位，应在备注栏内注明本人的原培养单位。

（7）你单位培养的毕业研究生向外单位申请并获得硕士学位的人员名单，不要在你单位报表中填报。

（8）填写内容应准确无误，字迹清晰，最好打印。

三、各学位授予单位要严格按国务院学位委员会《关于颁发硕士学位和博士学位证书的通知》（〔82〕学位字007号，附件四）的规定，填写、颁发学位证书。

四、各学位授予单位根据《中华人民共和国学位条例暂行实施办法》第二十三条规定，应将已通过的博士学位论文和摘要（每人各一份），寄至北京图书馆采访部（地址：北京文津街七号）；并同时将已通过的全部博士和硕士学位论文和摘要（每人各一份），按自然科学和社会科学两大类，分别寄至中国科学技术情报研究所国内文献馆（地址：北京和平街北口）和中国社会科学院情报研究所图书资料室（地址：北京建国门内大街五号）。各单位可视通过论文的多少，每半年或一年集中寄送一次。

望各学位授予单位认真搞好学位管理工作，形成制度。

国务院学位委员会办公室
一九八六年十一月二十日

附录五　关于报送留学生学位论文的通知

〔88〕国科发情字085号

国务院有关部（委），中国科学院，各省、自治区、直辖市、计划单列城市科委、高教（教育）厅（局），各有关驻外使（领事）馆：

随着我国开放政策的贯彻执行，出国留学攻读学位的研究生逐渐增多。留学生学位论文反映留学生在国外学习的水平，对国内同行业和相邻学科的研究生及科研人员都有一定的参考价值，对国外进行自然科学和社会科学的交流也有一定价值，是一种重要的学术文献。建立留学生学位论文报送制度，由国家指定专门部门负责收集、保管、报道，使之成为可供社会开发利用的

资源,是十分必要的。为此,经国家科委、国家教委、中国社会科学院共同议定,现将有关事项通知如下:

一、凡出国留学在自然科学和社会科学领域取得硕士、副博士、博士学位者,必须向国家报送学位论文副本。

二、责成中国科学技术情报研究所(地址:北京复兴路15号)负责受理自然科学范围的学位论文,中国社会科学院文献情报中心(地址:北京建国门内大街5号)负责受理社会科学范围的学位论文,分别加以保管、报道。

作为国家图书馆的北京图书馆,可通过上述两单位获取并收藏博士论文。

三、各驻外使(领)馆教育处(组)负责通知在外攻读学位的研究生,按规定向派出或接受单位报送学位论文。国内留学生派出、接受单位在留学生回国报到时要负责收集,上报留学生的学位论文。留学生的论文由本人报送。

四、上述学位论文凡已有中文译本者,应一并报送中译本。无论有无中译本,均需按一定格式填写"出国留学生学位论文报送单",随同论文一起报送。

五、本通知自下达之日起执行。

此前的出国留学生学位论文也鼓励报送。

中华人民共和国国家科学技术委员会

中华人民共和国国家教育委员会

中国社会科学院

一九八八年二月十六日

附录六 全国博士后管委会办公室关于进一步加强博士后研究报告收集工作的通知

博管办〔2013〕29号

各省、自治区、直辖市及新疆生产建设兵团人力资源社会保障厅(局),福建省公务员局,解放军总政治部干部部,各博士后科研流动站、工作站设站单位:

根据《博士后管理工作规定》的要求,博士后研究人员工作期满,须向设站单位提交博士后研究报告(以下简称研究报告),并由设站单位报送国家图书馆。据国家图书馆反馈的情况,十几年来,研究报告虽有一定数量的收藏,但与出站博士后研究人员人数相比，尚存在较大缺口。研究报告是博士后研究人员对其在站期间科研工作的总结，是具有重要文献价值的资料，研究报告的收藏对于国家高层次人才学术和科技资源的保管、研究和利用具有十分重要的意义。为进一步加强研究报告的收藏工作和有效利用，现将有关事宜通知如下：

一、博士后研究人员期满出站时，须向所在设站单位、国家图书馆和中国科技信息研究所分别报送一份纸质研究报告，同时还需通过"全国博士后管理信息网络系统"上传一份电子格式的研究报告。

涉密人员及其他人员涉密的研究报告由博士后研究人员所在设站单位按照国家有关保密规定保管，在保密期内不统一收集，待解密后再由设站单位送缴至以上两家收藏单位。

研究报告须按照《博士后研究报告编写规则》（可在中国博士后网站 www.chinapostdoctor.org.cn 首页下载区下载）编写。

二、自 2013 年 9 月 1 日起，博士后研究人员办理期满出站手续时，设站单位须证明其研究报告送缴情况。除涉密人员及研究报告包含涉密内容的人员外，对未送缴纸质研究报告和未上传电子格式研究报告的人员不予办理出站手续。

三、为充分利用研究报告的学术和科研价值，并扩大其交流范围和学术影响，对博士后研究人员和设站单位均同意公开的研究报告，将纳入上述两家收藏单位的馆藏资源，根据相关阅览规定向社会公众开放。

工作站博士后研究人员的研究报告可能涉及企业核心技术，只进行收集，不向社会公开。

四、全国博士后管委会办公室将与研究报告收藏单位建立反馈机制，定期检查各设站单位的送缴情况，并将其作为博士后工作评估的一项内容。

各级博士后工作管理部门和设站单位要充分认识收集博士后研究报告的重要意义，加强本地区、本单位研究报告的收集工作，根据国家的统一要求，切实做好研究报告的收集工作。

全国博士后管委会办公室
2013 年 5 月 23 日

参考文献

[1] 贺德方,曾建勋,张敏.中国学位论文收集与服务系统的构建[J].情报学报,2009,28(4):634-640

[2] 杨少琳.中世纪大学学位制度形成的历史渊源[J].黑龙江高教研究,2010(12):6-9

[3] 杨天平,潘奇.欧洲中世纪大学的特色[J].现代大学教育,2009(1):52-56

[4] 孙益.欧洲中世纪大学的学位[J].清华大学教育研究,2003,24(6):73-78

[5] 蒋培红,张朝然.德国高校的学位制度改革述评[J].学位与研究生教育,2007(5):69-72

[6] 李明霞.试论民国时期中国现代学位制度的建立[J].徐州师范大学学报(哲学社会科学版),2012,38(4):140-143

[7] 贺德方.国家学位论文服务体系研究[J].情报学报,2004,23(6):697-702

[8] 王东彦.高校图书馆学位论文一体化服务的探索与实践[J].图书馆工作与研究,2012(6):116-118

[9] 武玲娥.高校硕士研究生学位论文档案的价值分析[J].兰台世界,2011(4):35-36

[10] 李吉霞.试论高校学位论文资源的开发和利用[J].图书馆学刊,2005(5):35,40

[11] 张学福,孟连生.论国家博硕士学位论文数字资源保障体系建设[J].中国图书馆学报,2005,31(5):66-69

[12] 南玉霞,张秀坤.学位论文授权提交系统实例分析——以中国传媒大学为例[J].电子世界,2012(3):142-145

[13] 姚蓉,方怡,辛欣.网络环境下国家图书馆学位论文资源建设构想[J].国家图书馆学刊,2012(3):65-69,93

[14] 焦艳平,赵锦辉,张玉兰,等.澳大利亚国家学位论文数据库建设与服务模式及对我们的启示[J].数字图书馆论坛,2007(8):65-69

[15] 赵杨,胡潜,张敏.国内外学位论文共享服务发展趋势与对策分析[J].情报资料工作,2008(4):68-73

[16] 孙维莲,周凯归.英国学位论文全文服务的电子化变迁[J].新世纪图书馆,2012(10):18-20

[17] 陈瑜,冷熠,罗栋.日本国立国会图书馆的缴送管理研究及启示[J].图书馆杂志,2011(1):70-72

[18] 夏南强,张耀坤.基于开放存取的学术信息服务体系初探[J].情报科学,2008(3):431-435

[19] 刘丽燕.样本缴纳制度与日本出版行业[J].出版参考,2009(19):39-40

[20] 龙利方.日本国立国会图书馆博士学位论文的收藏与利用[J].现代情报,2012,32(1):134-136

[21] 陈传夫,唐琼,吴钢.国际学位论文开发机构版权解决模式及其借鉴[J].大学图书馆学报,2009,27(2):27-32

[22] 罗博,吴丹.德国电子学位论文元数据XMetaDiss及对我国的启示[J].大学图书馆学报,2010(3):85-90

[23] 贺延辉.俄罗斯国家图书馆博士论文数字图书馆的建设与服务[J].图书与情报,2012(4):26-32

[24] 陈传夫,吴钢,唐琼.欧美高校学位论文开发利用版权政策调研及启示[J].学位与研究生教育,2008(12):63-68

[25] 王林军.德国的电子学位论文图书馆探析[J].图书馆理论与实践,2007(6):100-101

[26] 陈传夫,刘婧,孙凯.学位论文开发利用中的知识产权风险与对策[J].图书与情报,2008(4):8-11

[27] 贺德方,姜爱蓉,曾建勋,等.国家学位论文资源管理现状及其对策研究[J].情报学报,2006,25(5):531-539

[28] 龙利方.中日学位论文收藏比较研究[J].图书馆工作与研究,2013(3):73-75

[29] 张学宏.论高校图书馆电子版学位论文的保存与管理工作[J].图书情报工作,2005(5):113-115

[30] 赵阳,姜爱蓉,吴建新.高校学位论文全文数据库建设实践——以清华大学图书馆为例[J].现代图书情报技术,2006(5):6-9

[31] 梁孟华,万蜀柏.武汉大学学位论文全文数据库的建设与开发[J].图书情报知识,2003(3):39-41

[32] 陈传夫,符玉霜,孙凯.我国学位论文服务模式调查与服务机制创新[J].图书馆,2008(4):59-62

[33] 王曼.社会科学学位论文的收藏与管理——以中国社会科学院图书馆为例[J].情报资料工作,2007(4):65-67

[34] 陈传夫,汪晓方,刘婧.我国学位论文知识产权管理现状与制度创新[J].国家图书馆学刊,2008,17(4):16-22

[35] 赵阳,周杰.国家学位论文资源状况调查与分析[J].情报杂志,2006(6):105-107

[36] 张学福.我国国家博硕士电子学位论文全文服务研究[J].图书情报工作,2005(11):97-101

[37] 杜薇薇.中文学位论文的服务创想[J].农业图书情报学刊,2007(3):42-44

[38] 党跃臣,曹树人.试论学位论文发表权的限制[J].图书馆理论与实践,2004(4):29-31

[39] 党跃臣,曹树人.试论学位论文的信息网络传播权[J].图书馆杂志,2004(1):23-25

[40] 党跃臣,曹树人.学位论文馆际互借的知识产权风险及其规避[J].大学图书馆学报,2007(6):56-61

[41] 尚文玲,蒋丁菇,孟凡红,等.网络环境下中国中医科学院博硕士学位论文的开发与利用[J].医学信息学杂志,2011,32(1):69-71

[42] 陈翠平.试论学位论文格式规范手册的构建[J].广东技术师范学院学报(社会科学版),2012,33(4):98-100

[43] 陈智峰,陈无风.共识背后的分歧——研究生学位论文的著作权刍议[J].学位与研究生教育,2008(12):51-55

[44] 王莉.基于XML的学位论文元数据交换标准研究[J].现代图书情报技术,2007(6):66-69

[45] 李广,李亚子.基于分布式知识库的开放服务链接系统设计与实现[J].情报学报,2008(2):244-249

[46] 贺德方.国家学位论文资源共享体系研究[J].情报学报,2007(3):435-441

[47] 张学福.图书馆联盟共建共享机制研究[J].中国图书馆学报,2008,34(1):33-37

[48] 张学福.我国博硕士学位论文资源共建共享机制构建[J].中国图书馆学报,2008(3):47-51

[49] 胡潜,赵杨,张敏,等.学位论文共享联盟组建与开放式服务实现分析[J].情报理论与实践,2008,31(6):880-884

[50] 侯跃辉,张晓慧.基于过程管理的高校研究生学位论文质量影响因素分析[J].科技风,2012(22):217

[51] 毛海波,董其军,孙雯娜.基于网络的学位论文过程管理与质量监控平台研究[J].宁波大学学报(理工版),2013(1):92-95

[52] 康桂英,张静,吕瑞花.网络环境下我国博士学位论文开题的科技查新研究[J].北京理工大学学报(社会科学版),2008,10(4):100-103

[53] 高海钰,于晓梅.浅析高校学位论文开题的科技查新工作[J].科技情报开发与经济,2008,18(1):197-198

[54] 李若英.提高博士学位论文质量的对策分析[J].中山大学学报论丛,2005,25(6):413-417

[55] 李鸿斌,李邦杰,李茸.运用 AMLC 检测硕博士学位论文存在的问题及对策[J].陕西教育(高教版),2012(10):8

[56] 张昊浩,高国龙,钱俊龙.国内外学术不端文献检测系统平台的比较研究[J].中国科技期刊研究,2011,22(4):514-521

[57] 潘武玲.美国研究生教育质量评价中的三种主要力量团[J].现代教育科学,2006(5):38-40

[58] 高冉,陈淑菁.全文数据库增值服务模式探讨[J].情报资料工作,2010(1):82-85

[59] 彭丽喃,李三衡.论当代大学生信息素养教育[J].情报科学,2005,23(5):682-685

[60] 娜日,吴晓伟,吕继红.大学生信息素养教育提升策略研究[J].情报杂志,2010,29(8)178-181,143

[61] 孙平,曾晓牧.认识信息素养[J].大学图书馆学报,2004,22(4):34-37

[62] 杨玫.文献检索课教学新模式初探[J].图书馆论坛,2004,24(3):164-167

[63] 曾粤兴.规范决定质量——《学位论文基本结构与写作规范》述评[J].河南财

经政法大学学报，2008，23（3）：188-192

[64] 吴建明，张成，刘铁林.学位论文研究现状综述五步工作法[J].吉林省教育学院学报（下旬），2013，29（3）：9-11

[65] 李闻文.指导本科生综述写作[J].实用预防医学，2011，18（9）：1799-1800

[66] 刘和东.有效指导大学生毕业论文的方法探讨——基于综述类论文指导实践的体会[J].无锡商业职业技术学院学报，2010，10（5）：96-98

[67] 陈务正，袁福环，金越.试论学士学位论文的情报价值[J].图书情报工作，1998（11）：9-12

[68] 胡长爱，胡德华.国外数字化学位论文建设现状[J].情报探索，2010（7）：72-73

[69] 胡昌平.图书情报事业的社会化发展战略——国家可持续发展中的图书情报事业战略分析[J].中国图书馆学报，2005，31（1）：5-9，20

[70] 赵阳，姜爱蓉.学位论文网上提交和发布系统比较研究[J].大学图书馆学，2004（3）：36-40

[71] 欧阳少春.OCLC成功之路[J].图书与情报，2002（2）：8-12

[72] 谢琴芳，白新萍.书目资源的共建、共知和共享——CALIS联合目录数据库建设思路[J].大学图书馆学报，1999，17（2）：6-8

[73] 董慧，丁波涛.OAI-MHP协议初探[J].图书情报知识，2004（6）：70-73

[74] 张晓林，李广建，曾蕾，等.异构系统开放封装的技术分析与实现框架[J].情报理论与实践，2003，26（3）：260-263

[75] 申晓娟，高红.从元数据映射出发谈元数据互操作问题[J].国家图书馆学刊，2006，15（4）：51-55

[76] 石春耘.文献传递服务及其发展与对策[J].图书馆理论与实践，2004（5）：5-7

[77] 薛冬哥.日本高等教育文献信息保障体系——日本文部省学术情报中心[J].大学图书馆学报，2000，18（6）：74-78

[78] 王蔚之.国内外文献传递服务概况及其思考[J].医学信息学杂志，2006，27（3）：226-228

[79] 鲁程.PQDD与ProQuest学位论文全文数据库的比较评析[J].图书馆论坛，2005，25（1）：85-87

[80] 姜爱蓉.数字资源整合系统的技术发展与应用趋势[J].图书馆杂志，2006，25（12）：14-18

[81] 赵宝萍. 外文期刊与上网资源 [J]. 江苏科技信息，2001（11）：12-14

[82] 李红梅. 研究生学位论文著作权归属研究 [J]. 中国高教研究，2005（3）：20-22

[83] 陈传夫，韦景竹. 学位论文传递的知识产权研究 [J]. 新世纪图书馆，2003（4）：12-16

[84] 王林军. 德国的电子学位论文图书馆探析 [J]. 图书馆理论与实践，2007（6）：100-101

[85] 康桂英，张静，吕瑞花. 网络环境下我国博士学位论文开题的科技查新研究 [J]. 北京理工大学学报（社会科学版），2008，10（4）：100-103

[86] 方流芳. 学术剽窃和法律内外的对策 [J]. 中国法学，2006（5）：155-169

[87] 中国学位与研究生教育发展报告课题组. 中国学位与研究生教育发展报告：1999—2003[M]. 北京：高等教育出版社，2006：71-72

[88] 张建勇. 文献数据库数据加工规范 [M]. 北京：知识产权出版社，2009

[89] 胡启恒. 开放获取是科学家的责任 [N]. 光明日报，2006-06-20

[90] 张敏. 学科信息门户互操作机制的研究 [D]. 武汉：华中师范大学，2005

[91] 杨同毅. 研究生学位论文质量保障研究 [D]. 上海：华东师范大学，1998

[92] 李红梅. 高校硕士学位论文质量监控策略研究 [D]. 重庆：西南大学，2008

[93] 张陈. 我国当代学位制度的传统与变革 [D]. 重庆：西南大学，2011

[94] 胡凌男. 基于 J2EE 的高校图书文献传递管理信息系统建设 [D]. 成都：成都理工大学，2007

[95] 钱轶群. MIMO 无线通信系统中的空时编码与预编码研究 [D]. 南京：东南大学，2006

[96] 迟晓慧. 万方数据学位论文产品运营规划研究 [D]. 北京：对外经贸大学，2007

[97] 余伟良. 二十世纪的中国学位制度研究 [D]. 长沙：湖南师范大学，2008

[98] Swan A. Evaluation of options for a UK electronic thesis service：study report [R]. Key Perspectives Ltd and UCL Library Services, UK, 2006

[99] 吴开华，赵阳，郑雯译. 学位论文描述元数据著录规则 [R]. 北京：清华大学图书馆，2004

[100] 贺德方等. 国家学位论文服务体系研究 [R]. 北京：中国科学技术信息研究所，2005

[101] Copyright [EB/OL]. [2013-3-13]. http：//web.mit.edu/gso/gpp/degrees/thesis.html

[102] 学位三十年 [EB/OL]. [2013-07-12]. http://www.cdgdc.edu.cn/xwyyjsjyxx/xw30/hssn/ssnzycg/268395.shtml

[103] 三级学位制度 [EB/OL]. [2013-07-12]. http://www.chinadegrees.cn/xwyyjsjyxx/xwbl/xwzd/sjxwzd/

[104] PQDT[EB/OL].[2013-07-12].http://www.proquest.asia/zh-CN/products/dissertations/default.shtml

[105] 南京工业大学图书馆 [EB/OL].[2013-07-12].http://lib.njut.edu.cn/shiyong/ndltd.htm

[106] NDLTD [EB/OL].[2013-07-12].http://www.ndltd.org/info/index.en.html

[107] NDLTD Collection Statistics [EB/OL]. [2013-08-12]. http://union.ndltd.org/portal/?

[108] ADT[EB/OL].[2013-07-12].http://adt.caul.edu.cu/

[109] UTOG [EB/OL]. [2013-07-12]. http://www.cranfieldlibrary.cranfield.ac.uk/library/about_the_library/research_projects/past_projects/university_theses_on_line_group_utog

[110] 加拿大图书档案馆法 [EB/OL].[2013-07-12]. http://www.collectionscanada.gc.ca/thesescanada/027007-9000-e.html#a

[111] Christine Frodl, Nilola Korb. X MetaDiss meets ETD-MS [EB/OL].[2013-07-12]. http://adt.caul.edu.au/etd2005/papers/051Frodl.pdf

[112] DissOnline[EB/OL].[2013-07-12].www.dissonline.de

[113] Caltech Library System [EB/OL].[2013-07-12] http://library.caltech.edu/collections/etd/default.htm

[114] Board of Graduate Studies, University of Cambridge. Deposit and Copying of Dissertation Declaration [EB/OL]. [2013-07-12]. http://www.admin.cam.ac.uk/offices/gradstud/admin/forms/bgs_dissertation_declaration.pdf

[115] Publishing Your Dissertation [EB/OL]. [2013-03-16]. http://www.grad.berkeley.edu/policies/index.shtml

[116] Publishing Information [EB/OL]. [2013-07-12]. http://www.etd.psu.edu/publish.html

[117] The Copyright of Your Thesis or Dissertation [EB/OL]. [2013-07-12]. http://counsel.cua.edu/Copyright/resources/dissertation.cfm

[118] Dissertation Guidelines [EB/OL]. [2013-07-12]. http://gradschool.brown.edu/go/dissertation

[119] Boston University Medical Center. Guidelines for Thesis/Dissertation Submission [EB/OL]. [2013-07-12]. http：//medlib.bu.edu/pdf/Guidelines_for_Thesis.pdf

[120] Dissertation [EB/OL]. [2013-07-12]. http：//gso.princeton.edu/academics/policies/dissertation/

[121] Graduate Studies，Brigham Young University. Student Dissertation Submission Checklist [EB/OL]. [2013-07-12]. http：//www.byu.edu/gradstudies/images/forms/ADV_Form_12b.pdf

[122] ETD Submission Requirements [EB/OL]. [2013-07-12]. http：//umanitoba.ca/libraries/units/collections/etheses/etd_requirements.html

[123] The Graduate School，Duke University. Guide for the Electronic Submission of Dissertations [EB/OL]. [2013-07-12]. http：//www.gradschool.duke.edu/policies_and_forms/electronic_dissertation_guide.pdf

[124] California Institute of Technology Office of Graduate Studies. Thesis Approval Form [EB/OL]. [2013-07-12]. http：//library.caltech.edu/collections/etd/approval_form.pdf

[125] University of Pittsburgh. Electronic Theses and Dissertations（ETD）Approval Form [EB/OL]. [2013-07-12]. http：//www.pitt.edu/AFShome/g/r/graduate/public/html/etd/pdf/ETD_Approval_Form.pdf

[126] Virginia Tech Graduate School Electronic Theses and Dissertation（ETD）Approval Form [EB/OL]. [2013-07-12]. http：//scholar.lib.vt.edu/theses/approval.htm

[127] Yale University. Preparation and Submission of the Doctoral Dissertation [EB/OL]. [2013-07-12]. http：//www.yale.edu/graduateschool/academics/forms/dissbook.pdf

[128] Copyright Issues [EB/OL]. [2013-07-12]. http：//www.lib.uchicago.edu/e/phd/copyright.html

[129] Australasian Digital Theses Program draft business plan 2006-2009 [EB/OL]. [2013-07-12]. http：//www.caul.edu.au/meetings/adt.html

[130] 联合目录数据库建设项目实施方案（简要版）[EB/OL].[2013-07-12]. http：//project.calis.edu.cn/calis/lhml/lhml.asp?fid=FA0301&class=1

[131] 2013年全国研究生招生数据调查报告 [EB/OL]. [2013-07-12]. http：//kaoyan.eol.cn/html/ky/2013yzsjbz/diaocha1.shtml

[132] 清华大学研究生学位论文著作权管理规定 [EB/OL].[2013-07-12]. http：//thesis.

lib.tsinghua.edu.cn：8001/paper/doc/tsinghua-rule.doc

[133] 哈尔滨工业大学硕士学位使用授权书 [EB/OL].[2013-07-12]. http：//202.118.250.130：8001/n7-s-shouquan.doc

[134] 南开大学.南开大学学位论文电子版授权使用协议 [EB/OL].[2013-07-12]. http：//202.113.20.169/tpi/docs/xieyi.pdf

[135] 兰州大学博士/硕士学位论文提交授权书 [EB/OL].[2013-07-12]. http：//lib.lzu.edu.cn/lwzx.htm

[136] 中国国家图书馆网站版权声明 [EB/OL].[2013-07-12]. http：//www.nlc.gov.cn/service/banquan.htm

[137] NSTL 版权声明 [EB/OL].[2013-07-12].http：//www.nstl.gov.cn/index.html

[138] 国家工程技术数字图书馆版权声明 [EB/OL].[2013-07-12]. http：//www.istic.ac.cn/tabid/201/default.aspx

[139]《CALIS 高校学位论文全文数据库》发布章程 [EB/OL].[2013-07-12].http://202.115.54.22：8080/portal/page/service/xueweilenwen/attach/attach4.html

[140] 关于中国学位论文全文数据库（试用版）的版权声明 [EB/OL].[2013-07-12]. http：//hk.wanfangdata.com/wf/cddb/linkcopyright.htm

[141]《中国优秀博硕士学位论文全文数据库》出版章程 [EB/OL]. [2013-07-12]. http：//202.112.126.164/lwsj/zc.htm

[142]《中国优秀博硕士学位论文全文数据库》著作权声明 [EB/OL]. [2013-07-12]. http：//202.32.214.205/kns50/copyright/CDMD.aspx

[143] 武汉大学文献传递服务步骤 [EB/OL]. [2013-07-12]. http：//www.lib.whu.edu.cn/wxcdfw/index.asp

[144] NSTL 版权声明 [EB/OL].[2013-07-12].http：//www.nstl.gov.cn/index.html

[145] GB/T 7713.1—2006《学位论文编写规则》[EB/OL].[2013-07-12]. http://202.196.208.111/picture/article/22/d0/14/3bcb2611465b9e5eb386fe1f9ede/7bc7183a-af64-4f43-abe8-938e40e0ee77.pdf

[146]学位论文——版权的取得与归属 [EB/OL].[2013-07-12]. http：//yeahfei.blogchina.com/yeahfei/2530445.html

[147] 苏新宁，韩普，王东波."独家协议"不利于学术交流 [EB/OL].[2013-07-01]. http：//www.gmw.cn

后 记

2013年是我国学位论文法定收藏工作正式确立30周年，我国30年来学位论文国家法定收藏与服务历程值得我们总结与回味。所以，我牵头组织赵嘉朱、姜爱蓉、陈传夫、张建勇、曾建勋五位专家学者对近10年来相关联合研究课题的成果进行了归纳、凝练、整理和补充，形成了《国家学位论文资源管理与共享系统研究》这部学术专著，既对国家学位论文资源管理和共享服务30年的历程进行了回顾总结，也对其未来的发展进行了深入的思考。在书稿的成稿过程中，中国科学技术信息研究所信息资源中心魏来、陈兰杰、赵雪芹、杨瑞仙、王丹丹、雷雪等博士后，苏静、丁遒劲等研究生协助进行了大量的整理与编辑工作。在书稿即将付莘之际，我衷心感谢为我国学位论文管理和资源建设工作付出辛劳的人们，正是大家的辛劳促就了学位论文战略资源体系的形成，也为机关研究工作积累了重要的素材与案例；感谢参与课题研究的所有专家学者，书稿中凝聚了大家的汗水和智慧。书稿中参考了大量的相关文献和素材，也一并向有关作者表示敬意。

本书总结了我国学位论文的管理历程，凝练了我国学位论文的管理建议，归纳了学位论文资源的整合方案，提出了学位论文资源的共享模式，展望了学位论文的深层次服务目标。对于全社会整体把握学位论文收藏格局，系统构建学位论文管理体系有指导作用；对于高校和研究机构的学位管理人员强化学位论文质量管理和过程监控，做好学位论文存交，推进学位论文管理和机构知识库建设有参考作用；对于图书信息机构做好学位论文管理和收藏，推进学位论文资源组织和保障利用有引导作用；也可作为高校信息管理等专业研究生学习的参考书。学位论文资源管理和服务涉及面宽，与数字化网络化环境联系紧密，加之我们学识水平有限，书中必有不少纰漏之处，恳请各位专家与同行斧正。

贺德方

2013年8月